Albert Schweitzer · Aufsätze zur Musik

Albert Schweitzer 1946 in Lambarene

Albert Schweitzer

Aufsätze zur Musik

Herausgegeben von
Stefan Hanheide

Bärenreiter Kassel · Basel

Umschlaggestaltung: Jörg Richter, Emstal-Sand
Das Photo des Umschlags zeigt Albert Schweitzer 1952 an der Orgel der Pfarrkirche Günsbach im Elsaß
Satz: Grunewald Satz + Repro GmbH, Kassel
Druck und buchbinderische Verarbeitung: Weihert-Druck GmbH, Darmstadt
Printed in Germany

ISBN 3-7618-0920-4

Inhalt

Einleitung

Der vorliegende Band enthält teils unveröffentlichte, teils weitgehend unbekannte Texte Albert Schweitzers zur Musik aus den Jahren 1898 bis 1952. Neun Texte gelten Johann Sebastian Bach und seinem Werk, weitere neun geben Schweitzers Erinnerungen an Begegnungen mit Persönlichkeiten des Musiklebens wieder, schließlich behandeln die letzten zwei Texte Fragen des Orgelbaus.

Bei den Texten über Johann Sebastian Bach handelt es sich um zum Teil unveröffentlichte, nur im handschriftlichen Manuskript vorliegende Vorträge, um Zeitschriftenaufsätze und um Vorworte zu Bach-Veröffentlichungen. Schweitzer war durch sein umfangreiches und anregendes Bach-Buch von 1908 (kürzere französische Ausgabe 1905) in weiten Kreisen als hervorragender Bach-Kenner bekannt geworden und wurde im Anschluß daran um Vorträge und Veröffentlichungen gebeten. Was er im Vorwort des Bach-Buches schreibt, das Werk wolle keine historische, sondern eine ästhetisch-praktische Studie sein, das gilt auch für seine weiteren Veröffentlichungen. Schweitzer hat keine eigene historische Forschung unternommen, sondern sich auf Spittas monumentale Biographie und die nachfolgende Forschung gestützt. Die neun hier zum Abdruck kommenden Aufsätze aus den Jahren 1908 bis 1936 geben den Kenntnisstand Schweitzers wieder, den er der Bach-Forschung bis zur Jahrhundertwende entnommen hatte, ergänzt durch einige grundlegende Publikationen bis in die zwanziger Jahre.

So ist der Wert dieser Texte keineswegs in den vermittelten historischen Tatsachen zu suchen, für deren Richtigkeit aus heutiger Sicht keine Garantie übernommen werden soll. Die einzigartige Bedeutung liegt vielmehr darin, daß ein universal gebildeter, großer Denker unserer Zeit und eine tiefe ethische Persönlichkeit Gedanken zu Johann Sebastian Bach und seinem Werk ausspricht, die in ihrer Eigenwilligkeit zum Nachdenken anregen. Die Spuren, die diese Persönlichkeit und seine Zeit dabei hinterlassen, sind deutlich erkennbar; ihnen wird im Nachwort eigens nachgegangen.

Der zweite Teil dieses Bandes illustriert den musikalischen Lebensweg Schweitzers, so wie er ihn selbst beschreibt. Die einzelnen Erinnerungstexte sind mit Briefen Schweitzers an die betreffenden (und andere) Persönlichkeiten zum Teil umfangreich ergänzt und erläutert. Diese Briefe befinden sich in der Handschriftenabteilung der Zentralbibliothek Zürich (Nachlaß AS, ERJ) bzw. im Albert-Schweitzer-Zentralarchiv, Günsbach/Elsaß. Sie werden in Schweitzers eigener Orthographie wiedergegeben.

Die beiden abschließenden Texte zum Orgelbau geben Schweitzers distanzierte Haltung zu den Auffassungen der Orgelbewegung wieder. Auch sie sind mit Briefen ergänzt und mit weiterem Material erläutert.

Die Briefe und unveröffentlichten Texte befinden sich im Albert-Schweitzer-Zentralarchiv in Günsbach/Elsaß und in der Handschriftenabteilung der Zentralbibliothek Zürich. Sie wurden zum Großteil zusammengetragen von dem 1979 verstorbenen, mit Schweitzer befreundeten Züricher Musikwissenschaftler Erwin R. Jacobi, dem großes Verdienst um das Zustandekommen dieses Bandes zukommt.

Bedanken möchte ich mich bei Herrn Gustav Woytt, dem Neffen Albert Schweitzers, der die Erlaubnis zum Abdruck der Texte gab, bei der Übersetzung der französischen Texte mitwirkte und zahlreiche biographische Hinweise beisteuerte.

Die in den Erläuterungen angeführten Auszüge aus Schweitzers Autobiographie ›Aus meinem Leben und Denken‹ werden nach der Erstausgabe 1931 zitiert, sie sind in den zahlreichen anderen Ausgaben mit Hilfe des Namenregisters leicht wiederzufinden. Die Zitate des Bach-Buches sind anhand der 1951 neu gesetzten Ausgabe von Breitkopf & Härtel, Wiesbaden, nachgewiesen, die heute am verbreitetsten ist.

Zusätze des Herausgebers sind in eckige Klammern gesetzt. Alle Texte werden vollständig wiedergegeben; allein der Text ›J. S. Bach und sein Werk‹ wurde, wie angegeben, an Anfang geringfügig gekürzt.

Osnabrück, im Juli 1988 *Stefan Hanheide*

Johann Sebastian Bach

Zum 28. Juli, dem Todestage Bachs (1908)

Im Jahre 1808 mögen wohl nicht viele des Todestages Bachs gedacht haben. Zwar war sechs Jahre vorher die begeisterte kleine Biographie von Forkel, dem Freunde der Söhne Bachs, erschienen; aber der Kreis, der sich dadurch zum Meister bekehren ließ, war ganz klein. Bach gehörte noch zu den Vergessenen. Nun aber ist seine Zeit gekommen. Der 28. Juli ist ein Gedenktag, den kaum ein Musiker unbeachtet vorübergehen läßt. Manche Orgel erklingt am Abend dieses Tages in dunkler, leerer Kirche, weil der Organist sich gedrungen fühlt, in Bachschen Fugen und Choralvorspielen für sich einen Erinnerungsgottesdienst abzuhalten. Und wenn dann die Akkorde von Bachs letztem Werk, dem Choralvorspiel über »Wenn wir in höchsten Nöten sind«, in die Kirche hinausziehen, ist es, als ob die Orgel mit Engelszungen den Glauben und den Frieden des Mannes predigte, der im dunklen Zimmer, schon mit dem Tode ringend, seinem treuen Schüler und Schwiegersohn diese Fantasie in die Feder diktierte.

Bach starb an den Folgen einer unglücklichen Operation. Er hatte sich ihr unterzogen, um von einer schmerzhaften Augenkrankheit befreit zu werden, die ihm das Arbeiten zuletzt unmöglich gemacht hatte. Nach der Operation fing er an zu kränkeln; die verordneten Medikamente hatten seinen Körper vergiftet. Seine Augen wurden von Tag zu Tag schlechter. Ein halbes Jahr hatte dieses Siechtum gedauert. Da trat eine plötzliche Besserung ein. Eines Morgens beim Erwachen konnte er wieder ganz gut sehen und vermochte auch das Licht zu ertragen. Wenige Stunden später rührte ihn der Schlag. »Auf diesen«, berichtet Forkel, »erfolgte ein hitziges Fieber, an welchem er, ungeachtet aller möglichen Sorgfalt zweier der geschicktesten Leipziger Ärzte, am 28. Juli 1750 des Abends nach einem Viertel auf neun Uhr im sechsundsechzigsten Jahre seines Alters auf das Verdienst seines Erlösers sanft und selig verschied.«

Was der noch diesseits des Greisenalters dem Leben entrissene Künstler geschaffen hat, vermögen wir besser zu überblicken als die, welche seinem Sarge folgten. Bachs Werke füllen in der Ausgabe der alten Bachgesellschaft fünfzig starke Bände. Den Grundstock bilden kirchliche Kompositionen: zwei große Passionen, eine große Messe, ein Magnificat, hundertundneunzig Kantaten; dazu kommen etwa zehn weltliche Kantaten, Orchestersuiten und Orchesterkonzerte, Kammermusikwerke, Orgel- und Klavierkompositionen und geistliche Lieder. Selbst wenn man annimmt, daß uns ein Viertel oder ein Fünftel der Bachschen Kompositionen verlorengegangen sei, wird man zugestehen müssen, daß er im Verhältnis zu seiner Lebensdauer viel, aber nicht übermäßig viel geschaffen hat. Die Fruchtbarkeit eines Händel und eines Schubert hat er bei weitem nicht erreicht. Man hat den Eindruck, daß er viel, aber nicht hastig arbeitete, außer wenn es sich um Bestellungen handelte oder er gerade keine Kantate für einen der kommenden Sonntage bereit hatte. Er nahm sich Zeit, die Kompositionen, auf die er Wert legte, nicht nur mehrmals durchzusehen, sondern auch öfters in Reinschrift abzuschreiben. Als die beiden älteren Söhne das väterliche Haus verließen, bekam jeder von ihnen den ersten Teil des ›Wohltemperierten Klaviers‹ in einer eigenhändigen Kopie des Vaters geschenkt. In den letzten zehn Jahren seines Lebens hat der Meister nur noch verhältnismäßig wenig komponiert; er befaßte sich in dieser Zeit hauptsächlich mit der Durchsicht und Verbesserung der vorhandenen Werke.

Wie kam es, daß er nach seinem Tode so schnell in Vergessenheit geriet? Zunächst, weil niemand seine Werke kannte. Von diesen waren nur einige Klavierkompositionen, das ›Musikalische Opfer‹ und die ›Kunst der Fuge‹ im Stich erschienen. Von dem Komponisten der Passionen und Kantaten wußte man fast nichts. Diese Werke waren nur in den Gottesdiensten zu St. Thomä und St. Nicolai aufgeführt worden, und die Leipziger fanden sie so wenig hervorragend, daß sie für die Verbreitung des Ruhms des Kirchenkomponisten Bach wohl kaum etwas getan haben. Sie waren stolz darauf, den größten Organisten Deutschlands zu besitzen, und nahmen es mit in Kauf, daß es ihrem Kantor augenscheinlich versagt war, schöne und »rührende« Kirchenmusik nach dem besten Zeitgeschmack zu schreiben. Die schlechten Kräfte, über die Bach verfügte, mögen das ihrige mit beigetragen haben, daß der Wert der Kantaten und Passionen verborgen blieb. Der Meister selber hat nicht geahnt, wie gewaltig er sich in diesen Werken über seine Zeit erhob; an eine Veröffentlichung hat er niemals gedacht. Nach seinem Tode kamen die Partituren an seine Söhne und wurden zum Teil verschleudert. Nur die Kantaten, deren Stimmen man an der Thomasschule besaß, wurden zuweilen aufgeführt. Die ›Aufklärung‹, die in der zweiten Hälfte des 18. Jahrhunderts zur Herrschaft kam, war nicht geschaffen, etwas für Bach zu tun. Sie war in Religion, Denken und Kunst nur mit der Gegenwart beschäftigt und hatte keinen Sinn für das Große in der Vergangenheit. Ihr ganzes Bestreben war darauf gerichtet, mit dem Alten aufzuräumen. In den rationalistischen Gottesdiensten waren Bachs Werke ihrer altorthodoxen Texte wegen unmöglich; in den pietistischen wollte man von Kunst überhaupt nichts wissen.

In der Restaurationszeit kehrte die Ehrfurcht für das Große der Vergangenheit wieder in die Herzen der Menschen zurück. Aber das Ideal der Gottesdienstmusik hatte sich so gewandelt, daß die Bachsche Kunst nicht als wahre kirchliche Kunst anerkannt werden konnte; sie war zu »konzertierend«. Reiner Chorgesang, etwa noch mit Orgelbegleitung, sei die einzig wahre Gottesdienstmusik, erklärte der sonst für Bach begeisterte von Winterfeld. Richard Wagner ist derselben Meinung in seinen ersten Schriften. Der Gottesdienst in der Form, die er angenommen hatte, bot keinen Raum mehr für Kantaten und Passionen. Bis aber das geistliche außergottesdienstliche Konzert, das man zu Bachs Zeiten nicht kannte, aufkam und sich einbürgerte, dauerte es anderthalb Generationen; bis dahin war kaum Möglichkeit und Gelegenheit, die Kantaten und Passionen aufzuführen.

Auch die Entwicklung der Musik war dem Kultus Bachs nicht günstig. Gleich nach seinem Tode schlägt die Tonkunst die Bahn ein, die sie zu Beethoven, der Musik des reinen Gefühlsaffekts, führen soll. Man will nichts mehr von der alten Arie hören; die Fuge kommt in Mißkredit. Die Musik der Vergangenheit erscheint jenem Menschen gekünstelt; sie sehnen sich nach Einfachheit und Freiheit von gegossenen Formen. Diese Reaktion konnte Bach noch den Tribut des herkömmlichen Lobens und Bewunderns darbringen; ihn zu lieben und zu verstehen, war ihr nicht gegeben.

Dazu kam, daß die Instrumente und die Kunstfertigkeit, die Bach voraussetzte, zum Teil verschwanden, wodurch seine Werke unaufführbar wurden. Die Oboe d'amore wurde nicht mehr gebaut und nicht mehr geblasen; die Kunst, die hohen Töne auf der Trompete und dem Horn hervorzubringen, verlor sich, weil man diese Instrumente anders baute und die Komponisten solche Kunstfertigkeit nicht mehr von den Bläsern verlangten. Auch die neue Sängergeneration verfügte nicht mehr über die Technik, die Bachsche Arien vorausetzten. Die alten Schülerchöre waren in Abgang gekommen; gemischte Chöre gab es erst wenige.

Man bedenke auch, daß Bachsche Partituren nicht zu beschaffen waren. Die meisten Musiker wußten von ihnen nur vom Hörensagen. Wie wenig haben Mozart, Haydn, Beethoven, Weber von Bach gekannt! Mendelssohn war der einzige, der eine ungefähre Kenntnis von den Hauptwerken des Meisters besaß; er verdankte sie seinen Reisen, dem Zufall, der viele Bach-Handschriften nach Berlin verschlagen hatte, und den Freunden, die ihn in seinen Nachforschungen unterstützten.

So blieb das, was die Verehrer in Wort und Schrift für Bach taten, mehr oder weniger illusorisch. Auch die Aufführung der ›Matthäuspassion‹ in der Berliner Singakademie im Jahre 1829 war, genau genommen, ein glänzender Augenblickserfolg, kaum mehr.

Es gab nur ein Mittel, Bach bekannt zu machen: die Veröffentlichung seiner Werke. Kein Verleger wollte das Unternehmen riskieren. Da gründete sich unter Schumann eine Gesellschaft, die es wagte. Daß die Ausgabe zustande kam, ist das Verdienst Rusts. Der erste Band erschien 1851; der letzte erst 1900.

Während dieser Zeit vollzog sich der Umschwung in dem musikalischen Empfinden, der Bach wieder zu Ehren bringen sollte. Wagner stellte ein neues Kunstideal auf und proklamierte die Einheit von Wort und Ton. Mit ihm zugleich hat Bach gesiegt. Die Tatsache, daß in der zweiten Hälfte des 19. Jahrhunderts die ›Altklassiker‹ und Antiwagnerianer die Sache Bachs vertraten und sich auf den Thomas-Kantor gegen den Bayreuther Meister beriefen, vermag an der Konstatierung, daß Wagner der Wegbereiter Bachs war, nicht zu ändern. Nicht Bach, der Meister der ›reinen‹ Musik und der ›reinen Form‹, den sie verteidigen zu müssen glaubten, ist populär geworden, sondern Bach, der Tondichter, der sich uns in den Kantaten und Passionen offenbart: Weil wir die innere Beziehung zwischen Wort und Ton bei ihm entdeckten und seine Musik als den vollendeten Ausdruck des im Text angedeuteten dichterischen Gedankens auf uns wirken lassen, vermögen wir von der veralteten, zuweilen schablonenhaften Form, in der sich diese Tonkunst kundgibt, abzusehen. Der dichterische Geist der Musik und die gewaltige Darstellung in Tönen lassen uns vergessen, daß wir Da-Capo-Arien und in Form von Orgel-Choralvorspielen gearbeitete Chöre hören. Bach steht uns nahe, weil wir an ihm erkennen, daß er nicht ein Spiel in Themen und Formen aufführt, sondern in Tönen etwas aussprechen will. In ihrer etwas hyperbolischen Sprache sagen die Musiker, Bach sei der modernste der Modernen. Das ist zwar etwas unvorsichtig formuliert, da man doch nicht weiß, ob damit gerade ein Lob ausgesprochen ist; aber das elementare Empfinden der Menge, die sich in unsern Tagen für Bach begeistert, ist damit jedenfalls ausgedrückt. Bach ist also populär geworden.

Damit ist freilich für einen großen Geist seines Schlages nicht eitel Gewinn gegeben. Schon möchte man etwas weniger Lärm um Bach wünschen. Der Kult, der ihm geweiht wird, entspricht seinem Wesen und seiner Kunst nicht immer. Selten, daß man seine Klavier- und Orgelwerke gut gespielt hört. Das schlecht Virtuosenhafte unserer Zeit macht sich in der Wiedergabe der Bachschen Musik manchmal beängstigend breit. Man prahlt mit Bach und sucht nicht ihn, sondern sich selbst. ›Bach-Autoritäten‹ treten breitspurig auf; Bach-Ausleger schreiben lange Festbücher zu den Programmen, als hätten sie des Meisters Werke erst entdeckt und es könnten diese ohne ihre Erklärung nicht genossen und verstanden werden. Die Geschmacklosigkeiten, die sich darin breit machen, würden ein Buch füllen. So verrät uns einer der neuesten Mystagogen Bachs in einem Textbuch zur ›Matthäuspassion‹, daß in dem »Kreuzige« die Flöte des zweiten Orchesters »auf die Frau des Pilatus zurückgehe« und daß dann im Verlaufe des Stückes »die Flötenmelodie der Frau allmählich untergehe und sich mit der des Mannes vereinige, als umklammerte die Frau ihren Mann«.

Sehr viele Interpreten produzieren sich seit einigen Jahren mit Bach, ohne die Vertiefung an sich zu erleben, die Bach in jedem wahren Künstler zu wirken berufen ist. Die meisten unsrer Sänger und Sängerinnen sind in der Technik viel zu weit zurück, um Bach richtig zu singen. Den Geist dieser Musik können nur wenige unter ihnen wiedergeben; die andern sind in die Ideenwelt des Meisters nicht eingedrungen; sie empfinden nicht, was Bach sagen will, und können es also nicht mitteilen. Und das Schlimmste: sie halten sich für hervorragende Bach-Interpreten und merken nicht, was ihnen fehlt. Manchmal fragt man sich, wie es dem Publikum bei so weihelosen Aufführungen dennoch möglich ist, etwas von der Tiefe Bachscher Musik zu verspüren.

Kenner der Verhältnisse werden diese Ausführungen nicht für übertrieben pessimistisch ansehen. Unsre Bach-Begeisterung macht eine Krisis durch. Es ist Gefahr, daß sie zu oberflächlich wird und daß sich zu viel Eitelkeit und Selbstgefälligkeit mit einmische. Das klägliche Epigonenhafte unserer Zeit tritt auch in der Art, wie wir uns Bach bemächtigen, schon allzu merkbar zutage. Wir tun, als wollten wir ihn rühmen, und rühmen in Wirklichkeit uns ..., daß wir ihn wiederentdeckt haben und ihn verstehen und wiedergeben wie nie zuvor. Etwas weniger Lärm, etwas weniger ›Bach-Rechthaberei‹, etwas mehr Können, etwas mehr Bescheidenheit, etwas mehr Tiefe und Verinnerlichung, etwas mehr Schlichtheit, etwas mehr Weihe ... so wird Bach mehr im Geist und in der Wahrheit verehrt werden als bisher.

Erläuterungen

Der Aufsatz erschien zuerst am 28. Juli 1908 in der Zeitschrift ›Gegenwart, Wochenschrift für Literatur, Kunst und öffentliches Leben‹ und wurde ein Jahr später, am 30. Juli 1909, wiederabgedruckt im 31. Jahrgang der ›Deutschen Militär-Musiker-Zeitung‹.

Von Bachs Persönlichkeit und Kunst (1908)

Vor zwanzig Jahren sprach man weniger von Bach als heute. Seine Werke waren noch nicht alle herausgegeben und wurden nur sehr selten und unter ziemlich schlechten Bedingungen aufgeführt. Nicht nur die Gleichgültigkeit der breiten Öffentlichkeit verzögerte Bachs Siegeszug. Hinzu kam noch, daß die Musikwelt zwischen 1850 und 1880 sich vorwiegend um den Verlauf des Kampfes zwischen Wagner und seinen Widersachern kümmerte. Jener verkörperte den Geist der neuen Zeit, diese hingegen standen zur klassischen Kunst und ahmten sie nach, wobei sie Bach unter die Klassiker, als Gegenpol zum Bayreuther Meister einreihten.

1850 bildete sich unter Schuhmanns Förderung eine Gesellschaft, die sich zum Ziel setzte, Bachs Werke zu veröffentlichen. Von da an erschien jährlich während einer ganzen Generation ein dicker, grauer Folioband mit Werken des Meisters. Subskribenten waren wenig, einige starben, vergebens suchte Liszt bei seinen vielen Reisen nach neuen Gönnern. Nur mit Mühe konnte der Traum der Subskribenten verwirklicht werden: vor etwa zwölf Jahren wurde die Arbeit vollendet, allerdings mit einem ansehnlichen Defizit.

Als Wagner gesiegt hatte, breitete sich über die Musikwelt eine Art Leere aus. Unter den Lebenden ragte keiner derart heraus, daß man ihn hätte verherrlichen oder bekämpfen können. Somit wendeten sich alle der Vergangenheit zu: Bachs Stunde war gekommen.

Was wir heute von seiner Persönlichkeit wissen, verdanken wir Philipp Spitta, der vor zehn Jahren starb. Dieser Lehrer für Musikgeschichte an der Berliner Musikhochschule schuf die Grundlage für die historische Bach-Forschung.

Das Leben des Meisters mag in wenigen Worten erzählt werden. 1685 – also im selben Jahr wie Händel – wurde er in Eisenach (Thüringen) geboren. Wenige Jahre darauf starben seine Eltern; dann nahm ihn sein älterer Bruder auf, der Organist in Ohrdruf war. Später durfte er dank seiner schönen Stimme in der Internatsschule zu Lüneburg studieren. Im damaligen Deutschland nahmen ja alle höheren Schulen Knaben an, die singen oder ein Instrument spielen konnten; diese mußten dafür in der Pfarrkirche bei allen musikalischen Aufführungen mitwirken.

Anschließend wurde Bach Organist in Arnstadt, dann in Mühlhausen, worauf er 1709 nach jenem Weimarer Hof berufen wurde, der später durch Goethe und Franz Liszt berühmt wurde. Dort wirkte Bach als Cembalist, Organist und Konzertmeister, d. h. als Zweiter Kapellmeister. 1717 mußte er jäh den Hof verlassen. Das frei gewordene Amt eines Kapellmeisters, das er sich erhoffte, bekam ein unbegabter Musiker. Bachs Zorn gegen den Herzog machte sich derart Luft, daß einige seiner Äußerungen die Ohren des Angegriffenen erreichten. Dieser sperrte ihn für vierzehn Tage ein; dadurch wollte er ihm wohl Zeit geben, um über die Nachteile nachzusinnen, die dem entstehen, der Mächtige dieser Welt allzu hart rügt.

Darauf wurde Bach Cembalist und Kapellmeister am fürstlichen Hof zu Köthen. Die Jahre, die er dort verbrachte (1717–1723), zählen zu den glücklichsten seines Lebens. Der Fürst sah in ihm viel eher einen Freund als einen Diener.

Indessen wuchsen Bachs Kinder heran. Zu ihrer weiteren Ausbildung reichte das Städtchen nicht mehr aus. Daher bewarb er sich um das Amt des Kantors an der berühmten Thomasschule in Leipzig; er wurde 1723 gewählt und behielt diese Stelle bis zu seinem Tode. Für seine sehr große Familie reichte das bescheidene Gehalt kaum; aus Bachs beiden Ehen stammten einundzwanzig Kinder, deren acht ihn überlebten.

Außerdem aber litt er unter der Unzulänglichkeit der künstlerischen Mittel, die ihm zur Verfügung standen. Die Chöre waren hinsichtlich der Zahl und der Fähigkeit ihrer Mitglieder ungenügend. Zur Aufführung einer Kantate mußte er sich mit etwa sechzehn bis zwanzig Sängern begnügen, aus denen er noch die Solisten auszuwählen hatte. Was das Orchester betrifft, so stellte ihm die Stadt ein halbes Dutzend Musiker zur Verfügung, alle sehr alt und mit noch älteren Instrumenten, obschon etwa zwanzig zur Aufführung seiner Werke erforderlich gewesen wären. Deshalb mußte sich Bach mit einigen Studenten behelfen, denen er und seine Söhne Instrumentalunterricht erteilten. Man kann sich vorstellen, wie sehr der Meister jedesmal litt, wenn ein paar Schüler seine Soli für Flöte, Oboe, Violine, Trompete und Horn massakrierten: ebendiese Soli werden von unseren besten Instrumental-Virtuosen nur mit größter Mühe ausgeführt. Oder man stelle sich vor, wie die Rezitative und Arien aus den Passionen und Kantaten aus dem Munde von zehn- bis zwölfjährigen Schülern klangen. Da diese Werke in der Kirche aufgeführt wurden, konnten ihre Solopartien nicht von erfahrenen Solistinnen übernommen werden, die ja auf der Orgelempore nicht zugelassen waren. Den unglücklichen Meister schmerzte also jede Aufführung dieser großen Werke.

In Leipzig war er nicht beliebt. Vorher war er von Fürsten und hohen Herren umgeben, die ihn meistens als Gleichgestellten behandelten; nun fiel es ihm schwer, sich in die Welt der Leipziger Bürger und Spießbürger einzuleben. Auch seine niedrige Stellung empfand er sehr. Die ehrbaren Bürger, die im Stadtrat saßen, achtete Bach nicht so hoch, wie es ihnen nach ihrer Einbildung gebührte, ja, manchmal behandelte er sie, so scheint es, etwas von oben herab. Darüber hinaus verführte ihn sein Temperament zu unnötigen Zänkereien, die ihm bei seinen notwendigen Beziehungen zu seinen Vorgesetzten oft geradezu schadeten. Mit Gleichgestellten aber, etwa mit Künstlern, mit Rat- und Hilfesuchenden wurde dieser »hoffärtige«, ja unzugängliche Mann liebevoll und bescheiden wie kein zweiter: darin stimmen alle Berichte überein. Dennoch fühlten sich anscheinend alle, die mit ihm verkehrten, zu einem gewissen Abstand veranlaßt, so daß er nie echte Freunde gewann.

Im Gegensatz etwa zu Händel fehlte es in Bachs Leben an umstürzenden Ereignissen. Kurz vor seinem Tode wurde ihm eine große Genugtuung zuteil. Bachs Sohn war Cembalist am Hofe Friedrichs des Großen; dieser ließ den Meister durch ihn einladen, zu ihm zu kommen und vor ihm zu spielen. 1747 nahm Bach die Einladung an und brachte den künstlerisch begabten König zur glühendsten Bewunderung.

1750 starb Bach an den Folgen einer Operation, durch die man ihn von einer Augenkrankheit heilen wollte. Die Kinder seiner ersten Ehe kümmerten sich nicht um seine zweite Frau, die in Armut starb. Ein etwas besseres Schicksal wurde seiner jüngsten Tochter zuteil, die bei seinem Tode achtjährig war. 1800 ließ der damals berühmte Musikhistoriker Rochlitz durch eine Zeitungsanzeige bekanntgeben, daß eine mittellose Greisin als einziges noch lebendes Kind Bachs sich ihrer Armut zu sehr schämte, um Unterstützung zu erbitten, worauf Beethoven und andere Künstler Gelder zusammenbrachten, dank denen sie dann nicht mehr darbte.

Nun zu Bachs Werken. Sicher kennen Sie alle die Tanzsuiten für Cembalo – die französischen, die englischen und die großen – und beide Bände des ›Wohltemperierten Klaviers‹ mit Präludien und Fugen in allen Tonarten. Wohlbekannt sind auch die Sonaten für Violine und Cembalo, die Sonaten für Violine solo und die Sonaten für Gamba oder Cello. Was die Kammermusik betrifft, so schrieb Bach Konzerte für ein, zwei, drei und vier Cembali mit Orchester, Konzerte für Violine und Orchester sowie endlich die berühmten ›Brandenburgischen Konzerte‹ als Auftrag des Markgrafen von Brandenburg. Für Orgel komponierte er Präludien, Fugen und Phantasien über Choräle. Choräle nennt man in Deutschland religiöse Melodien aus der

Zeit vom dreizehnten bis zum siebzehnten Jahrhundert, die während des Gottesdienstes von der Gemeinde mit Orgelbegleitung gesungen werden. Die Phantasien über Choräle dienten als Vorspiele zu diesen Liedern, um die Sänger an die Melodie zu erinnern.

Soll ich erklären, was man unter Kantaten versteht? Es sind Werke, die einen oder zwei Choräle sowie einige Rezitative und Arien enthalten. Diese Musikgattung wurde von 1680 bis 1770 gepflegt. Schon zur Zeit Haydns und Beethovens war sie außer Gebrauch. Bei Bach muß man zwischen weltlichen und geistlichen Kantaten unterscheiden. Die ersten schrieb er für Feiern der Leipziger Universität und des Kurfürstentums Sachsen sowie für Geburtstage, Hochzeiten oder sonstige Familienanlässe. Von den rund zwanzig erhaltenen weltlichen Kantaten war eine der schönsten dazu bestimmt, als Tafelmusik bei der Hochzeit eines sehr reichen Leipziger Kaufmanns aufgeführt zu werden. Für ein solches Werk, das als Auftrag komponiert wurde, zahlte man damals 25 bis 30 Taler.

Was die geistlichen Kantaten angeht, so schrieb Bach wahrscheinlich 250–300, deren 180 noch vorliegen. Da geistliche Konzerte damals nicht stattfanden, wurden solche Kantaten während der Gottesdienste aufgeführt. Nach der Lesung aus dem Evangelium setzte sich der Geistliche; die Orgel spielte, dann, auf ein Zeichen Bachs, begann die Kantate. Sie dauerte gewöhnlich zwanzig Minuten. Der Text entsprach dem Evangelium, so daß die Kantate eine Art Musikpredigt war, die der Wortpredigt des Geistlichen vorausging. Im Gegensatz etwa zu Wagner fehlte Bach leider die Begabung, die Texte zu seinen Kantaten selber zu verfassen; diese bilden in seinen Werken den schwächsten Teil, verfügte doch der Meister über minderwertige Textdichter.

Die Passionen wurden am Karfreitag während des Abendgottesdienstes aufgeführt. Sie enthalten als Rezitativ einen Evangeliumsbericht, die Worte des Volkes werden vom Chor gesungen; Choralstrophen, Choräle und Arien drücken die Gedanken zur Handlung aus. Von Bach besitzen wir eine ›Matthäus-‹ und eine ›Johannespassion‹.

Recht bald nach seinem Tode begann man in ganz Deutschland, sich gegen die Bedeutung und den Platz der Musik im damaligen Gottesdienst aufzulehnen. Zunächst wurde daran gekürzt, dann wurden die Passionen, darauf auch die Kantaten abgeschafft. Zwanzig Jahre nach Bachs Tode sang man in Leipzigs Kirchen keine Passionen mehr. Bis heute haben Passionen und Kantaten ihren Platz in den deutschen Kirchen nicht mehr wiedergefunden, und ich glaube kaum, daß dies je geschehen könnte. Um solche Werke jedoch aufführen zu können, hat man zur glücklichen Lösung der geistlichen

Konzerte gegriffen, die in den Kirchen veranstaltet werden. In der Kirche St. Wilhelm in Straßburg zum Beispiel finden jeden Winter vier öffentliche geistliche Konzerte statt, jeweils am Sonntagabend und mit vier Kantaten. Dort durfte ich während vierzehn Jahren fast einhundert Kantaten mit der Orgel begleiten [vgl. die Texte ›Zur Geschichte des Kirchenchors zu St. Wilhelm‹ (1905) und ›Erinnerungen an Ernst Münch‹ (1945)]. Ferner wird am Karfreitag eine der Passionen aufgeführt. Die Unkosten werden von jenen Besuchern gedeckt, die für eine Mark einen Platz in der Kirche reservieren.

Die Motette hingegen wird noch in gewissen Kirchen gepflegt, und zwar aus dem ganz einfachen Grunde, weil sie nur von Chören gesungen und durch die Orgel unterstützt wird, also ohne Orchester und Solisten.

Von Bachs Lehrern habe ich noch nicht gesprochen: er hatte keine. Er lernte selbständig, indem er die Werke von Meistern aus allen Ländern abschrieb. Von seinen Schülern will ich auch nicht sprechen. Zwar wurden einige, besonders seine Söhne Friedemann und C. Ph. Emanuel, gute Musiker und sogar bemerkenswerte Komponisten; keiner aber setzte das Werk seines Lehrers fort. Bachs Schule brachte nichts zustande. Mozart, Haydn, Beethoven usw. gingen aus einer anderen Welt hervor und wurden von ihm keineswegs beeinflußt. Mit ihm ging ein Zeitalter, ja eine ganze Musikwelt zu Ende, die während einiger Jahrhunderte in Europa lebendig gewesen war. In Bach kommen die vielfältigen Gedanken dieses ganzen Zeitraums großartig zum Ausdruck. Beethovens Größe hingegen liegt einzig und allein in seiner Persönlichkeit und Eigenart; in seinem Werk brechen nur Gedanken heraus, die es vor ihm noch nicht gegeben hatte. In Bach findet man beide große Strömungen der früheren Musik und der Musik schlechthin: Er gehört sowohl der melodischen als auch der polyphonen Musik an. Keine Angst: ich werde Sie mit keinen langwierigen Ausführungen in Atem halten, kann doch der laienhafteste Laie verstehen: Entweder steht die Musik mit einer Melodie in Verbindung, so daß alles übrige nur Begleitung ist: dieser Gattung gehören das Volkslied sowie Mozarts und Chopins Werke an. Oder es gibt weder eine alleinige Melodie noch eine Begleitung, sondern es wirken verschiedene Melodien zusammen, indem jede Stimme, ob für Orgel, Cembalo, Chor oder Orchester, selbständig ihren eigenen Weg geht. All das sagt das Wort ›polyphon‹: auf Griechisch bedeutet ›poly‹ ›viel‹ und ›phone‹ ›die Stimme‹.

Die polyphone Musik entstand in den Niederlanden und verbreitete sich von dort durch ganz Europa. Sie war vor allem gesungene Musik. Vertreten wurde sie u. a. von Gabrieli in Venedig, von Schütz in Deutschland und von Palestrina in Rom. Ihr Verfall stand zu Bachs Zeit unmittelbar bevor; man war ihrer müde. Ähnlich wandte man sich etwas später von den tausend Linien des gotischen Baustils ab und ging, wie bei der Madeleine-Kirche in Paris, zum griechischen Stil über. Ende des 17. Jahrhunderts kündigte sich der Niedergang der polyphonen Musik an. Gerade dann erschien Bach.

Wer der melodischen Musik angehört, der weiß eine Melodie zu erfinden und verfügt über die Kunst der Schlichtheit, der Anmut, des Reichtums, wie wir sie bei den unbekannten Komponisten bewundern, die vom 14. bis zum 18. Jahrhundert religiöse und Volkslieder schrieben. Wie Mozart, so besaß auch Bach das Geheimnis der Melodie; dies werden Sie in wenigen Minuten und im Konzert des kommenden Samstag feststellen dürfen, wenn Sie die geistlichen Lieder hören, die er für eine damals veröffentlichte Sammlung alter und neuer Kirchenlieder komponiert hat. Bei ihnen besticht vor allem eine gewisse deutsche Schwere – die echte, tiefe, deutsche Schwere –, gepaart mit italienischer Zierlichkeit und französischer Anmut.

In der melodischen Musik ist Bach *ein* Vertreter neben anderen; in der polyphonen aber stellt er eine Vollendung dar. Eben erwähnte ich Gabrieli, Palestrina und Schütz als große Meister des polyphonen Stils innerhalb der Vokalmusik. Dieser Stil war strengen Gesetzen unterworfen. Nach ihm erschien ein anderer, den ich instrumental nennen möchte, nämlich jener polyphone Stil, der nicht für die Menschenstimme mit ihrem Umfang und ihren Möglichkeiten geschaffen ist, sondern für die Instrumente mit ihrem großen Umfang und ihren verschiedenen Möglichkeiten. Dieser viel freiere Stil wird merkwürdigerweise auch für die Chöre verwendet. Palestrinas Werke weisen die strenge Schönheit des Vokalstils auf. Wäre er aber zu Bachs Zeit noch rein verwendet worden, so hätte man dies als altertümlichen Mißbrauch empfunden; die Stimmen wurden jetzt ebenso frei behandelt wie eine Violine oder eine Gambe. In einer Fuge für Orgel behandelte Bach die Stimmen nicht wesentlich anders als in einer Fuge für Chor; in diesem Stil komponierte er sogar die Chöre seiner Motetten.

Ich will hier nicht untersuchen, ob die Übernahme dieses freien Stils selbst für die Chöre nur einen Fortschritt bedeutete und ob Bach durch seine Behandlung der Stimmen in den hohen Registern nicht allzu instrumental komponierte. Es geht mir nur um die Feststellung, daß in den zwei Generationen vor ihm ein neuer polyphoner Stil entstand, bei dessen Gebrauch Bachs Vorgänger im Dunkel tappten. Zwischen Gabrieli, Schütz und Palestrina finden wir ja in der Musik keinen wirklich großen Namen. Vor Bach wurden Hunderte von Kantaten und Passionen komponiert; die Musikhistoriker graben sie aus und fordern uns auf, sie zu bewundern. Sie tun es vergebens; diese Werke können wir höchstens historisch bemerkenswert finden, sie vermögen uns nicht zu fesseln, weil es den Komponisten beim Umgang mit diesem so freien Stil an Begabung fehlte.

In diesem Stil erreichte Händel eine gewisse Vollkommenheit. Ein Teil seiner Werke ist für immer gerettet; der andere wird in der Vergangenheit begraben bleiben. Bach genügte den Forderungen dieses Stils völlig und vertritt die gotische Kunst in der Musik.

Zunächst soll hervorgehoben werden, wie mühelos er die Stimmbewegung handhabt: jede stellt eine wunderbare, eigenständige Linie dar. Erreichen alle einmal ein harmonisches Zusammenspiel, so geschieht dies fast als ein Wunder. Bei den Chorälen, die im Konzert vom kommenden Samstag aufgeführt werden sollen, könnten Sie jede Stimme getrennt singen lassen, und Sie würden feststellen, daß jede eine echte Melodie aufweist. Im heutigen Programm nach diesem Vortrag werden sie eine fünfstimmige Phantasie über den Choral ›An Wasserflüssen Babylon‹ hören; um jeder Stimme Bewegungsfreiheit zu sichern, mußte Bach den Pedalen zwei, statt wie üblich, eine anvertrauen; die Oberstimme singt die Melodie des Chorals, während die übrigen Stimmen variieren. Dieses polyphone Werk gehört zu den schönsten von Bach, weshalb ich es für den heutigen Abend gewählt habe; ferner erinnert es an eine Begebenheit im Leben des Meisters.

Im Jahre 1720, ehe er in Leipzig gewählt wurde, wollte Bach Organist in Hamburg werden; so fuhr er hin, um vor einer zuständigen Hörerschaft zu spielen. Zu diesem Anlaß komponierte er diesen Choral. Dabei wollte er seine Begabung sowohl als Komponist wie auch als Virtuose beweisen, denn diese Pedalpartie ist die schwierigste in der ganzen Orgelliteratur.

Wer Bachs Kunst noch nicht kennt, dem kommt diese freie Bewegung der Stimmen sofort verworren vor. Er kann sie nicht verfolgen, spürt den Zusammenhang nicht, verirrt sich und gibt endlich auf. Es stimmt jedoch nicht, daß nur Musikgelehrte Bach verstehen können. Großes und Vollkommenes, ob im Bereich des Denkens oder der Kunst, ist zugleich weder unnatürlich noch gesucht, sondern schlicht, denn es entstammt nicht der Berechnung, sondern der Eingebung. Um Bach zu verstehen, braucht man nichts von der Harmonielehre, nichts vom Kontrapunkt zu wissen. Wie ich beobachten konnte, genügt es, dem Liebhaber das aufmerksame Hören beizubringen, und schon ist ihm Bachs Musik kein Buch mit sieben Siegeln mehr, sondern er versteht sie gut.

Der Meister wußte nicht nur mit Stimmen umzugehen, sondern ebenso mit der musikalischen Architektur. Jedes Werk weist bei aller Vielfalt der Einzelheiten ein ganz schlichtes Gefüge auf. Auch dies ist gotische Kunst in der Musik. In Bachs Fugen erscheinen alle Wendungen als selbstverständlich, passen zueinander und streben einer Konklusion zu. Alle Fugen sowohl seiner Vorgänger wie auch seiner heutigen Nachahmer scheinen hingegen aus verschiedenen Stücken entstanden zu sein, die hinterher aneinandergehängt wurden. Nach diesem Vortrag werde ich das Programm mit der Aufführung der ›Fuge in a-moll‹ [BWV 543,2] beschließen. Diese besteht aus drei Teilen: zunächst die Einleitung und die erste Durchführung des Themas; dann eine Art von großem Zwischenspiel, in dem das Thema sich durch ein langes Decrescendo zu entfernen und dann durch ein Crescendo wieder zu nähern scheint; endlich beginnt der letzte Teil mit dem Eintritt des Pedals. Ähnlich aufgebaut ist die ›Fuge in g-moll‹ [BWV 542,2], die ich am kommenden Samstag spielen werde.

Das Gefüge der Themen hingegen kann gar nicht zergliedert werden. Dazu möchte ich nur sagen, daß Bachs Themen bewundernswert geformt sind. Wer sie einmal gehört hat, kann sie nicht mehr vergessen, so ausgeprägt ist ihre Linie. Da wird jeder Vergleich mit dem doch großartigen Händel für diesen gefährlich. Er hat zwar wunderbare Themen komponiert, andere aber entstammen keinen ernsthaften Darstellungsbemühungen, sondern bestehen aus klischeehaften Formeln. Bei Bach hingegen ist jedes Thema eine neue Schöpfung. Man spürt, daß er erst durch lange geistige Bemühungen seine Themen zustande brachte. Er war zwar genial, aber arbeitete langsam und ruhig; Mozart und Schubert hingegen konnten beliebig viele Themen aus den Ärmeln schütteln.

Meister der Form war Bach also durch die Art und Weise, wie er die Stimmen behandelte, die Themen erfand und seine Werke aufbaute. Oft aber wurde er verkannt, indem er nur als Meister der Form dargestellt wurde. Träfe dies zu, dann bliebe Bach wohl das großartige Vorbild aller Ästhetikprofessoren: diese preisen ja die sogenannte reine Musik als vollkommen, die nichts anderes sein will als eine schöne, kunstvolle Struktur aus Tonlinien. Heute aber verstehen wir die Tonkunst anders. Wir erwarten nämlich, daß sie auch noch Gemütsbewegungen und tiefsinnige Gedanken wiedergibt, wenn das Wort es nicht mehr vermag. Der Philosoph Schopenhauer drückte als erster diese Auffassung der Musik aus. Wagner hat sie in seinen Abhandlungen weiterentwickelt: die Musik beginne dort, wo das Wort aufhört, und vereinige sich mit ihm, indem sie das ausdrücke, was das Wort enthält und nicht sagen kann; denn dieses spreche das Gemüt nur über die Wörter als Sinnbilder an, während die Musik Gefühle wecke.

Früher war sie mehr oder weniger reine Form. Zwar hege ich den starken Verdacht, daß es eine solche Vergangenheit nur als Einbildung der Ästhetikprofessoren gegeben habe. Wie dem aber auch sei, so gehört Bach ihr nicht an: er ist modern. Seine Musik hat eine Seele, die Seele des Mystikers Bach. Wie auch bei Paulus, so sehnt sich Bachs Herz nur nach dem Tode und der mystischen Vereinigung mit Christus. Dieses Gefühl auszudrücken, dazu dient ihm die Musik. Seine wirklich persönlichen Werke sind die, in denen er diese übernatürliche Welt schildert, in der seine Seele lebt und atmet. Dieser kräftige, hochgemute Mann lebte von seinen Kindern umgeben und gab sich dem ausgelassensten Frohsinn hin, der aus manchen seiner profanen Kantaten strömt. Um so mehr erstaunt es, daß Bach innerlich vom Leben derart abgesondert war. Wer kann die Tiefe der menschlichen Seele ermessen?

In seinen geistlichen Liedern und in seinen Chorälen für Chöre verherrlicht der Meister die mystische Vereinigung mit Christus, wie sie auf Erden einsetzt und erst nach dem Ableben vollkommen wird. Die beiden Arien, die Sie bald hören werden, habe ich am liebsten; sie überraschen durch dasselbe Gefühl. In der einen fragt die Seele: »Wo wird in diesem Jammertale für meinen Geist die Zuflucht sein?« Und eine Stimme antwortet: »Allein zu Jesu Vaterhänden will ich mich in der Schwachheit wenden« [BWV 114,2]. Die andere Arie ist ein Todeslied: »Und wenn der harte Todesschlag die Sinnen schwächt, die Glieder rühret, wenn der dem Fleisch verhaßte Tag nur Furcht und Schrecken mit sich führt, doch tröstet sich die Zuversicht: ich lasse meinen Jesum nicht« [BWV 124,3].

Auch am kommenden Samstag werden Sie eine Kantate hören, die für Bachs mystische Kunst bezeichnend ist. Sie wurde für das Epiphaniasfest geschrieben. An diesem Tage gedenkt man der Taufe Jesu durch Johannes, bei der Christi Göttlichkeit zum ersten Male offenbart wurde. Der Text glossiert die Stelle, bei der das Volk sich vor ihm verneigt und jede Seele schreit: »Liebster Immanuel, Herzog der Frommen, Du, meiner Seele Heil, komm, komm nur bald! Du hast mir, höchster Schatz, mein Herz genommen, so ganz vor Liebe brennt und nach Dir wallt« [BWV 123]. Durch diese Musik werden Sie Schreie, Tränen, Ausbrüche der Sehnsucht und der Freude hören und somit Bach kennenlernen.

In der Arie der Kantate zur Anbetung durch die drei Könige, die am kommenden Samstag gesungen werden soll, werden Sie hören, wie in Bachs Musik ein höchst leidenschaftlicher Mystizismus strömt [BWV 65,6]. Es scheint fast keine Kirchenarie mehr zu sein, sondern ein glühendes Liebeslied. Man stellt sich zwei tiefbewegte Menschen vor, die sich nach einer langen Trennung wiedersehen, sich heftig umarmen und dabei lächeln und weinen zugleich. Mit Fug und Recht hat man bemerkt, daß diese Stelle an die

Schilderung der Rückkehr in Beethovens großer dreiteiligen Sonate erinnert [op. 81 a].

Bachs Weltferne offenbart sich auch durch seine Haltung zu den eigenen Werken. Er schrieb sie nicht für die Welt, sonder für sich selbst. Er kümmerte sich nicht darum, was aus ihnen werden sollte, ob die Welt sie in ihrer Größe erkennen und bewundern würde, ob seine Werke je wieder aufgeführt würden. Er dachte überhaupt nicht daran, sie der Nachwelt zu übermitteln. Es fiel ihm nie ein, seine Passionen oder Kantaten herauszugeben. Er veröffentlichte nur einige Werke für Cembalo, als wollte er den Künstlern beweisen, daß er sehr wohl mit Geschmack zu komponieren vermochte. Was aber seine bewundernswertesten Werke betrifft, nämlich seine Kantaten und Passionen, so glich er nicht jenen großen Schöpfern, die – durchaus mit Recht – nach Anerkennung streben und dabei meinen, mit ihren Werken schenken sie der Welt etwas Wichtiges. Fast zufällig, wie durch ein Wunder kennen wir heute Bachs Passionen und Kantaten: Er selber tat dafür nichts.

Die zeitgenössischen Komponisten aber verkannten den Komponisten Bach, und wie! Nach dem zu urteilen, was uns heute vorliegt, wurde er der sechsten oder siebten Reihe zugeordnet, und zwar keineswegs aus Böswilligkeit, sondern aus Unkenntnis seiner besten Werke. Wer in seiner Kirche ständig beansprucht war, der konnte einfach nicht in die Thomaskirche gehen, um die Werke zu hören, die Bach dort aufführen ließ.

Und doch: welche heilige Stimmung herrscht in diesen Werken! Sie wurden nur um des Schaffens willen geschaffen, als Gespräche einer Seele mit sich selbst. Durch sie verlangte der Meister weder nach Ruhm noch nach Geld noch nach Unsterblichkeit. Wenn ich höre, wie junge Komponisten bitter klagen, daß ihre Werke verkannt und zuwenig aufgeführt werden, dann möchte ich ihnen sagen: »Geht zu Bach, setzt euch zu ihm, nehmt seinen Geist der Zurückgezogenheit und des Verzichts in euch, nur er macht fähig, wahrhaft unsterbliche Werke zu schaffen.« Unsere Künstler können ja keine ewigen Werke schaffen, denn sie komponieren zu sehr für den Ruhm der Welt, so daß ihre Kunst nicht ihr Leben und ihre Religion widerspiegeln kann, wie es bei Bach der Fall ist.

Somit bliebe von seiner Kunst dennoch wenig gesagt, wenn ich jetzt nicht auf seine musikalische Sprache einginge. In seinen Schriften tadelt Wagner fast auf jeder Seite ganz treffend jene Komponisten, die sich um die Bilder des Textes kümmern und sich bemühen, sie musikalisch auszudrücken. Nach ihm diene die Musik nur zur Wiedergabe von Gemütsbewegungen; regelrechter Musikmaterialismus sei es, wenn einer durch die Musik beschreiben und durch Rhythmen und Themen den Liebhaber beeindrucken will, so daß dieser das Geräusch des Wassers, das Krähen des Hahns, den Galopp eines Pferdes hört oder die durch den Wind herumgewirbelten Blätter sieht.

Obschon Wagner es nicht so meinte, trifft seine Verurteilung Bach selber, dessen Musik ja von Bildern erfüllt ist. Wer die Kantaten und Passionen durchblättert, der entdeckt auf jeder Seite musikalische Schilderungen, die von der großen Bedeutung der Bilder des Textes für den Meister zeugen. Wie oft bemüht er sich, durch wunderbare Wellenbewegungen das Wesen des Wassers wiederzugeben, sobald das Wort Fluß, Meer oder See auftaucht! In der Tenorarie der Kantate, die Sie am kommenden Samstag hören werden [BWV 123,3], wandelt sich die Musik unvermittelt, wird auf einmal äußerst erregt, weil im Text der Satz vorkommt: »Wenn die Ungewitter toben ...« Da fühlte sich Bach also verpflichtet, das Bild des Ungewitters durch die Töne heraufzubeschwören. In einigen seiner Werke bekommt die Musik durch fünf oder sechs aufeinanderfolgende Bilder eine besondere Prägung. Der Meister mochte farblose Texte nicht, denn sie forderten ihn nur zur Wiedergabe von Gemütsbewegungen auf. Von seinem Dichter verlangte er offensichtlich eine bildreiche Sprache, aus der er viele Motive schöpfen konnte. Wohlbemerkt, Wagner verwendete hingegen gar keine Bilder.

Wenn ich an Bachs Musik das Bildliche hervorhebe, so möchte ich ihn jedoch nicht auf die Stufe aller jener Tonkünstler stellen, die vorwiegend beschreibende Musik komponierten. Von ihnen unterscheidet sich Bach durch seine verhaltene Art. Nie verließ er den Bereich echter Tonkunst. Bei den anderen, ja selbst bei den größten wie Berlioz und Strauss merkt man, daß ihre Beschreibung, wie wertvoll und bezeichnend sie auch sein mag, keine Musik mehr ist. Bach aber sah ein, daß die Musik in Tat und Wahrheit nicht zu schildern vermag; sie kann höchstens durch Gedankenverbindungen einen Eindruck vermitteln, so daß sie den eigenen Bereich, wie gesagt, nie verläßt. Bildhaft ist bei Bach das Thema oder das Motiv und entsteht aus malerischen Gedankenverbindungen; dann aber wird dieses Thema oder Motiv rein musikalisch behandelt.

Als Beispiel dazu mögen die beiden Arien gelten, die Sie gleich hören werden. In der ersten klopft der Tod an die Tür. Durch die ganze Arie werden Sie dumpfe Schläge hören, deren Rhythmus an das erste Thema bei Beethovens Fünfter erinnert, mit dem er nach eigener Angabe schildern wollte, wie das Schicksal an die Tür klopft. Über dieser tief traurigen Tongruppe gleitet der hoffnungsvolle Part des Soloinstruments. So stellte Bach die Heiterkeit zur Stunde des Todes dar, die im Text dieser Arie ausgedrückt ist [BWV 124,3].

Die Bildhaftigkeit der zweiten Arie ist vielschichtiger. Zwei Teile stehen zueinander im Gegensatz. Zuerst führt das Soloinstrument etwas Seltsames aus. Es scheint, als unterbräche es jäh seinen Flug; es will einen Satz bilden, doch gelingt es ihm nicht – und siehe, es versucht es immer wieder. Man meint einen Vogel zu sehen, der bald in einer Richtung, bald in einer anderen umherfliegt, als suchte er nach seinem Weg; plötzlich – hier beginnt der zweite Teil – hat er ihn gefunden, und wir hören schöne, geschmeidige Melodielinien, die nun den Eindruck eines schnittigen Fluges vermitteln, bei dem der Vogel die Flügel kaum bewegt. Und diese Musik ist nichts anderes als das Bild zum Text, in dem ja die angsterfüllte Seele fragt: »Wo wird in diesem Jammertale vor meinen Geist die Zuflucht sein?« Dann antwortet eine Stimme: »Allein zu Jesu Vaterhänden will ich mich in der Schwachheit wenden« [BWV 114,2].

Bachs Musik spricht also das Vorstellungsvermögen des Hörers an. Oft kann man sie erst dann verstehen, wenn man die Idee herausgefunden hat, die dem Meister vorschwebte, während er dieses oder jenes Thema schuf. Dann aber sieht man ein, daß er das, was der Text besagt, in der allereinfachsten, allerselbstverständlichsten Art und Weise ausgedrückt hat. Ich wiederhole: in der Hinsicht steht Bach im Gegensatz zu Wagner. Meines Erachtens bilden beide Meister die beiden Pole der Tonkunst. Der eine vertritt eine Musik, die nur reine Gemütsbewegungen ausdrücken will, während der andere die bildhafte Musik darstellt. Zwischen beiden, dem einen oder dem anderen näher, stehen alle anderen Komponisten.

Noch ein Wort über die Aufführungen der Bachschen Werke. Das Problem ist deshalb schwierig, weil Bachs Instrumente nicht die unsrigen waren. Statt des heutigen Klaviers wurde das Cembalo verwendet, bei dem der Ton durch eine Art von Dorn hervorgebracht wird, der mittels der Taste die Saite anreißt und zum Schwingen bringt, genau wie es ein Geiger beim Pizzicato macht. Dieses Instrument klingt schwächer und heller als unser Klavier. Heute versucht man wieder, Cembali zu bauen; besonders die Firma Pleyel führt diese Arbeit aus. Ich muß gestehen, daß viele Werke auf dem Cembalo besser wirken als auf dem Klavier. Auf letzterem aber gelingen alle Werke mit vielen langen Notenwerten besser, weil das Cembalo den Ton nicht aushalten kann.

Auch Bachs Orgel war anders. Sie klang dünner, heller, weniger dröhnend als unsere. Zu Bachs Zeit lebte der berühmte Orgelbauer Silbermann aus Straßburg. Er wirkte im Elsaß und vor allem in Sachsen [Schweitzer unterscheidet hier die verschiedenen Linien des Hauses Silbermann nicht wie im Bach-Buch S. 174], und der Meister bewunderte ihn sehr. Mehrere seiner Instrumente sind noch erhalten, z. B. die schöne Orgel zu St. Thomas in Straßburg. Die Fugen, die darauf ausgeführt werden, klingen viel heller und durchsichtiger, die Töne vermischen sich nicht so leicht, wie so oft auf den heutigen Orgeln, nichts ist schrill, alles ist weich. Es wird uns gelingen, so glaube ich, Orgeln mit ähnlicher Klangfarbe zu bauen. Eine elsässische Orgelbaufirma, deren Arbeit ich leite, hat schon solche Orgeln gebaut, die von Fachleuten sehr bewundert werden. Die große Orgel des Konzertsaales in Straßburg, die jetzt im Bau ist, wird in bezug auf die Klangfarbe die alten Orgeln nachahmen [vgl. B. Billeter, Die Sängerhaus-Orgeln zu Straßburg. In: Acta Organologica 18 (1985)].

Zu Bachs Zeit wurde mit einem anderen Bogen Geige gespielt als heute. Der Meister kannte den heutigen geraden Bogen nicht, der am Frosch mit einer Schraube gespannt wird. Damals wurde noch der alte Bogen verwendet, dessen Bezug mit einem Daumendruck angezogen wurde. Dieser Bogen war also unvollkommen gespannt; die Geige klang weicher und weniger intensiv als heute, und die Bogentechnik war vollständig anders. Eben dieser federnde Bogen wies den großen Vorteil auf, daß der Geiger ohne Kunstgriff mehrere Stimmen zugleich spielen konnte: Er brauchte den Bogen nicht über die Saiten zu reißen, um die Akkorde zu arpeggieren, konnte er doch durch einen leichten Druck mehrere Saiten zugleich berühren. Deshalb enthalten Bachs Sonaten für Violine solo sehr oft mehrstimmige Stücke, die mit dem damaligen Bogen ganz leicht ausgeführt werden konnten. Heute hingegen kann sogar der beste Virtuose, der ja nur über einen geraden, gespannten Bogen verfügt, solche Werke nur unvollkommen spielen; sie klingen immer etwas hart, und die Akkorde gelingen nicht, denn sie können nur durch Arpeggios ausgeführt werden. Ich zweifle nicht, daß man sie wieder mit dem alten Bogen spielen wird [Schweitzer folgt hier einer These A. Scherings von 1904, die sich aber historisch als falsch erwies].

Ähnliches tut man ja auch mit den Oboen aus Bachs Zeit. Sehr oft erscheint in seinen Partituren die alte Oboe, die Oboe d'amore, die sich von der unsrigen stark unterscheidet. Heute sieht man ein, daß es keinen Sinn hat, die Ausführung solcher Stücke mit unseren Instrumenten zu versuchen; durch den heutigen Bau der Oboe d'amore wird die Schwierigkeit überwunden. Sie war merkwürdigerweise schon in Vergessenheit geraten, als Haydn, Mozart und Beethoven wirkten. Als unsere heutigen Komponisten aber den weichen, runden Klang dieses Instruments hörten, der sich deutlich von dem schrillen Ton unserer Oboe unterscheidet, bemächtigten sie sich seiner neuerdings, so daß es nun in ihren Partituren vorkommt. Somit verdanken wir Bach die Kenntnis von einem schönen Instrument.

Spricht man aber von Hörnern und Trompeten, dann o weh! werden die Gesichter der Dirigenten und Instrumentalisten nachdenklich ... Alle zittern, wenn ein Werk Bachs mit einem dieser Instrumente aufgeführt werden soll. Die Partien für Horn und Trompete sind deshalb so schwierig, weil sie immer in den hohen Lagen gespielt werden müssen: Solche Töne sind kaum auf einem Horn oder auf einer Trompete zu blasen. Eine Zeitlang meinte man, Bach hätte über besondere Trompeten verfügt, obschon man darüber nichts Genaueres zu berichten vermochte. Heute aber wissen wir, daß schon zu seiner Zeit mit der gewöhnlichen Trompete in C oder in D gespielt wurde; damals aber konnte man nicht, wie heute, die Tonart mit einer Klappe wechseln. Mit solchen Trompeten also spielten Bachs Zeitgenossen alle hohen Noten; es gelang ihnen dank einer kleinen Einzelheit (das Mundstück war flacher als heute) und vor allem durch Übung: seit der Kindheit führten sie nur solche Musik auf.

Da die Frage mich sehr beschäftigt, habe ich darüber mit vielen Trompetern gesprochen; alle haben mir versichert, daß ein heutiger Bläser Bachs Werke einfach nicht gut ausführen kann, wenn er zugleich die tiefen Partien in den heutigen Werken übernehmen muß. Durch diese bekommt er nämlich harte Lippen, während Bachs Werke besonders biegsame Lippen verlangen. Deshalb werden wir bald, so hoffe ich, Trompeter haben, die nur Bach aufführen und dadurch entsprechende Lippen bekommen. Diese Virtuosen werden gastieren, sooft Werke Bachs mit Horn- oder Trompetenpartien aufgeführt werden, wie jetzt Tenöre oder Soprane engagiert werden. Somit wird man endlich diese Solostellen bei Bach so hören, wie er sie sich vorstellte, nämlich schnittig, biegsam und durchsichtig. Ich muß gestehen, daß ich bei Bach-Aufführungen noch nie einen Trompeter gehört habe, der mich befriedigt hätte, nicht einmal in Paris, wo doch die besten Instrumentalisten der Welt wirken.

Eine andere schwierige Frage betrifft das Größenverhältnis zwischen Chor und Orchester. Für seine Aufführungen verfügte Bach über zwanzig Sänger und zwanzig Spieler; letztere waren nach Bachs Absicht keine Begleiter, sondern bildeten einen anderen Chor, eben einen Instrumentalchor. Unsere großen gemischten Chöre waren damals unbekannt; Sopran und Alt sangen Knaben, und sogar die Solopartien.

Heute werden Bachs Werke meistens von unseren großen Chormassen gesungen, aber fast alle unsere Aufführungen sündigen darin, daß wir den anderen großen Chor, nämlich den Instrumentalchor, übersehen. Ich glaube, daß wir einmal Bach mit kleineren Chören und größeren Orchestern aufführen werden. Mir schweben ein Chor von einhundert ausgewählten Sängern und ein Orchester von achtzig bis neunzig Instrumentalisten vor; in jedem Orchester sollte es je Partie nicht nur zwei oder drei Flöten bzw. Oboen geben, sondern gar acht bis zehn. Der Direktor des Berliner Philharmonischen Chores, Professor Siegfried Ochs, der zu den besten Interpreten Bachs zählt, vertritt ebenfalls diese Meinung und schreibt mir, er wolle einen Versuch in diesem Sinne wagen [siehe auch die Texte ›Warum es so schwer ist, in Paris einen guten Chor zusammenzubringen‹ (1909) und ›Siegfried Ochs als Bach-Interpret‹ (1932)].

Jede Bach-Aufführung stellt uns also vor große Schwierigkeiten. Die Vollkommenheit steht immer noch in weiter Ferne; ich selber muß feststellen, daß die berühmten Bach-Konzerte, die in großen Hauptstädten mit entsprechender Musiktradition veranstaltet werden, kaum mehr als eine durchschnittliche Zensur verdienen. Nur sehr selten kommt man in den Genuß einer guten Bach-Aufführung.

Was die Interpreten im engeren Sinne betrifft, so möchte ich die negative Regel hervorheben, daß man Bachs Werke dem Zeitgeist nicht allzusehr anpassen darf. Einst wurden sie schulmäßig, langsam, schwerfällig, ohne dynamische Abstufungen aufgeführt. Dann aber kamen Liszt und Bülow und bewiesen, daß man Bach sehr wohl etwas virtuos aufführen kann. Heute aber wird dies zu weit getrieben: Beim Modernisieren beachtet man keine Grenzen, und zwar öfter nicht einmal die schriftlichen Anweisungen des Meisters.

Als erste positive Regel würde ich empfehlen, vor allem anderen der Klarheit nachzustreben. Verworrenes und Verschwommenes war Bachs Geist zuwider. Die Ausführenden dürfen nicht vergessen, daß sie polyphone Musik interpretieren; der Hörer soll jede einzelne Stimme mühelos verfolgen können, um das Ganze dadurch wiederherzustellen.

Somit ist gesagt, daß allzu lebhafte Tempi Bachs Absicht widersprächen, ob bei Chören oder bei Kompositionen für Orchester, Cembalo oder Orgel. Gründliche Erforscher seiner Werke neigen zu immer langsameren Tempi und zu deutlicherer Hervorhebung der einzelnen Stimmen; dazu könnte ich merkwürdige Beobachtungen bei unseren besten Musikern anführen. Bei Bach sind die Tempi nur relativ, noch mehr als bei den übrigen Komponisten. Wenn nämlich die Einzelheiten hervorgehoben werden, wenn der Hörer nicht überfordert, sondern durch die klare Interpretation gezwungen wird, jede Stimme bei jedem Tempo zu verfolgen, dann wird er bald glauben, es werde schnell gespielt, während in der Tat langsam gespielt wird. Diese Wahrheit hat ein Freund von mir, der gerne in Paradoxen spricht, so ausgedrückt: »Wer Bach spielen kann, der darf es langsam tun; wer ihn nicht spielen kann, der muß es schnell tun, sonst wird er leicht langweilig.«

Zweitens soll die Artikulation beachtet werden. Durch das Zusammenspiel der Partien muß der Hörer Thema und Motiv folgen können. Dies kann er aber nur dann, wenn der Interpret sich um die Akzente kümmert, die das Thema oder die Motive des Kontrapunkts charakterisieren. Es geht nicht darum, die starken Taktteile, wie bei irgendeiner anderen Musik, zu betonen, also rhythmisch zu spielen. Bachs Themen sind vom Takt unabhängig, und zwar noch mehr als bei irgendeinem anderen Komponisten; ihr eigener Rhythmus steht oft im Gegensatz zum Taktrhythmus. Es muß also die charakteristische, zu betonende Note gesucht werden, deren Hervorhebung das Thema verständlich und lebendig macht und die Beziehungen zwischen den Noten herstellt. Diese Betonung findet man nicht immer sofort; manchmal muß man sie lange suchen, was eine gewisse Erfahrung erfordert. Dann aber wirkt das aufgeführte Werk ganz anders als ohne die charakteristischen Akzente.

Schließlich komme ich zur Frage der dynamischen Abstufungen. Auf dem Cembalo konnte Bach keine großen Unterschiede bewirken, sondern nur piano oder forte spielen und weder Crescendi noch Decrescendi machen, wie wir es auf unseren Klavieren tun. Um diese beiden Klangarten erhalten und wechselweise benutzen zu können, wurden Cembali mit zwei Manualen gebaut: auf dem einen spielte man forte, auf dem anderen piano. Sollen nun bei Bach-Aufführungen alle Möglichkeiten des heutigen Klaviers ausgenützt werden, um dynamische Abstufungen zu ermöglichen? Natürlich! Nur Pedanten können dies bestreiten. Wahrscheinlich litt der Meister darunter, daß er mit seinen Instrumenten keine dynamischen Abstufungen bewirken konnte. Lächerlich wäre es aber, bei Bach-Aufführungen solche dynamischen Abstufungen zu machen wie bei Werken Beethovens oder eines heutigen Komponisten. Es geht vor allem darum, den Aufbau des aufzuführenden Werkes hervorzuheben. Man darf ja nicht vergessen, daß Bachs Musik der Architektur ähnelt. Der Hörer soll die Struktur des aufgeführten Werkes klar erleben; dazu müssen die Hauptteile hervortreten, die Nebenteile nicht übermäßig auffallen und die verschiedenen Episoden klar herauszuhören sein; ferner dürfen die Kadenzen nicht mit den Modulationen und den harmonischen Veränderungen verwechselt werden. Um den Aufbau des Werkes hervorheben zu können, muß der Interpret ihn zuerst herausgefunden haben. Dazu soll er sich gründlich in das Werk einarbeiten und daran in allen Lebenslagen denken, beim Gehen wie beim Sitzen, beim Wachen wie im Schlaf und Traum, bis ihm der Aufbau in seiner ganzen Klarheit und Einfachheit erscheint. Erst dann kann der Interpret behaupten, er habe sich in das Werk genügend eingelebt.

Das Allerwesentlichste habe ich aber noch nicht gesagt. Es kommt vor allem darauf an, in welchem Geiste Bach wiedergegeben wird. Bei jeder Aufführung soll man dem Hörer etwas geben, ihm die Aussage der Musik mitteilen, ihn vom Weltlichen lösen. Die Töne sollen ihm vom Frieden und von der Heiterkeit und von jener Sanftheit erzählen, aus der wir Kräfte zum Weiterleben schöpfen. Versetzt Bachs Musik in diesen eigenartigen Zustand der Entrückung, kann man durch Aufführungen etwas davon den anderen mitteilen, dann hat man den Meister wirklich verstanden und darf sein wahrhaftiger Verkünder heißen. Man darf ja nicht vergessen, und damit will ich schließen, daß Bach nicht nur einer der größten Tonkünstler ist, sondern auch einer der größten Mystiker, die die Welt hervorgebracht hat.

Erläuterungen

Dieses ist der wohl erste öffentliche Vortrag Albert Schweitzers über J. S. Bach. Er hielt ihn am Abend des 21. Oktober 1908 im Hause der katalanischen Musik in Barcelona. Im Anschluß an diesen Vortrag folgte ein Bach-Konzert mit Schweitzer als Organist. Schweitzer trug den Text in französischer Sprache vor; er erschien dann in katalanischer Übersetzung (in: Revista Musical Catalana 5 [1908]), die für den deutschen Text zur Grundlage genommen wurde. Dieser erschien zuerst im ›31. und 32. Rundbrief des Albert-Schweitzer-Komitees der DDR‹ (1977), erläutert und herausgegeben von Erwin R. Jacobi, übersetzt von Guiu Sobiela-Caanitz (Wiederabdruck in: E. R. Jacobi, Musikwissenschaftliche Arbeiten, Zürich 1984). Vgl. zum Zusammenhang auch den Text ›Die erste Aufführung von J. S. Bachs »Matthäuspassion« in Spanien (1921)‹.

J. S. Bach (1909)

Ich habe die Aufforderung erhalten, Ihr Bachfest mit einigen Worten über den Meister einzuleiten; indem ich ihr Folge leiste, habe ich nicht die Absicht, Ihnen eine eilige Belehrung angedeihen zu lassen. Ich möchte nur etwas von dem aussprechen, was der Mensch und der Künstler in jeglicher Persönlichkeit bei der Betrachtung Bachs und seines Werkes empfindet, damit wir uns in solchen Gedanken auf das Anhören seiner Schöpfungen sammeln und bereiten.

Sein Leben brauche ich Ihnen kaum in Erinnerung zu rufen. Wie Sie wissen, ist er Anno 1685 geboren. Früh verwaist, wurde er in die Familie eines Bruders zu Ohrdruf aufgenommen. Später kam er als Chorist auf das Gymnasium zu Lüneburg. Arnstadt war seine erste Organistenstelle; von dort wurde er nach Mühlhausen berufen, das er nach wenigen Monaten verließ, um als Hoforganist und Kammermusiker nach Weimar zu gehen, wo er von 1708 bis 1717 blieb. Als er bei Besetzung des Kapellmeisterpostens übergangen wurde, trat er in den Dienst des Fürsten Leopold von Köthen, bei dem er die glücklichste Zeit seines Lebens verbrachte. Die Stellung hatte jedoch auch ihre Nachteile; Bach war nur Kammermusiker; für den Organisten und Kirchenkomponisten gab es am reformierten Hofe nichts zu tun; der kleine Ort bot für die Studien der heranwachsenden Söhne zu wenig. So entschloß sich der Meister schweren Herzens, nachdem er vergeblich versucht hatte, in Hamburg als Organist anzukommen, sich um das Thomaskantorat in Leipzig zu bewerben. Er wurde ernannt und am 31. Mai 1723 in das Amt eingeführt, das er dann bis zu seinem Tode, im Juli 1750, versah. Er war zweimal verheiratet; die Zahl seiner Kinder betrug einundzwanzig; nur neun davon überlebten ihn. Aus dem wenigen, was wir über seinen Charakter erfahren, scheint hervorzugehen, daß er als Mensch freundlich, haushälterisch und gastfrei war, durch seinen Jähzorn aber sich selber und andere in manche Ungelegenheit brachte. Als Künstler war er bescheiden und dachte weniger daran, wie er sich selber Geltung verschaffte, als wie er alles, was künstlerischen Wert hatte, bewunderte und davon lernte. Dieses Streben führte ihn manchmal zu einer Nachsicht, die uns unbegreiflich erscheint; er gibt sich die Mühe, Werke von Zeitgenossen abzuschreiben, die sich neben den seinen fast schülerhaft ausnehmen.

Im ganzen kann man sagen, daß das Leben und die Persönlichkeit Bachs, wie diese äußerlich in Erscheinung tritt, nichts besonderes bieten. Wenn uns die Zeitgenossen so wenig darüber berichten, so ist es nicht nur, weil sie den Meister nicht genug beachteten, sondern auch, weil sein Dasein in nichts die Aufmerksamkeit auf sich lenkte.

Soll man dieses Dasein ein glückliches oder ein unglückliches nennen? An Sonne hat es ihm nicht gefehlt. Das Notenbuch, das Bach für Anne Magdalena, seine zweite Gattin, anlegte, erzählt uns vom friedlichen Glück am Herd; mit dem Weibe belebten liebe Kinder sein Heim. Das Unverstandensein hat er nicht gekannt; was er von der Welt an Anerkennung verlangte, hat sie ihm niemals verweigert; die Wonne des Schaffen-Könnens, dieses tiefste Glück, das das Dasein dem Menschen zu bieten vermag, hat er genossen wie vielleicht keiner auf der Welt.

Auch Kreuz war ihm beschieden. In Köthen begrub er das Weib seiner Jugend; von seinen Kindern hat er zwölf dahingeben müssen, einige ganz klein, andere schon erwachsen, andere in der Blüte der Jahre; was Kummer über mißratene Kinder ist, hat er kennengelernt; was Sorge um die Zukunft lieber Menschen ist, hat er erfahren, als er auf seinem Todeslager sein Weib anschaute und das achtjährige Mägdlein Regina Susanna zu seinen Füßen spielen sah, wohl wissend, daß diese von den älteren Söhnen nichts Liebes zu erwarten hatte. Was mag er gelitten haben in den Jahren, da er seinen schwachsinnigen Sohn Gottfried Heinrich um sich hatte?

Wer vermag abzuwägen, ob dieses Leben glücklich oder unglücklich war?

Für den, der sich tiefer darein versenkt, hat es etwas Tragisches. Dieses geht aber nicht aus von dem, was ihm von außen her zustieß, sondern liegt in dem begründet, was er leiden mußte, weil er in eine Zeit hineingeboren worden, für die er nicht mehr bestimmt war.

Bach hat eine ausgesprochen religiöse Auffassung von der Kunst. Sie ist ihm ein Mittel zur Verherrlichung Gottes. Damit ist nicht gesagt, daß er nicht auch die profane Musik gelten läßt, aber doch soviel, daß er in der Kunst sein Lebenswerk erkennt, nicht um der Kunst willen, sondern weil die Kunst der vollendete Ausdruck des Glaubens ist. So ist für ihn gegeben, daß Kunst und Kirche, Kunst und Schule zusammengehören. Und nun muß er gerade in der Periode wirken, in welcher dieser Zusammenhang gestört wird.

Als Kirche und Kunst sich in der Reformation zusammentaten, war die Kunst eine einfache Volkskunst, die so geringer Mittel benötigte, daß die der Kirche unterstellte Schule sie leicht aufbringen konnte; ein tüchtiger Kantor, einige Singknaben mit schönen Stimmen genügten. Aber die Kunst entwikkelte sich; zu dem Vokalkörper trat mit der Zeit der Instrumentalkörper hinzu; der solistische Gesang trat in den Vordergrund; der Stil änderte sich, so daß den Singknaben die Ausführung der Soli unmöglich wurde. Die Kirchen hätten der Kunst Mittel zur Verfügung stellen müssen; sie hätten ein tüchtiges Orchester unterhalten und gute Solisten für die Ausführung der Arien anstellen sollen; sie hätten Gelder auswerfen müssen, um die Chöre zu verstärken und nicht nur mit Kapellenknaben, sondern auch mit tüchtigen Sängern zu besetzen. Sie wollten es nicht tun und konnten es auch nicht. So muß Bach seine Werke mit Kräften geben, die absolut unzulänglich sind. Alles Bitten, Poltern und Schelten ist vergebens. Kirche und Magistrat sind taub; sie denken, daß es früher so ging und auch schöne Musik gemacht wurde und daß der Kantor sich nur nach seinen Mitteln einzurichten brauche. Mit drei- oder vierhundert Talern im Jahre wäre ihm geholfen gewesen;er hätte damit Studenten für Chor und Orchester gewinnen können. Aber er bekommt sie nicht und muß sich weiter mit den paar alten Musikern behelfen, die ihm gestellt werden, und im übrigen Schüler zu den Instrumenten anlernen. In dem Memorial an den Magistrat von 1730, wo er dieses ganze Elend enthüllt, erfahren wir, daß er kaum ein Drittel der überwiesenen Singknaben gebrauchen kann, daß er nur über acht – und noch dazu ganz untüchtige – Stadtpfeifer verfügt, daß er alle Streichinstrumente, mit Ausnahme der ersten Violine, mit Schülern besetzen muß.

Es war aber nicht nur die Frage der zu bewilligenden Mittel, die Kirche und Kunst damals entfremdete; der Grund lag tiefer. In dem Maße, als sie sich entwickelte, trat die Kunst mit größerer Selbständigkeit im Gottesdienst auf. Aus der einfachen Motette war die Kantate entstanden, die sich wie ein geistliches Konzert zwischen Textverlesung und Predigt einschob. Die Musik nahm aber nicht nur viel Raum ein, sondern gebärdete sich auch insofern ganz selbständig, als sie den Stil der weltlichen Musik nachbildete und, statt sich auf die biblischen Texte und die Choralstrophen zu beschränken, wie sie es früher getan hatte, sich ihre Texte frei schuf.

So konnte es nicht ausbleiben, daß auf allen Punkten das Mißtrauen der Kirche erwachte. Die Pietisten sagten von vornherein der Konzertmusik in der Kirche den Kampf an; auch unter den kunstfreundlichen Anhängern der Kirche gab es viele, die die Zustände als unhaltbar empfanden. Sie waren es auch. Die Musik mußte, wenn sie sich weiter so ausbreiten sollte, den Gottesdienst sprengen, oder der Gottesdienst mußte diese konzertierende Musik ausscheiden. Das letztere vollzog sich in der Generation nach Bach. Die Musik wird eingeschränkt; in den meisten Kirchen findet keine regelmäßige Kantatenaufführung mehr statt; zu St. Thomas in Leipzig werden die Passionsaufführungen in der Karfreitagsvesper abgeschafft. Gottesdienst und geistliches Konzert treten als zwei selbständige Erscheinungen auseinander.

Das alles bereitete sich zu Bachs Lebzeiten vor. Für sein Ideal einer kirchlichen Kunst war das Verständnis und die Teilnahme nicht mehr zu finden, die ihm die vorhergehende Generation dargebracht hätte. Er lebt in einer Welt, die für das, was ihn beseelt, keine Teilnahme hat. Wenn Bach und seine Behörde immer wieder zusammenstoßen, so ist es nicht, weil er jähzornig und die Leipziger Magistratsherren borniert waren, sondern weil sich diese Umwälzung vollzog und die Spannung damit gegeben war; der geringste Zufall legte sie dann jedesmal in ihren ganzen Konsequenzen bloß.

In der Schule bereitete sich dasselbe vor. Für die Schule der Reformationszeit steht die Musica im Mittelpunkt; die Schüler sind in erster Linie Singknaben. In dem Augenblicke, wo die Schule als solche größere Anforderungen an die Alumnen stellt, erhebt sich die Frage, ob diese für die Musik oder für die Schule da sind. Darum ist die Reform der humanistischen Studien, wie sie das beginnende 18. Jahrhundert mit sich bringt, ein Segen für die Schule, ein Verhängnis für die Musik. Bach macht den Wandel der Dinge an der Thomasschule mit. Sie wissen, daß die letzten fünfzehn Jahre seines Leipziger Wirkens mit gehässigem Streit zwischen ihm und dem Rektor Ernesti ausgefüllt sind. Und auch hier handelt es sich nicht um das Persönliche, was diese beiden Männer gegeneinander hatten, und um die Mißverständnisse, die sie veruneinigen, sondern sie bringen in ihrem Kampf die allgemeine Frage zum Austrag, ob die Schule um der Schule oder um der Musik willen da sei. Köhler, ein Thomaner aus jener Zeit, berichtet, daß Bach die Schüler haßte, die sich auf die Wissenschaft verlegten, und daß der Rektor, wenn er einen Schüler traf, der auf einem Instrument übte, ihn höhnisch interpellierte, ob er auch ein Bierfiedler werden wolle.

Gesiegt hat die Schule. Fast überall entledigte sie sich der Alumnate, die die Kirchenchöre stellten. Es kam die Zeit der gemischten Chöre.

Was für Kulturideale mit dieser Scheidung zwischen Musik und Schule zu Grabe getragen worden sind, kann nur der ermessen, der die Lebensbeschreibungen jener Zeit studiert und bemerkt, wie groß die allgemeine Bildung der Musiker war, weil sie alle aus den Alumnen der hohen Schulen hervorgingen, und wie groß die musikalische Bildung der liberalen Stände ist, weil die meisten von ihnen das Gymnasium nur absolvieren konnten, indem sie als Alumnen eintraten und sich so freie Station erwarben. Mich erfaßt's immer wie Heimweh und Sehnsucht nach jener Zeit, wo auch die Musik zum Unterricht gehörte, während heute einer schon viel Willen und

Energie haben muß, um neben Gymnasial- und Universitätsstudien sich noch eine tüchtige musikalische Bildung anzueignen.

Daß Bach in diesen Widerstreit von Kirche und Kunst, Schule und Musik hineingestellt war, ist das Tragische an seinem Dasein. Er hat sich darin verzehrt und verbittert. Andere Künstler haben zu gleicher Zeit dasselbe erlebt; aber es traf sie nicht so bis ins Innerste wie ihn, weil sie das alte reformatorische Ideal nicht mit dieser Ausschließlichkeit festhalten wie er. Sie – ich meine die Hamburger: Mattheson und die andern – sind moderner. Sie kennen schon das Ideal unserer Zeit, kraft dessen die Kunst um der Kunst willen da ist; wird ihnen die Kirche verschlossen, so leben sie im Konzertsaal und im Theater; ein seelisches Leiden entsteht für sie daraus nicht. Bei Bach wird das Lebensideal getroffen.

Darum steht Bach als eine einsame Größe inmitten der Künstler seiner Zeit. Das Neue, was sich in jener Epoche vorbereitet, interessiert ihn nicht. So hat er die Gründung des Konzertunternehmens, aus dem später die Gewandhauskonzerte hervorgingen, miterlebt, ohne irgendwelche Nötigung zu empfinden, dem Kreise, der sich mit dieser Sache befaßte, näherzutreten.

In der Festhaltung des alten Ideals lag aber zugleich ein ungeheurer Segen für Bachs Schaffen. Es hielt ihn ab, für die Bühne zu wirken. Alle bedeutenden Musiker jener Zeit – Mattheson, Telemann, Keiser, Händel – haben ihre beste Kraft der Oper gewidmet und damit Werke geschaffen, über die die Nachwelt zur Tagesordnung übergehen muß, weil sie aus der Vorstellung des naiven und unvertieften Singspiels, wie es jene Zeit allein kannte, hervorgegangen sind. Bach blieb vor dieser Kraftvergeudung bewahrt; er hat keine Oper geschrieben, trotzdem seine freundschaftlichen Beziehungen zur Dresdener Bühne ihm den Gedanken, auch Bühnenmusik zu schaffen, sicher nahegelegt haben. So ist er, gerade weil er dem alten Ideal anhängt, der einzige unter allen zeitgenössischen Künstlern, dessen Werke nicht veraltet sind. Was das heißt, ermißt man erst, wenn man Händels Opern durchgeht und bemerkt, welche Arbeit und herrliche Erfindung er an Werke verschwendet hat, von denen wir niemals mehr etwas haben können.

Mit seinem Kunstideal hängt es auch zusammen, daß eine solche Weihe über Bachs Schaffen liegt. Er schreibt seine Kantaten und Passionen, ohne damit Ansprüche an die Welt zu erheben; er ist sich bewußt, daß er sie mit den Mitteln, über die er verfügt, nur schlecht aufführen kann, daß ihm niemand dafür Dank weiß, daß man sie in der musikalischen Welt, die schon mit ganz andern Dingen beschäftigt ist, kaum beachten wird; er hegt auch nicht den Gedanken, daß er sich damit einmal später durchsetzen wird; er hat nicht die Absicht, sie zu veröffentlichen und sie damit der Mitwelt bekanntzugeben und der Nachwelt zu erhalten. Nur einige Klaviersachen hat er herausgegeben; von den Kantaten und Passionen ist nichts durch ihn veröffentlich worden; eine Jugendkantate ›Gott ist mein König‹ wurde gestochen, weil sie zur Verherrlichung der Ratswahl in Mühlhausen gedient hatte. Er schafft einzig und allein zu Gottes Ehre.

Indem ich Ihnen dies ausspreche, sind Sie mit mir von dem Rätselhaften der Gesetze des Geschehens ergriffen. Unsere guten Historiker tun immer so, als könnten sie es der Geschichte nachrechnen, daß dieses Werk hier und zu der und der Zeit entstehen mußte, weil alles darauf vorbereitet war. Bei Bach aber trägt die Zeit fast die Verneinung dessen, was er geschaffen hat, in sich. Die Kantaten und Passionen entstehen im Augenblick, wo die Bedingungen zum Zustandekommen gerade solcher Werke aufgehoben sind; das Bleibende aus dem ganzen Jahrhundert kirchlicher Kunst von Schütz bis Bach entstand im Augenblick des Zusammenbruchs der Ideale dieser Epoche. Nicht das Vernünftige, sondern das Paradoxe ist hier, wie so oft, das Wirkliche.

Aber zuletzt ist das Paradoxe etwas Natürliches. Ein reiner, großer Menschenwille war stärker als die Zeit und hat über sie triumphiert. In der ersten Zeit, wo man mit Bach bekannt wird, bewundert man den Künstler und nimmt es als etwas ganz Selbstverständliches hin, daß diese Bewunderung immer mehr ins Ungemessene wächst. Aber dann, in einem gewissen Augenblick, taucht der Mensch Bach vor einem auf, der Mensch, nicht wie er in einigen Anekdötchen erscheint und nicht wie er in dem von den Söhnen inspirierten Nekrolog gezeichnet wird, sondern der Mensch, wie er innerlich sein mußte, um groß genug zu sein, in solcher Reinheit und Lauterkeit zu schaffen. Erst wer in die Ehrfurcht vor der Seelengröße Bachs hineingezwungen wird, kennt ihn wirklich.

Von dem Äußerlichen des Lebens des Meisters ausgehend, haben wir uns in die Tragik seines Daseins versenkt und darin zugleich die Einzigartigkeit und Größe seines Schaffens begriffen. Zugleich aber haben wir damit auch verstanden, warum er nach seinem Tode in Vergessenheit geraten mußte. Es war nicht die Unwissenheit und Böswilligkeit der Musiker der neuen Generation, die dies verschuldet hat, sondern der Umstand, daß die Zeit auf ein neues Ideal zuging und den Blick vorwärts, nicht rückwärts gerichtet hielt. So mußte Bach der nachfolgenden Generation verborgen bleiben.

Wie ist es aber gekommen, daß er für unsere Zeit etwas ward und im Begriffe steht, so vieles, was man für groß und bleibend ansah, zu verdunkeln?

Hier ist der Ort, der Menschen zu gedenken, die Bachs Wegbereiter geworden sind. Ich nenne Forkel, den ersten Bach-Biographen; Mendelssohn, der 1829 das Wagnis unternahm, die ›Matthäuspassion‹ in der Berliner Singakademie aufzuführen; Schelble, den Frankfurter leider so früh verstorbenen Chordirigenten; Mosewius aus Breslau, der 1845 eine herrliche Schrift über Bachs Kantaten ausgehen ließ; Schumann, den Begründer der großen Bachgesellschaft, die es 1850 unternahm, eine Gesamtausgabe der Werke des Meisters zu veranstalten; Philipp Spitta, den ersten, der das Leben und die Werke des Thomaskantors wirklich erforscht hat und auf dessen monumentaler Biographie alle neueren Studien fußen, und zuletzt Rust, den stillen, lieben Menschen, der bei der Herausgabe der Werke Bachs eine Selbstlosigkeit und eine Arbeitskraft bewiesen hat, die nur der ermessen kann, der sich jahrelang in die großen, grauen Bände vertiefte.

Aber alle diese Wegbereiter redeten zu einer fast indifferenten Menge. Erst seit etwa fünfundzwanzig oder dreißig Jahren hat sich Bach in der musikalischen Welt wirklich durchgesetzt. Es muß also in diesem Prozeß noch etwas anderes im Spiele sein als die Bemühungen hervorragender Meister, Bach bekannt zu machen, etwas, das in der Zeit selber liegt und uns für ihn empfänglich macht.

So ist es auch. In erster Linie spricht hier die Resignation mit, die uns aus der Gegenwart in die Vergangenheit führt. Wenn man der Generation der sechziger bis achtziger Jahre des vorigen Jahrhunderts den Vorwurf macht, daß sie sich nicht genug um Bach gekümmert hat, so bin ich immer geneigt, sie zu entschuldigen. Sie besaßen etwas Großes in ihrer Gegenwart, für das sie eintraten: Richard Wagner und sein Werk. Als der Kampf um den Bayreuther Meister schwieg und man sich nach einer neuen Persönlichkeit umsah, die eine Zukunft der Kunst darstellte, fand man keine. Da schlug Bachs Stunde. In dem Kultus, dem wir ihm weihen, liegt etwas von der Resignation, die wir in der Kunst wie auf allen anderen Gebieten des geistigen Schaffens und auf dem Gebiete der Menschlichkeitsideale durchmachen. Die Gegenwart predigt uns allzu vernehmlich, daß unser Geschlecht nichts Großes und Bleibendes hervorzubringen vermag und seine Befriedigung darin suchen muß, das Große, das war, zu erkennen und zur Geltung zu bringen.

Auch in musikalischer Erkenntnis sind wir für Bach reif geworden. Die Periode der Tonkunst, die auf ihn folgt, liegt in Beethoven und Wagner abgeschlossen vor uns. Indem wir sie als Ganzes überblicken, haben wir Maßstäbe für Kunstwerke gefunden, wie sie so keine Generation vor uns besessen hat. Ich vermag mich, so widerspruchsvoll es klingen mag, nicht anders auszudrücken, als daß ich sage: das Moderne hat uns für das Primitive wieder empfänglich gemacht.

Wenn ich Bach unter die Primitiven rechne, so wissen Sie, was ich damit meine. Er denkt in reiner Polyphonie und schreibt durchgehende Stimmen. Schon beim äußerlichen Betrachten seiner Partituren finden Sie, daß er die Instrumente, mit Ausnahme der Bläser, denen er Zeit zur Erholung lassen muß, gewöhnlich von Anfang bis zu Ende beschäftigt, indem er sie mit der Ausführung einer fortlaufenden Stimme betraut. In der Schreibweise wird er zwar der Individualität des einzelnen Instruments gerecht, aber er nützt seinen koloristischen Wert nicht aus. Die moderne Orchestrierungskunst, die die Instrumente als Individualitäten sich auswirken läßt und mit Klangfarben, Klangfarbenmischungen, Klangfarbenkontrasten, Klangfarbenübergängen arbeitet, ist ihm ein unbekanntes Land.

Als der englische Musikkritiker Burney bei Bachs Sohn Philipp Emanuel in Hamburg zu Besuch war, da lobte dieser Hasse, den Dresdener Opernkomponisten und Freund seines Vaters, als einen listigen Betrüger, der, ohne auf die Führung durchgehender Stimmen zu achten, durch die Verwendung der Instrumente so himmlische Wirkungen hervorbrächte, wie man sie von einer »vollgepfropften Partitur« mit durchgehenden Stimmen nie erwarten dürfte. Das war etwa zwanzig Jahre nach Bachs Tod. Sein Sohn sah also damals die Schreibweise des Vaters fast schon als etwas Überwundenes an. Hüten wir uns, ihm daraus einen Vorwurf zu machen. Wir können uns gar nicht mehr vorstellen, welchen Zauber die neue Behandlung des Orchesters, so sehr sie damals noch in den Anfängen lag, auf das Geschlecht nach Bach ausübte. Herrlicher als sie ahnen und hoffen konnten, sehen wir die Verwirklichung in Beethoven, Wagner und Brahms und in denen, die in unseren Tagen die Instrumentierungskunst bis zum Raffinement ausgebildet haben. Jeder Durchschnittskomponist verfügt heutzutage über die Instrumentierungskunst. Sogar unsere schlechten Musiker können leider gut orchestrieren und lassen sich dadurch über die Tatsache hinwegtäuschen, daß man ohne wirkliche Erfindung kein Kunstwerk schaffen kann.

Aber wir, die wir die Vollendung der Instrumentierungskunst miterleben, werden dadurch dem Primitivismus Bachs nicht entfremdet und betrachten ihn nicht, wie sein Sohn, als etwas, das durch das Vollkommene überholt wird, sondern wir werden dafür empfänglich gemacht wie kein Geschlecht vor uns. Die Schreibweise in durchgehenden Stimmen, wie wir sie bei Bach finden, ist uns die Vollendung eines Stils, der in seiner Art dem modernen Instrumentalstil ebenbürtig ist. Weil wir alles, was das Orchester als Effekt bietet, bis zur Neige gekostet haben, empfinden wir eine Musik, die davon noch gar nichts enthält, als eine Wonne.

Damit soll kein Tadel für die moderne Instrumentierungskunst ausgesprochen sein. In der Zeit, wo der Kampf um Wagner tobte, wurde die Parole ausgegeben: Bach oder Wagner? Das was falsch. Nur wer alles Große bewundert, kann Bachs Größe richtig einschätzen. Wer das Große in der modernen Musik nicht empfindet, kann Bach nicht gerecht werden.

Aber zuletzt finden wir eine tiefere Befriedigung in der Bachschen Kunst, weil sie den einfachsten Ausdruck gibt für das, was sie darstellen soll. Wir beobachten es an allen Künsten in unserer Zeit, an der Malerei und an der Bildhauerei nicht minder als an der Musik, daß sie das Vermögen des Einfachen verloren haben oder es nicht mehr besitzen wollen. Was sie zu sagen haben, bringen sie nicht mehr durch die Intensität des Ausdruckes zur Darstellung, sondern sie suchen den Eindruck in der Aufbietung eines großen Apparates, in der Mitdarstellung des »Drum und Dran« der Idee hervorzubringen. Max Klingers Kunst ist typisch für die Art, wie der künstlerische Geist unserer Tage auf allen Gebieten gestaltet. Es wäre falsch zu sagen, daß nicht auch durch die Komplexität des Ausdruckes ein tiefer Eindruck hervorgebracht werden kann; aber wir, die wir das Virtuose und Geniale der modernen Kunst kennen, haben Sehnsucht nach der Kunst, die durch die Tiefe und Schlichtheit des einfachen Ausdrucks wirkt, als kehrten wir damit aus der Fremde in die Heimat zurück. Darum lieben wir Bach, den Meister, dem alle Kunstrhetorik fernliegt und der nur in einfachen Worten redet.

Noch etwas ist's, was uns an ihm fesselt ... die Schönheit der Form. Mit Bach starb die Kunst der Form. Die Musik sprengt ihre Bande; sie will, daß in ihr sich Gefühl und Leidenschaft, das Elementare des menschlichen Empfindens, ungehemmt ausleben könne. Bachs Sohn, Philipp Emanuel, der Schöpfer der modernen Klaviersonate, gehört schon dieser neuen Kunst an, die sich dann in Beethovens Sonaten und Symphonien vollendet offenbart. Es ist etwas Gewaltiges um diese Kunst, die das, was der Mensch an Weinen und Lachen in sich trägt, an den Tag bringt, ihn hinreißt in den Gang des Lebens und ihm in der Kunst das Bild seiner eigenen Zerrissenheit darstellt, als ließe sie ihn in einen Spiegel schauen, wo er sein Inneres sieht. Aber diese Selbstdarstellung des Gefühls befriedigt nicht den ganzen Menschen. Es lebt in ihm noch etwas anderes als Gefühl und Leidenschaft der Wonne und des Schmerzes: das Vermögen der Form. Niemand vermag zu definieren, was es ist. Was ist Proportion? Was ist Linie? Was ist Harmonie der Linienführung? ... So unaussprechlich, so real ist es. Es lebt in uns ein Vermögen der inneren Anschauung, eine Nötigung, sich Idealgestalten und Formen zu denken und in dem Anschauen einer übersinnlichen Welt der Linie und der Proportionen uns eine Befriedigung zu schaffen. Dieses Gefühl der »Anschauung« ist durch das, was wir um uns sehen, nicht geweckt; nichts ist ihm wirklich adäquat; es gehört zu dem, was der Mesch mit auf die Welt gebracht hat. Das hat schon Plato, der Künstler unter den Philosophen, wunderbar und wahr ausgedrückt, wenn er sagt, daß wir die irdischen Dinge ansehen als solche, deren Seele aus einer Welt kommt, wo sie die himmlischen Urbilder dieser Dinge, die Ideen der Dinge, geschaut und nun in der traumhaften Erinnerung des Vollkommenen, was sie gesehen, weiterlebt.

So tragen wir die Sehnsucht, eine vollkommene Form zu schauen, in uns. Die moderne Kunst, die Kunst des Gefühls und der Leidenschaft, hat sie nicht befriedigen können; sie hat sie betäubt. Nun tritt Bach unter uns und weiht und befriedigt sie.

Wer die Werke des Thomaskantors zum erstenmal hört, hat diesen Eindruck freilich nicht. Er hat eher das Empfinden des Durcheinanders und der Unordnung; er vermag dem Spiel der Linien nicht zu folgen und verliert sich darin. Das kann keinem erspart werden. Aber mit der Zeit bekommt er einen anderen, inneren Blick. Er sieht nicht Unordnung, sondern Freiheit und Schönheit und erfaßt in den durchgeführten Stimmen Tonlinien von vollendetem Schwung, nebeneinander und durcheinander laufend. Jede ist frei; jede eine Persönlichkeit, nur ihren eigenen Gesetzen folgend. Aber aus diesem Auswirken der Persönlichkeit entsteht nicht die Unharmonie, wie in der Wirklichkeit, sondern erst die vollendete Harmonie. Dieses Erleben weckt in uns eine unnennbare Befriedigung und Beruhigung. Die Seelenruhe, die uns bei Bachs Musik überkommt, läßt sich nur mit der vergleichen, die wir beim Anschauen der Gotik empfinden. So ist das Wort richtig, daß Bach Gotik, in Musik dargestellt, ist. Die Menschen, in denen die Anschauung der Linie lebt, verstehen ihn instinktiv. Ich bin immer überrascht, zu sehen, mit welcher Leidenschaftlichkeit Maler und Zeichner, die sonst musikalisch fast indifferent sind, Bach erfassen, weil er das in ihnen ruhende Vermögen der Anschauung wachruft. Einmal drückte es einer so aus: »Ich höre Bach nicht, ich sehe die Tonlinie.«

Auch diese Harmonie der Linie erfassen wir vollkommener als die Zeitgenossen. Sie waren in der theoretischen Bildung viel weiter voran als die heutigen Hörer, von denen nur die wenigsten in der Lage sind, sich über Harmonie, Stimmführung, Fugenaufbau und alles, was zur Technik gehört, Rechenschaft zu geben, wie dies bei dem Durchschnitt der damaligen Hörer vorausgesetzt werden darf. Aber in der Beurteilung Bachs sind auch die größten seiner zeitgenössischen Bewunderer, auch seine Söhne, im Technischen steckengeblieben; sie haben das Einzigartige der Linie und des Aufbaus nicht so begriffen, wie es der heutige Hörer empfindet. Und auch heute noch gibt es viele begeisterte Bewunderer Bachs, die durch ihre Wiedergabe seiner Werke bekunden, daß sie in der Welt der Form noch nicht heimisch sind, sondern noch gar manches von der modernen Formlosigkeit und Unruhe in sie hineintragen.

So hat unser Geschlecht nicht im Widerstreit mit der modernen Kunst, sondern mit ihr auf die Höhe des Ausblicks gelangend, Bach als die »andere Kunst« erkannt, als die Kunst der primitiven Instrumentierung, die Kunst des einfachen und intensiven Ausdrucks und die Kunst der Form.

Aber zugleich ist er für uns ein Moderner unter den Modernen, weil wir bei ihm das finden, was wir mit Recht als das Ziel der modernen Kunst ansehen, die Einheit und gegenseitige Durchdringung von Wort und Ton. Denen, die Bach der Welt nahezubringen suchten, als noch der Kampf zwischen modern und klassisch tobte, war er der Vertreter der »reinen Musik«, wie sie sagten, in welcher sich nur das Spiel der Linien und das Allgemeine der Gefühle abbildet. Diese reine Musik erfaßten sie als Gegensatz zur modernen, die sich in die Knechtschaft der Worte und Vorstellung begebe, nicht mehr für sich bestehen wolle, nicht mehr reine Vertonung des Wortes zu sein sich begnüge, sondern, wenn sie mit dem Worte auftritt, Darstellung und Versinnbildlichung dessen, was dieses enthält, werden will.

Wer mit unbefangenen Augen die Partituren der Kantaten und Passionen durchgeht, kann nicht anders, als das alte Vorurteil fahren lassen und anerkennen, daß Bach von uns als modern empfunden werden muß. Seine Musik tritt nicht als bloße Vertonung zum Wort hinzu, sondern sie empfängt von ihm Sinn und Leben. Sie ist von einer Leidenschaft beseelt, das, was jenes aussagt, bis in die letzten Gedanken auszudrücken und es erkenntlich in sich abzubilden. Die Einheit zwischen Wort und Ton ist bei Wagner nicht größer als bei Bach.

Nun fragt es sich, was denn Bach von dem Wort in der Tonsprache wiedergibt. Sie haben an sich selbst schon die Erfahrung gemacht, daß es eigentlich zwei Arten von Musik gibt, die sich ziemlich deutlich voneinander abheben. Die eine wirkt mehr auf die Phantasie, die andere mehr auf das Gefühl. Die eine sucht das Bildliche, Plastische und Charakteristische im Text zu erfassen und, was davon in Musik sich bilden läßt, auszudrücken, um so den Text darzustellen. Die andere geht an dem Charakteristischen vorüber und will den Gefühlsinhalt des Textes in Tönen reden lassen.

Diese Unterscheidung ist nicht etwa das Hirngespinst eines Ästhetikers, der um jeden Preis klassifizieren und rubrizieren muß; kein geringerer als

Wagner hat sie in seinen Schriften entwickelt. Dabei erklärt er sich selber als einen Vertreter der Musik des Gefühls und als im Gegensatz zu Berlioz und den andern Meistern der Tonmalerei stehend. Er verurteilt letztere Kunst als den Materialismus in der Musik.

Bis zu einem gewissen Grade würde er auch Bach haben verurteilen müssen, wenn er dessen Werke ganz hätte kennen können. Der Thomaskantor steht den Vertretern der Schilderungsmusik näher als dem Bayreuther Meister. Sein Bestreben geht darauf aus, das, was der Text für die Anschauung enthält, durch die Symbole, die die Tonsprache dafür besitzt, auszudrücken. Wo es angeht, sucht er in den Worten das Bild, um es wiederzugeben. Niemals läßt er sich das Malerische entgehen. Eine ganze Reihe seiner Themen sind bildlicher Art. Er hat sich eine ganze, auf bildliche Wurzeln zurückgehende Tonsprache geschaffen. Mit einem Wort: Bach redet zur Phantasie seines Hörers. Darauf beruht die ungeheure Lebhaftigkeit und Eindringlichkeit seiner Musik, welche auch von denen empfunden wird, die sich über die Ursache dieser packenden Vertonung nicht klar werden. Wagner hätte die ›Matthäuspassion‹ der Auffassung nach ganz anders geschaffen als Bach, auch wenn ihm derselbe Text vorgelegen hätte.

Aber Bach ist nicht nur der Musiker, der zur Phantasie redet. Es war nicht sein Schicksal, daß er wie einer der gegenwärtigen Komponisten, den unsere Zeit – und wohl mit Recht – groß nennt, in der Schilderungsmusik ganz aufginge und sich zuletzt darin verlöre, um das Alleräußerlichste des Textes zur Geltung zu bringen. Bach liebt das Sinnenfällige der Tondarstellung; aber es ist für ihn zuletzt doch nur das Äußerliche, der Träger dessen, was die Musik dem Menschen Geistiges bietet. Auch für ihn ist die Tonkunst ihrem Wesen nach die tiefste Aussprache dessen, was die Seele bewegt; auch für ihn – und darin findet er sich mit Beethoven und Brahms zusammen – vermittelt sie dem Hörer, was im Wort nicht mehr auszudrücken ist.

Aber in der Art, wie er die Gefühle wiedergibt, steht er abseits von den andern. Diese stellen das Gefühl als solches dar. Sie lassen die Liebe, das Entzücken, den Schmerz, die Angst, die Verzweiflung, die Freude elementar und unmittelbar zu uns reden und lassen den Durchschnittsmenschen in den Stunden, wo er unter ihrem Banne steht, dies alles in einer Tiefe durchleben, wie er es von sich aus nicht könnte, weil es so – zu tiefster Lust und tiefstem Weh – nur dem Genuis beschieden ist. Wenn Sie Beethoven, Wagner, Brahms und die andern Großen hören, ist es Ihnen, als gewänne der Begriff »Leben« jetzt erst Gestalt für Sie, weil Sie aus der Alltäglichkeit herausgerissen und von jemand an der Hand genommen werden, um in Abgründe hineinzuschauen und zu Höhen aufzublicken. Sie lernen lachen und weinen, wie Sie es allein nicht können.

Zuletzt aber erleben Sie doch nur das Leben in seiner tiefsten Zerrissenheit. Die Heiterkeit, zu der Sie gelangen, ist die Heiterkeit, mit der Beethoven in seinen Symphonien sich selber dem Schmerze für wonnevolle Stunden des Vergessens entreißt, als zündete er eine Fackel an, die, solange sie brennt, die Geister der Nacht bannt.

So vermag diese tiefe Kunst uns das Leben zu offenbaren, uns das Große an unserm Schmerze größer und tiefer empfinden zu lassen, als wir es von uns aus vermöchten, und uns Stunden des Vergessens zu schenken, die wir uns nicht aus eigener Kraft schaffen könnten. Wir danken ihr darum.

Bachs Musik ist eine andere Welt. Er stellt nicht Freude und Schmerz als solche dar; die Töne dienen ihm nicht dazu, die Gefühle in ihrer höchsten Steigerung sich manifestieren zu lassen. Das, was man im weitesten und tiefsten Sinne als »Leidenschaft« bezeichnen kann, finden Sie bei ihm nicht. Nicht Schmerz und Freude, sondern verklärter Schmerz und verklärte Freude reden zu uns. Wir schauen bei ihm das Leben, als wandelten wir auf einer Höhe, von milder Sonne umflossen, und sähen es durch blauen Nebel hindurch zu unsern Füßen ausgebreitet. Den Frieden, den er dem Leben, in Freud und Schmerz abgewonnen hat, spendet Bach in seinen Tönen; er redet zu uns als einer, der nicht im Leben, sondern über dem Leben steht.

Darum ist seine Kunst als solche religiös. Er hat einige ausgesprochen profane Werke – Gratulationskantaten für sein Fürstenhaus und Gelegenheitskantanten – geschrieben, weil solche Arbeit bei ihm bestellt wurde und er Kurzweil daran hatte. Aber da, wo die Kunst für ihn wirklich anfängt, wo er den Menschen geistig etwas bieten will, ist es auch gleich nicht der »reine Künstler«, sondern die religiöse Persönlichkeit, der Mystiker, der das Wort ergreift. In den Präludien und Fugen des ›Wohltemperierten Klaviers‹ liegt eine in ihrer Grundstimmung religiöse Musik vor; keiner kann sie anhören, ohne daß es stille in ihm wird. Wenn Sie sich Rechenschaft von Ihren Gefühlen geben können, so haben Sie bei Beethovenschen Sonaten den Eindruck, als stiege das Leben vor Ihnen auf, bei Bachs ›Wohltemperiertem Klavier‹ aber, als versänke das Leben vor Ihnen. Auch seine Ouvertüren, Suiten und Tänze sind nicht der reinste Ausdruck der galanten Musik des 18. Jahrhunderts, als was man sie von denen preisen hört, die immer meinen, sie müßten den profanen Musiker Bach neben dem kirchlichen zur Geltung bringen. Es offenbart sich in diesen Rhythmen eine herrlich abgeklärte Welt; die gewählten Tanzformen sind zuletzt nur noch Gleichnisse für eine wunderbar harmonische Bewegung, die Bach geschaut hat und die ihm den Frieden und die Ruhe versinnbildlichen hilft.

So liegt etwas wie eine Erlösung von der Welt und dem Leben in seiner Musik. Sie weckt in uns eine stille, tiefe Heiterkeit, eine Stimmung, die jenseits von Schmerz und Freude liegt. In dem Thomaskantor redet einer der größten Mystiker, die es je gegeben hat, zu den Menschen und führt sie aus dem Lärm zur Stille. Er gehört zu denen, welchen es verliehen ward, an der Erlösung der Menschheit mitzuhelfen. Für das letzte, was man über den Inhalt seiner Kunst sagen kann, möchte man das Wort aus der Schrift anführen: »Den Frieden lasse ich euch; meinen Frieden gebe ich euch ...«.

Nun mögen die ohnmächtigen Worte verstummen; er selber rede in seinen Werken zu uns. Möge es uns verliehen sein, was er uns zu sagen hat, in der rechten Sammlung zu vernehmen und Stunden zu feiern, aus denen wir innerlich stärker und besser, reicher an dem, was die Welt nicht geben kann, wieder in das Leben und die Arbeit hinaustreten.

Erläuterungen

Schweitzer hielt diesen Vortrag am 20. März 1909 anläßlich des 1. Westfälischen Bachfestes in Dortmund, an dem er auch als Organist mitwirkte und Einführungen in die aufgeführten Kantaten verfaßte. Verbunden war dieses Bachfest mit der Einweihung der neuen Walcker-Orgel der Reinoldikirche. Der Vortrag fand Abdruck in: Die Orgel der Reinoldikirche und das I. Westfälische Bachfest, herausgegeben von C. Holtschneider, Dortmund 1909.

Bachs ›Orgelbüchlein‹ und die Choräle über die Katechismuslieder (1914)

Bachs ›Orgelbüchlein‹

Kritische, historische und ästhetische Bemerkungen

Das vollständige Autograph des ›Orgelbüchleins‹ befindet sich auf der Königlichen Bibliothek zu Berlin. Sein Titel lautet in der alten Schreibweise:

»Orgel-Büchlein, Worinne einem anfahenden Organisten Anleitung gegeben wird, auff allerhand Arth einen Choral durchzuführen, anbey auch sich im Pedalstudio zu habilitiren, indem in solchen darinne befindlichen Choralen das Pedal gantz obligat tractiret wird.

Dem Höchsten Gott allein zu Ehren.
Dem Nechsten, draus sich zu belehren.

Autore Joanne Sebast. Bach p. t. Capellae
Magistro S. P. R. Anhaltini Cotheniensis.«

Ein wohl noch älteres Autograph des ›Orgelbüchleins‹ war im Besitze Mendelssohn-Bartholdys. Jedoch fehlen ihm die Seiten mit den zwölf ersten Chorälen; ferner hat der Besitzer, wie auf dem Umschlag vermerkt ist, drei weitere Blätter herausgeschnitten: zwei, um sie seiner Braut ins Stammbuch zu schenken, eines für Frau Clara Schumann. Dieser Handschrift zufolge sollte das ›Orgelbüchlein‹ acht Choräle weniger enthalten als nach der zuerst erwähnten, aus Köthen datierten.

Eine wertvolle Abschrift verdanken wir Bachs Schüler Johann Philipp Kirnberger (1721–1783). Sie stammt wahrscheinlich aus den Jahren 1739 und 1740, während derer er Bachs Unterricht zu Leipzig genoß. Auch Bachs Weimarer Freund Johann Gottfried Walther (1684–1748) und sein Schüler Johann Ludwig Krebs (1713–1780) und andere haben uns Kopien von Chorälen dieser Sammlung überliefert.

Dem Köthener Autograph zufolge sollte das Orgelbüchlein 169 Choräle bieten. Als Überschrift der einzelnen Seiten sind jedesmal Anfangsworte der für sie bestimmten Lieder eingetragen. Gewöhnlich ist für einen Choral eine

Seite vorgesehen; für einzelne längere Melodien werden derer jedoch zwei gerechnet. Das Büchlein zählt 92 Blätter und ist in Pappe mit Lederrücken und -ecken eingebunden.

Mit Ausnahme von ›Hilf Gott, daß mirs gelinge‹ und ›Dies sind die heil'-gen Zehn Gebot‹ sind die Orgelchoräle des ›Orgelbüchleins‹ auf zwei Systemen notiert. Dies war nur durch Zuhilfenahme der verschiedenen Schlüssel und Benutzung der Tabulaturschrift möglich. Die Tabulaturschrift ist die alte deutsche Art, die Noten nicht auf einem System von Linien, sondern mit Buchstaben zu schreiben. Mit diesen Buchstaben wurden die heute noch gebräuchlichen Zeichen für die Angabe des Notenwertes in Punkten und Strichen und andere Zeichen, die die Oktave, der der betreffende Ton angehört, [angeben,] verbunden. Diese sehr übersichtliche Schreibart hat sich in Organistenkreisen lange neben der modernen erhalten.

Gelang es Bach nicht, trotz der Zuhilfenahme der Buchstabentabulatur einen Choral des ›Orgelbüchleins‹ auf einer Seite unterzubringen, so mußten angeheftete Papierstreifen aushelfen. Der Eintritt des Pedals ist überall deutlich angegeben.

Von den in Aussicht genommenen 169 Chorälen sind nur 45 ausgeführt; die für die anderen bestimmten Seiten sind leer geblieben.

Die Entstehungszeit der Kompositionen läßt sich des genaueren nicht angeben. In dem ebenfalls der Köthener Zeit (1717–1723) entstammenden ersten Teil des ›Wohltemperierten Klaviers‹ hat Bach auch Kompositionen aus der Weimarer Zeit (1708–1717) und sogar solche aus noch weiter zurückliegenden Perioden aufgenommen. Von vornherein wäre zu erwarten, daß er beim ›Orgelbüchlein‹ in derselben Weise verfahren sei und zu Köthen schon früher entstandene Kompositionen revidiert und in Reinschrift zusammengestellt habe. Der Beweis läßt sich jedoch nicht führen. Rust, der das ›Orgelbüchlein‹ für die große Bachgesellschaft herausgegeben hat, ist sogar der Ansicht, daß es keine zu Weimar entstandenen Kompositionen enthalte. Zum Erweise macht er darauf aufmerksam, daß die im ›Orgelbüchlein‹ vorausgesetzten Melodien nicht die spezifisch Weimarische Fassung erkennen lassen, in der sie uns in den Orgelchorälen des Weimarer Organisten Johann Gottfried Walther und einzelnen Chorälen aus Weimarischen Kantaten Bachs entgegentreten. Diese Beobachtung ist nicht zwingend. Es handelt sich um geringfügige Abweichungen. Hingegen ist zu bedenken, daß Bach in Köthen nur der Leiter der Kammermusiken seines Fürsten war und mit dem Organistendienst nicht zu tun hatte, während er in Weimar als Organist an der Hofkirche gewirkt hatte. Die Anregung, Choralkompositionen zu schreiben, war also in dem früheren Amte viel natürlicher gegeben als in dem späteren. Es ist also nicht unmöglich, daß er den Plan eines Zyklus von Orgelchorälen in Weimar faßte, als er in regem Gedankenaustausch mit seinem Freunde Johann Gottfried Walther (1684–1748) dieses Gebiet gottesdienstlicher Musik besonders eifrig pflegte. In Köthen, wo er die nötige Muße fand, wird er an die Vollendung des Vorhabens gegangen sein, indem er die aus der Weimarer Zeit in dieser Absicht geschaffenen Werke revidierte, sie in Reinschrift in das hierfür angelegte Buch eintrug und neue Kompositionen in diesem Stil und Umfang schuf.

Das ›Orgelbüchlein‹ ist wohl eines der ersten Werke der Köthenschen Periode. Veränderungen, die sich in der Schrift und der Notierungsart bemerkbar machen, legen den Schluß nahe, daß die Eintragungen in das Heft sich über eine Reihe von Jahren hinzogen. Auch scheint der Meister noch in der Leipziger Zeit seiner Art gemäß im einzelnen Verbesserungen darin vorgenommen zu haben.

Der Grundstock des ›Orgelbüchleins‹ stammt also wohl aus den letzten Weimarer und den ersten Köthener Jahren. Einer dieser Choräle – ›Komm Gott Schöpfer, Heiliger Geist‹ – ist in erweiterter Gestalt unter die ›Achtzehn Choräle‹ aufgenommen.

Nach welchem Prinzip sind die Orgelchoräle dieser Sammlung angeordnet? In dem Vorwort zu der anno 1845 vom Petersschen Verlage veranstalteten Ausgabe wird geäußert, daß Bach selbst hier auf die Reihenfolge kein Gewicht gelegt habe. Wilhelm Rust, der 1878 die Ausgabe dieser Orgelchoräle für die Große Bachgesellschaft besorgte, sagt, daß sie sich in der Ordnung des Kirchenjahres folgen. Das erstere ist unrichtig, das zweite ungenau. Die Ordnung des Kirchenjahres ist für die Choräle der Festzeiten, also von Advent bis Trinitatis maßgebend. Aber nachher folgen sie sich nicht so, wie sie den einzelnen Sonntagen und Evangelien angehören, sondern so, wie sie sich in Gruppen in den alten Gesangbüchern zusammengestellt finden.

Die Anordnung des ›Orgelbuchleins‹ ist also durch die alten Gesangbücher bestimmt. In diesen kamen zuerst nacheinander die Lieder für die Feste und die festlichen Zeiten (Cantica de tempore). Darauf folgten die sogenannten Katechismusgesänge, d. h. die Lieder, die sich auf die im Katechismus vorgetragenen Lehrstücke von den Zehn Geboten, dem Glauben, dem Vaterunser, der Taufe, des Abendmahls und der Buße bezogen. Die Gruppierung der übrigen Lieder wechselte je nach den Gesangbüchern. Aber einzelne natürliche Gruppen finden sich natürlich in allen mehr oder weniger gleichlautenden Überschriften. Es sind dies: Lieder vom christlichen Leben und Wandel, Lieder von Kreuz und Verfolgung, Lieder von der christlichen Kirche, Lieder vom Sterben und Begräbnis, Lieder vom Jüngsten Gericht,

Morgengesänge, Abendgesänge, Tischgesänge, Lieder mit Bitten um gut Wetter, Danklieder für die Ernte, Danklieder für Errettung aus verschiedener Not. Die Reihenfolge dieser Gruppen wechselt, aber die Zuteilung der Lieder zu den einzelnen Gruppen ist für die alten Hauptlieder, die den Melodien ihren Namen gaben, in den Hauptzügen gewöhnlich die gleiche, wenn auch Lieder allgemeinen Inhalts bald unter dieser, bald unter jener Überschrift auftreten.

An welches Gesangbuch Bach sich bei der Aufstellung des ›Orgelbüchleins‹ gehalten hat, läßt sich nicht mehr ausmachen. Als Organist der Lieder und Melodien, der ihre Verwendung im Gottesdienst aus jahrelanger Übung auswendig beherrschte, war er wohl mehr nur von dem allgemeinen Herkommen als von einer bestimmten Vorlage abhängig. Bei der Durchsuchung alter Gesangbücher aber ist es den Herausgebern aufgefallen, daß sich seine Verteilung der Lieder auf einzelne Gruppen durchgängig mit der des ›Gothaischen Gesangbuchs‹ deckt, das ihnen in der Ausgabe von 1741 vorliegt. Die Reihenfolge der Gruppen ist aber eine andere. Im einzelnen hat Bach, wie sich aus mancherlei Beobachtungen ergibt, die Lieder nach eigenen Prinzipien geordnet.

Die Lieder über die Feste und Festzeiten werden den einzelnen Festen und Festzeiten zugeteilt und in diesen Untergruppen einfach nebeneinandergestellt. Bei Bach folgen sie so aufeinander, daß die Advents- und Weihnachtszeit ein kleines Weihnachtsoratorium, die der Leidenszeit eine Passion, die der Osterzeit ein Osteroratorium untereinander bilden:

Weihnachtsoratorium

Die Erwartung:	›Nun komm' der Heiden Heiland‹
Einleitung:	›Gottes Sohn ist kommen‹ ›Herr Christ, der ein'ge Gottessohn‹ ›Lob sei dem allmächtigen Gott‹
Die Krippe:	›Puer natus in Bethlehem‹ ›Gelobet seist du, Jesu Christ‹ ›Der Tag, der ist so freudenreich‹
Erscheinung der Engel:	›Vom Himmel hoch, da komm' ich her‹ ›Vom Himmel kam der Engel Schar‹
Die Anbetung vor der Krippe:	›In dulci jubilo‹ (Mittelalterliches geistliches Wiegenlied) ›Lobt Gott, ihr Christen, allzugleich‹
Die mystische Anbetung:	›Jesu, meine Freude‹ ›Christum wir sollen loben schon‹

Schlußgesang:	›Wir Christenleut' han jetzund Freud‹

Passion

Einleitung:	›O Lamm Gottes‹ ›Christe, du Lamm Gottes‹
Gefangennahme und Verurteilung:	›Christus, der uns selig macht‹
Die sieben Worte am Kreuz:	›Da Jesus an dem Kreuze stund‹
Jesu Tod:	›O Mensch, bewein' dein' Sünde groß‹
Dank an den Erlöser:	›Wir danken dir, Herr Jesu Christ‹
Meditation unter dem Kreuze:	›Hilf Gott, daß mir's gelinge‹

Die Choräle über die Kreuzabnahme, die Grablegung und den Abschied von der Gruft sind nicht ausgeführt.

Osteroratorium

Ostermorgen:	›Christ lag in Todesbanden‹ ›Jesus Christus unser Heiland, der den Tod überwandt‹
Verkündigung der Auferstehung:	›Christ ist erstanden‹ ›Erstanden ist der heil'ge Christ‹ ›Erschienen ist der herrlich Tag‹ ›Heut' triumphieret Gottes Sohn‹

Das Lied ›Jesu, meine Freude‹ findet sich in keinem Gesangbuch unter den Weihnachtsliedern. Bach hat es eigenmächtig unter diese versetzt, um nach der Anbetung vor der Krippe in den naiv-kindlichen Gesängen ›In dulci jubilo‹ und ›Lobt Gott, ihr Christen, allzugleich‹ die mystische Anbetung zu Worte kommen zu lassen.

Auf die Weihnachtschoräle folgen drei Neujahrschoräle. ›Helft mit Gottes Güte preisen‹ ist eine Danksagung an den Himmlischen Vater, ›Das alte Jahr vergangen ist‹ eine schmerzerfüllte Betrachtung in der Dämmerung des zu Ende gehenden Jahres. Auf diese folgt der von der Sonne des neuen Tages durchleuchtete Jubelgesang ›In dir ist Freude‹.

Aus der Epiphaniaszeit hatte Bach keine Choräle zur Bearbeitung vorgenommen. Den, der am ersten hier in Betracht gekommen wäre, ›Wie schön leuchtet der Morgenstern‹, bringt er viel später in der Gruppe der Lieder »Von der christlichen Kirche«, wo er sonst in den Gesangbüchern nicht steht. Aber das Gothaische bringt ihn an dieser Stelle.

Von den Chorälen auf das Fest Mariä Reinigung sind zwei aufgenommen: ›Mit Fried' und Freud' ich fahr' dahin‹, der Lobgesang Simeonis, und ›Herr Gott, nun schleuß den Himmel auf‹. In dem ersten stellt sich die friedvolle Todessehnsucht dar, in dem zweiten schleppt sich ein müder Pilger – man beachte die Bewegung der Bässe – an des Himmels Tür.

Die beiden Himmelfahrtschoräle ›Gen Himmel aufgefahren ist‹ und ›Nun freut euch Gottes Kinder all‹ sind nicht ausgeführt.

Wie kommen ›Herr Jesus Christ, dich zu uns wend'‹ und ›Liebster Jesu, wir sind hier‹ unter die Pfingstlieder? In keinem Gesangbuch stehen sie unter diesen, sondern immer als »Predigtlieder«, d. h. als Lieder vor der Predigt zu singen, oder unter einer anderen verwandten Gruppe angeführt. Wenn Bach sie unter den Pfingstliedern bringt, so ist es wohl in der Erwägung, daß in beiden die Erleuchtung durch den Heiligen Geist erfleht wird und der Heilige Geist in ihnen als der Geist Christi charakterisiert ist.

Nicht ausgeführt sind alle Choräle der nachpfingstlichen Feste: Trinitatis (›Gott, der Vater, wohn' uns bei‹, ›Allein Gott in der Höh' sei Ehr‹ und ›Der du bist Drei in Einigkeit‹), Johannisfest (›Gelobet sei der Herr, der Gott Israels‹), Mariä Heimsuchung (›Meine Seel' erhebt den Herren‹) und Michaelisfest (›Herr Gott, dich loben alle wir‹, ›Es stehen vor Gottes Throne‹, ›Herr Gott, dich loben wir‹ und ›O Herre Gott, dein göttlich' Wort‹).

Choräle für die Apostelfeste sind keine vorgesehen. Es folgen die Choräle über die Katechismuslieder, von denen nur einige ausgeführt sind: drei über die Zehn Gebote, einer über das Vaterunser, einer über die Taufe, elf über die Buße und die Rechtfertigung aus dem Glauben.

Von den sieben Liedern über das Abendmahl ist keines ausgeführt. ›Der Herr ist mein getreuer Hirt‹ ist eigentlich kein Abendmahlslied, sondern eine Paraphrase des 23. Psalms. Aber für Bach wird es symbolisch zum Abendmahlslied, weil darin im vierten Vers von dem »Tisch, den Gott deckt« die Rede ist.

›Nun freut euch, lieben Christen g'mein‹ und ›Nun lob, mein Seel, den Herren‹, die sonst nicht als Abendmahlslieder gelten, bilden bei Bach einen Epilog zu den Abendmahlsliedern, weil sie eine Danksagung über die Sündenvergebung enthalten. Hiermit sind die Katechismuslieder zu Ende.

Es folgen zwei Lieder über »Gottesfurcht im Hause« und sechs, die sich gewöhnlich unter der Rubrik »Christliches Leben und Wandel« finden. ›Was mein Gott will, das g'scheh' allzeit‹ und ›Ich ruf' zu dir, Herr Jesu Christ‹ passen inhaltlich in diesen Zusammenhang, obwohl das erstere gewöhnlich unter den »Sterbeliedern«, das zweite unter den Liedern von der Rechtfertigung durch den Glauben angeführt wird.

Mit ›In dich hab' ich gehoffet, Herr‹ beginnt die Reihe der Lieder »Von Kreuz und Verfolgung«, die bis ›Wer nur den lieben Gott läßt walten‹ reichen. Es sind ihrer siebzehn.

Es folgen zehn Lieder »Von der christlichen Kirche«, von denen keins ausgeführt ist, darunter ›Ein feste Burg‹ und ›Wie schön leuchtet der Morgenstern‹.

Auch von den drei Liedern, die sich in den Gesangbüchern gewöhnlich unter dem Titel »Bitte um Frieden« finden, ist keins ausgeführt.

Es folgen vierzehn Sterbegesänge, zwei Lieder über das Jüngste Gericht, fünf Morgengesänge, vier Abendgesänge, vier Tischgesänge und ein Gesang »Um gut Wetter«.

Wie die acht letzten Choräle der Sammlung untereinander zusammenhängen, ist nicht ganz klar. Sie stammen aus verschiedenen Gruppen. ›Jesu, meines Herzens Freud'‹ gilt gewöhnlich als »Jesuslied«, ›Ach, was soll ich Sünder machen‹ als Katechismuslied über die Rechtfertigung aus dem Glauben, ›Ach wie nichtig, ach wie flüchtig‹ wie auch ›Ach, was ist doch unser Leben‹ und ›Allenthalben, wo ich gehe‹ als Sterbelieder, ›Hast du denn Jesus, dein Angesicht‹ als Lied von »Kreuz und Anfechtung«, ›Sei gegrüßet, Jesu gütig‹ als Passionslied und ›Schmücke dich, o liebe Seele‹ als Abendmahlslied. Aber alle finden sie sich in dem Gedanken der Vergänglichkeit des Irdischen zusammen. In ›Sei gegrüßet, Jesu gütig‹ ist von dem Abscheiden in Christo die Rede, und ›Schmücke dich, o liebe Seele‹ ist von Bach hier als Lied auf das große himmlische Abendmahl gedacht.

Merkwürdig berührt, daß in dem ›Orgelbüchlein‹ ›Wachet auf, ruft uns die Stimme‹ und die anderen Choräle über die Wiederkunft Christi und die himmlische Herrlichkeit fehlen.

Wenn Bach im Titel angibt, daß das ›Orgelbüchlein‹ bestimmt sei, einem »anfahenden Organisten Anleitung« zu geben, »auff allerhand Arth einen Choral durchzuführen«, so stimmt dies mit dem Inhalt insofern nicht überein, als in der Sammlung bei weitem nicht alle Formen des Orgelchorals vertreten sind. Sie enthält keine Komposition in Pachelbelschem fugiertem Stil, nur eine etwas groß angelegte Choralphantasie (›In dir ist Freude‹) und nur drei Choräle mit paraphrasierter Melodie (›Das alte Jahr vergangen ist‹, ›O Mensch, bewein' dein' Sünde groß‹ und ›Wenn wir in höchsten Nöten sein‹). Die Mischformen zwischen Choralfuge und Choralphantasie und Choralparaphrase sind überhaupt nicht vertreten.

Hingegen dominiert der knappe Orgelchoral, in dem der ohne Zwischenspiele durchgeführte Cantus firmus durch ein frei erfundenes, kontrapunktisch verarbeitetes Motiv getragen oder umspielt wird. In dieser Art sind 38 von den 45 Chorälen des ›Orgelbüchleins‹ gearbeitet!

Bei zwei von den sieben verbliebenen – ›Helft mir Gottes Güte preisen‹ und ›Dies sind die heil'gen Zehn Gebot‹ – wird die einfache Melodie durch ein aus ihren Anfangsnoten gewonnenes Motiv begleitet. In ›Wenn wir in höchsten Nöten sein‹ zieht die Paraphrase der Melodie über ein aus ihrer Anfangszeile erwachsenes Motiv dahin; in ›Herr Jesu Christ, dich zu uns wend'‹ bewegt sich der Baß in Imitationen zur Melodie. Ein Stück für sich ist die Bearbeitung von ›Ich ruf' zu dir, Herr Jesu Christ‹, die als einzige die Trioform im ›Orgelbüchlein‹ vertritt.

Aus diesem Überblick über die im ›Orgelbüchlein‹ vertretenen Typen ergibt sich, daß Bach in dieser Sammlung die Choräle nach einer besonderen Form bearbeitet, von der er nur in wenigen Ausnahmefällen abgeht. Das Interessante ist, daß seine Vorgänger sie fast gar nicht ausgebildet haben und er selber sie in dieser Art weder vorher noch nachher benutzt hat. Sie ist also dem ›Orgelbüchlein‹ eigentümlich.

Der Einwand, daß zwar die Mehrzahl der fertiggestellten Choräle diesen besonderen Typus aufweise, die Sammlung als solche aber, wenn sie vollendet worden wäre, wohl auch die anderen Formen des Orgelchorals zu ihrem Rechte hätte kommen lassen, widerlegt sich von selbst. Bach hat für die einzelnen Kompositionen durchschnittlich nur eine Seite vorgesehen. Also war er entschlossen, alle Choräle in dieser knappen Weise zu bearbeiten.

Überdies lag es, wie sich aus seinem ganzen Schaffen ergibt, in seiner Art, immer eine Reihe gleichartiger Kompositionen nacheinander hervorzubringen, als wolle er eine ihm vorschwebende Form auf alle möglichen Weisen und in allen möglichen Gestalten verwirklichen, um dann, wenn er sie ganz erschöpft, zu einer andern überzugehen.

Das Vorherrschen dieser einen Form im ›Orgelbüchlein‹ muß im Zusammenhang mit einer allgemeinen in dieser Sammlung zutage tretenden Tendenz betrachtet und bewertet werden.

Der Titel des ›Orgelbüchleins‹ verheißt Choräle, an denen sich die jungen Organisten in der Technik dieser Art von Kompositionen üben und bilden können. In Wirklichkeit bietet Bach aber viel mehr. Die Werke dieser Sammlung sind dadurch ausgezeichnet, daß sie ein elementares und zielbewußtes Bestreben erkennen lassen, das Wesentliche und Charakteristische der Texte in der Sprache der Töne zu erfassen und wiederzugeben. Noch mehr: als Bach diese Choräle schuf, verfügte er bereits über eine ihm eigene

Tonsprache, die ihm erlaubte, das, was ihm vorschwebte, auch wirklich auszudrücken.

Darum nimmt das ›Orgelbüchlein‹ nicht nur in den Orgelwerken, sondern überhaupt unter allen Schöpfungen des Meisters eine hervorragende und ganz besondere Stellung ein. Es ist das Wörterbuch seiner Tonsprache.

In einigen Jugendkompositionen – Klavierwerken, Orgelchorälen und Kantaten – läßt sich erkennen, daß Bach danach ringt, Bilder und Gefühle, die ihm vorschweben oder in Dichtungen entgegentreten, erkennbar in Tönen wiederzugeben. Daraufhin würde man erwarten, in einer längeren Folge von Werken ein Tasten und Versuchen nach diesem Ziele hin zu begegnen und das allmähliche Werden seiner musikalischen Ausdrucksweise verfolgen zu können. Statt dessen steht im ›Orgelbüchlein‹ seine Tonsprache plötzlich fertig dar. Die Prinzipien, nach denen er einen Text in Musik gestaltet, sind schon voll ausgebildet und werden sich in der Folge nicht mehr ändern. Auch die Wurzeln und Formeln seiner Ausdrucksweise, die Motive und Rhythmen, in denen er das Bildliche und Gefühlsmäßige eines dichterischen Gedankens zur Darstellung bringt, sind bereits festgelegt und bestimmen die Elemente der Sprache, der man dann in der langen Reihe der späteren Vokalwerke immer und immer wieder begegnet. Der Bach des ›Orgelbüchleins‹ ist bereits derselbe wie der der Kantaten und Passionen. Wären die Vokalwerke auch verloren, so würde aus dieser Sammlung allein die Art seiner Textvertonung und die einzigartige Ausdrucksfähigkeit seiner Musik zu erkennen sein.

Wo ein Choraltext irgendwie etwas Bildliches bietet, wird er im ›Orgelbüchlein‹ nach dieser Seite wiedergegeben. Das symbolisch-deskriptive Element nimmt in Bachs musikalischer Sprache einen hervorragenden Platz ein. Seine Neigung zur Tonmalerei ist sehr stark ausgeprägt und läßt ihn eine zuweilen fast gewagte Musik der Tonfiguren erstreben. Dabei versteigt er sich aber nie. Nur das, was in Musik einfach und sinnenfällig wirkt, wird bei der Vertonung aufgegriffen, alles Gesuchte und Gekünstelte aber vermieden. Bachs Tonmalerei ist elementar im größten und tiefsten Sinne des Wortes. Bei aller Naivität, die der »Nachahmung« in Musik immer anhaftet, behält die seine etwas Durchdachtes und Erhabenes. Sie ist nicht Selbstzweck, sondern das Symbolische bricht immer wieder durch.

Darum verfällt Bach nie in die törichte Realistik, der andere Künstler auf diesem Gebiet so selten zu entgehen vermögen. Auch das Gewagteste gewinnt bei ihm durch die Einfachheit und Sicherheit der musikalischen Zeichnung etwas beinahe Selbstverständliches; die Vehemenz, mit der er das Bildliche des Textes erfaßt und hervorhebt, verletzt nicht.

Wo ein Text etwas ausdrückt, das sich mit der Vorstellung eines Schreitens, Steigens oder Fallens berührt, stellt ihn Bach nach dieser Seite in Tönen dar. In ›Erstanden ist der heil'ge Christ‹ malen die Bässe das siegreiche Heraussteigen aus dem Grabe:

Nicht minder charakteristisch stellen sie in ›Durch Adams Fall ist ganz verderbt‹ den Fehltritt des Urvaters dar:

Das trotzige Stampfen des Basso ostinato in dem Osterchoral ›Heut triumphieret Gottes Sohn‹ schildert das Siegen des Messias, das im Alten Testament unter dem Bilde des Tretens der Kelter beschrieben wird:

Ein ähnliches Schreiten ist in der Arie ›Er ist's, er ist's!‹ aus der Himmelfahrtskantate ›Gott fähret auf‹ (No 43) abgebildet, deren Text auf jenes alttestamentliche Bild anspielt.

In ›Wir Christenleut‹ versinnbildlicht der sicher und breitspurig auftretende Basso ostinato den festen, nie ins Wanken kommenden Glauben, von dem das Weihnachtslied redet:

Eine ähnliche symbolische Darstellung des Glaubens findet sich in den großen Chorälen über ›Wir glauben all' an einen Gott‹ und ›Jesus Christus, unser Heiland, der von uns‹ aus der Sammlung der Katechismuslieder. Auch in den Kantaten werden Festigkeit, Stolz, Trotz und Gewalt des öfteren in entsprechenden Schrittfiguren abgebildet.

Ein die Mattigkeit malendes Schrittmotiv durchzieht den Choral ›Herr Gott, nun schleuß den Himmel auf‹, in dem der vom Leben erschöpfte, »müd gestrittene« Wanderer Einlaß begehrend an des Himmels Tür pocht:

Eine Art von Gegenstück dazu bietet der Choral ›Hilf Gott, daß mir's gelinge‹, in dem eine fast tänzelnde Schrittfigur den Baß beherrscht:

Im zweiten Teil des Liedes ist die Rede von dem auferstandenen Jesus, der unter seinen Jüngern wandelt und sie lehrt. Der Baß im Verein mit der Triolenbewegung des Tenors versinnbildlicht das schwebende Gehen des Auferstandenen. Man erinnere sich, wie in der ›Matthäuspassion‹ das Streichorchester zu den Worten Jesu »Wenn ich aber auferstehe, will ich vor euch hingehen nach Galiläam« das Schreiten des Auferstandenen malt.

Die Kompositionen über ›Vom Himmel hoch, da komm' ich her‹ und ›Vom Himmel kam der Engel Schar‹ lassen die göttlichen Heerscharen auf- und niederschweben, wie es schon die Bearbeitungen von ›Vom Himmel hoch, da komm ich her‹ [BWV 700 und 701] getan hatten.

Das Lied ›Da Jesus an dem Kreuze stund‹ bringt die sieben Kreuzesworte. In der Musik sieht man den Leib des ermatteten Erlösers in sich zusammenfallen:

Wer mit Bachs Art nicht vertraut ist, wird über die immer wiederkehrende Baßfigur von ›Puer natus in Bethlehem‹ nicht leicht ins Klare kommen:

Sie gibt die tiefen Verbeugungen wieder, mit der die im Texte erwähnten Könige aus dem Morgenland mit ihrem Gefolge dem Jesuskindlein begegnen. Man erinnere sich an die Art, in der im Rezitativ der ›Matthäuspassion‹ »Der Heiland fällt vor seinem Vater nieder« das Hinsinken des Herrn in Gethsemane und im Thema der folgenden Arie ›Gerne will ich mich bequemen‹ das Sich-Beugen unter das Kreuz in der Nachfolge des Erlösers geschildert ist.

Die Bedeutung der sich durcheinanderschiebenden Läufe in ›Ach wie flüchtig, ach wie nichtig‹ ergibt sich ohne weiteres aus der mit denselben Mitteln arbeitenden Instrumentalbegleitung des ersten Chorals der gleichnamigen, aber später fallenden Kantate (No 26):

Orgelchoral

Kantate

Beide Male werden die wallenden Nebel gemalt, deren Entstehen und Vergehen nach dem Texte des Liedes für die Flüchtigkeit des Menschendaseins sinnbildlich ist.

In ›Komm Gott, Schöpfer, Heiliger Geist‹ ist der Cantus firmus von einer eigentümlich schwebenden, fast flackerigen Figuration begleitet, deren Unruhe noch dadurch vermehrt wird, daß das Pedal immer nur auf schwachen Achteln anschlägt:

Das Rätsel löst sich, wenn man sich vergegenwärtigt, daß die Worte »Schöpfer, Heiliger Geist« bei dem bibelkundigen Bach die Vorstellung des bei der Weltschöpfung über den Wassern schwebenden Geistes wachrufen mußte. Die wogende Bewegung der Mittelstimmen versinnbildlicht das Wesen der dritten göttlichen Person.

In diesen Orgelchorälen liegt, wie in der Bachschen Schilderungsmusik überhaupt, das Bildliche in den Themen und Motiven beschlossen. Im übrigen aber baut sich das Stück nach rein musikalischen Gesetzen auf. Die der malerischen Vorstellung entsprungene Tonfigur wird in natürlicher Weise verarbeitet. Darum wirkt die Bachsche Darstellung bei aller Gewagtheit der Motive nicht aufdringlich. Sie hält sich in den Grenzen der »reinen Musik«. Er übt die Tonmalerei als ein Meister.

In der Wiedergabe der Gefühlswerte und Stimmungen einer Dichtung sucht er möglichst zu präzisieren. Er schildert nicht die Freude, die Seligkeit, den Schmerz, sondern eine bestimmte Freude, eine bestimmte Seligkeit und einen bestimmten Schmerz.

In der Ausdrucksweise stimmen Orgelchoräle und Kantaten zusammen. Ganz allgemein läßt sich sagen, daß bei Bach dem rhythmischen Element in der Darstellung der Stimmungen eine viel größere Bedeutung zukommt als bei anderen Komponisten.

Auch bei ihm beruht selbstverständlich der Gesamteindruck auf dem Zusammenwirken von Thematik, Harmonik und Rhythmik. Aber die letztere spielt eine besonders hervorragende Rolle. In diesem Punkte steht Bach in einem gewissen Gegensatz zu Wagner, da der letztere viel mehr mit harmonischen Werten arbeitet. Der Nachdruck liegt bei Bach auch noch besonders darum auf der Rhythmik, weil die Bewegung, die sich in einem Stück offenbart, im Grunde schon im Thema und in den mit ihm auftretenden Motiven beschlossen ist und sich dann in der Verarbeitung zu ihrem ganzen Reichtum entfaltet. Beim Erfinden geht Wagner von der Harmonie aus; er gestaltet sein Thema in den Farben eines Akkordes oder bestimmter Akkordfolgen. Bei Bach entspringt es mehr einer vorgestellten Bewegung, in der zugleich schon das ganze Stück im Keime gegeben ist. Diese Eigenart seiner Musik tritt schon im ›Orgelbüchlein‹ mit voller Deutlichkeit zutage.

Eine unmittelbar und mehr naive Freude wird in einer ununterbrochenen, in natürlichen Intervallen dahinfließenden Achtel- oder Sechzehntelbewegung dargestellt. In dieser Art ist die Stimmung der Weihnachtschoräle ›Gottes Sohn ist kommen‹, ›Puer natus in Bethlehem‹, ›Lobt Gott, ihr Christen, allzugleich‹, der Osterlieder ›Erstanden ist der heil'ge Christ‹, ›Heut triumphieret Gottes Sohn‹ und des Liedes über die Erlösung ›Es ist das Heil uns kommen her‹ wiedergegeben. Auch in ›In dir ist Freude‹ wird die Melodie von einer freudvollen, ununterbrochenen Bewegung umspielt. In den Kantaten lassen sich viele Beispiele dieser Schilderung der Freude aufzeigen.

Eine andere, ebenfalls lebhafte, aber doch schon mehr reflektierte und verinnerlichte Freude drückt Bach durch Rhythmen von den Formeln  oder  und ihren Abwandlungen aus. Diese Bewegung beherrscht die Choräle ›Lob sei dem allmächtigen Gott‹, ›Der Tag, der ist so freudenreich‹, ›Wir danken dir, Herr Jesu Christ‹, ›Christ ist erstanden‹ (Vers 1) und ›Erschienen ist der herrliche Tag‹. Sie dient aber auch dazu, die Todesfreudigkeit Simeonis in dem Choral ›Mit Fried' und Freud' ich fahr' dahin‹ und die hoffnungsvolle Heiterkeit in ›Wer nur den lieben Gott läßt walten‹ auszudrücken. In diesem Freudenrhythmus begleitet die Solovioline das ›Laudamus te‹ der ›h-moll-Messe‹.

In den Chorälen, die irgendwie himmlichen Frieden ausdrücken, finden sich gewöhnlich Motive, die den Rhythmus 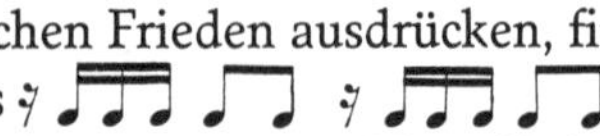 oder Abwandlungen desselben aufweisen. Am klarsten ist er in ›Herr Christ, der ein'ge Gottessohn‹ und dem Todeschoral ›Alle Menschen müssen sterben‹ ausgeprägt. Auch in ›Herr Jesu Christ, dich zu und wend'‹ und ›Vater unser im Himmelreich‹ ist er noch zu erkennen.

Eine Variante desselben beherrscht die Bewegung in ›In dich hab' ich gehoffet, Herr‹. Es handelt sich um eine Art Synthese zwischen dem Freuden- und Seligkeitsrhythmus, der man in den Kantaten oft begegnet: .

In ›Jesu, meine Freude‹ gehen die mannigfachsten, aus dem Freuden- und Seligkeitsrhythmus kombinierten Bewegungen nebeneinander her. Motive von der Form  umspielen andere von der Gestalt .

Überhaupt ist es Bachs Art, mystische und unaussprechliche Gefühle durch ein Bewegungsspiel wiederzugeben, in dem die mannigfaltigsten Abwandlungen der Freuden- und Seligkeitsrhythmen nebeneinander auftreten und sich in der Einheit einer unergründlich reichen und in ihrem Gesamtausdruck dennoch schon unsagbar ruhigen Bewegung verlieren.

Von herrlicher Wirkung ist diese wunderbare Mannigfaltigkeit von Freuden- und Seligkeitsrhythmus in ›Nun komm' der Heiden Heiland‹, ›Gelobet seist du, Jesu Christ‹ und ›Christum wir sollen loben schon‹. In dem letztgenannten Choral verschwimmt sie in einer gleichmäßigen ruhigen Bewegung. Mit ›Jesu, meine Freude‹ stellt dieser Choral im Weihnachtsoratorium des ›Orgelbüchleins‹ die mystische Anbetung vor der Krippe dar.

Sehr interessant ist die Aufeinanderfolge der Rhythmen in den Orgelchorälen über die Osterlieder. In ›Christ lag in Todesbanden‹ symbolisiert eine schwer nach unten ziehende Sechzehntelbewegung die Todesbanden, in denen Jesus gefangengehalten ist. In ›Jesus Christus unser Heiland, der den Tod überrwandt‹ beginnt die Starrheit sich zu lösen und das Dunkel sich zu lichten. Die Melodie geht auf heiter bewegten Triolen einher. Für die erste Strophe von ›Christ ist erstanden‹ tritt das Freudenmotiv ein. In der zweiten geht dieser Rhythmus in ein großes vielgestaltiges Wogen über. Im dritten Vers fahren die aufeinanderfolgenden Halleluja in einer jubelnden Sechzehntelbewegung einher. In dieser Aufeinanderfolge von Rhythmen lebt sich die Osterfreude schon in der Choralphantasie über ›Christ lag in Todesbanden‹ [BWV 718] aus. In dem ›Orgelbüchlein‹ führt Bach also nur aus, was ihm schon in jenem Jugendwerk vorgeschwebt hat.

Der edle, mehr kontemplative Schmerz wird durch Achtel oder Sechzehntel dargestellt, die zu je zwei und zwei gebunden in einer Folge nebeneinanderliegender Intervalle auftreten:  oder . Es ist als wollte der Meister verklärte Seufzer hören lassen. Das lebendigste Beispiel dieser Versinnbildlichung des Schmerzes bietet die Orchesterbegleitung des Choralchors ›O Mensch, bewein' dein Sünde groß‹ am Schlusse des ersten Teiles der ›Matthäuspassion‹.

Im ›Orgelbüchlein‹ verläuft der Passionschoral ›O Lamm Gottes‹ ganz in dieser Bewegung. Auch in ›O Mensch, bewein' dein Sünde groß‹ scheint sie durch.

Dem elementaren, quälenden Schmerz gibt Bach durch ein auf- oder absteigendes Motiv von vier oder fünf chromatischen Noten Ausdruck. Es findet sich in dem Choral ›Das alte Jahr vergangen ist‹ und dem Lied über das Leiden des Erlösers ›Christus, der uns selig macht‹. Am Schlusse von ›O Mensch, bewein' dein Sünde groß‹ illustriert es die Worte von der langen Todespein des gekreuzigten Herrn.

Es braucht nicht besonders ausgesprochen zu werden, daß diese Aufzeigung gewisser Wurzeln der Bachschen Tonsprache sich nicht anmaßt, den ganzen Reichtum seiner Ausdrucksweise ausmessen zu wollen. Noch weniger ist es nötig, dagegen Verwahrung einzulegen, als ob diese Analyse einen Bach zu schildern unternehme, der in seinen Schubfächern bestimmte Motive und Rhythmen bereit hatte, die er hervorholte, wenn ihm in einer Dichtung die Bilder und Gefühle begegneten, für die er jene Formeln bestimmt hatte. Eine so enge und arme Vorstellung von seiner Kunst würde sich schon beim Durchblättern zweier oder dreier Kantaten von selbst widerlegen.

Aber das sollte ausgesprochen werden, daß bei ihm in allem Reichtum und Wechsel der Erfindung gewisse Elemente einer Tonsprache deutlicher zu entdecken sind als bei irgendeinem anderen Komponisten und daß sie zum ersten Male in dem ›Orgelbüchlein‹ zutage treten.

Wenn dagegen bemerkt wird, daß beispielsweise Rhythmen von dem Typus  auch da auftreten, wo er sicherlich keine Freude ausdrücken will, wie in den Passionschorälen ›Christus, der uns selig macht‹ und ›Da Jesus an dem Kreuze stund'‹, so ist darauf zu erwidern, daß der Meister selbstverständlich weit davon entfernt ist, sich diese Folge von Tönen und Rhythmen zu versagen, wo es sich nicht um jenes Gefühl handelt.

Entscheidend ist nicht das Bild der Notenwerte auf dem Papier, sondern der Gesamteindruck der Bewegung und der Harmonik. Und hier stehen dann alle Schöpfungen Bachs, in denen er mit den Rhythmen  oder  die Vorstellung der Freude verbindet, unter sich zusammen und weisen den andern Stücken gegenüber eine ihnen gemeinsame Grundstimmung und Resultante der Bewegung auf, die zwischen ihnen und jenen nichts Gemeinsames bestehen läßt. Nicht anders verhält es sich mit allen andern Rhythmen, die als Elementarwerte der Bachschen Tonsprache aufgefaßt werden können.

Als bemerkenswert für die ganze Konzeption des ›Orgelbüchleins‹ ist noch anzuführen, daß der Meister hier das aus der ersten Melodiezeile gewonnene Motiv nur da verwendet, wo es einen dichterischen Sinn hat. In ›Helft mir Gottes Güte preisen‹ wiederholen die Begleitstimmen mit den Anfangsnoten des Gesanges die Aufforderung zum Lobe des Herrn; in ›Dies sind die heil'gen Zehn Gebot‹ rufen sie auf dieselbe Art immer wieder das Gesetz in Erinnerung.

Wunderbar wirkt das Melodiemotiv in ›Wenn wir in höchsten Nöten sein‹. Die Mittelstimmen und der Baß lassen diese Worte immer und immer wieder erklingen, während die in Arabesken aufgelöste Melodie wie eine tröstende Stimme sich dazu vernehmen läßt.

Auffällig bleibt, daß Bach in dem Titel der Sammlung nicht andeutet, er wolle in diesen Chorälen nicht nur musikalisch interessante und vorbildliche Bearbeitungen der Melodien, sondern auch Tondichtungen bieten. Wo eine derartige Tendenz in Form und Wesen der Werke so stark zutage tritt, ist ein unbewußtes Schaffen in dieser Richtung hin kaum anzunehmen. Jedoch sei daran erinnert, daß uns überhaupt kein Wort des Meisters über die besonderen Ziele und des Wesen seiner Kunst erhalten ist. Auch seine Söhne Emanuel und Friedemann wußten seinem ersten Biographen Johann Nicolaus Forkel (1749–1818) keine dahingehenden Worte des Vaters zu berichten. Danach ist wohl anzunehmen, daß er sich nicht reflektierend über das Wesen seiner Kunst zu äußern pflegte.

Warum ist das ›Orgelbüchlein‹ unvollendet geblieben? Wahrscheinlich ist die anno 1723 erfolgte Übersiedlung von Köthen nach Leipzig irgendwie daran schuld. In seiner neuen Wirksamkeit war der Meister vorerst vollauf durch die dringende Komposition von Kantaten beschäftigt und konnte nicht daran denken, das in Köthen begonnene Werk zu Ende zu bringen.

Aber warum hat er später gegen Ende der dreißiger Jahre, als er sich einen tüchtigen Vorrat von Kantaten geschaffen hatte und an die Veröffentlichung von Instrumentalwerken ging, das ›Orgelbüchlein‹ nicht fertiggestellt? Warum hat er für eine beabsichtigte Veröffentlichung durch den Stich die Choräle über die Katechismuslieder komponiert und später noch sechs Transkriptionen aus Kantaten als Orgelchoräle herausgegeben, statt der Organistenwelt das ›Orgelbüchlein‹ oder wenigstens eine Auswahl aus seinem Inhalt zu schenken?

Eine Klarheit in dieser Frage wird wohl nie geschaffen werden. Zu bedenken ist, daß es den schöpferischen Geistern, die gleichartige Werke in Serien produzieren, später nicht leichtfällt, noch einmal in der Art zu schaffen, wie sie es in einer vorhergehenden Periode taten. Es ist möglich, daß Bach, als er wieder Muße hatte, sich mit Choralkompositionen zu beschäftigen, kein lebendiges Verhältnis zu jener knappen, im ›Orgelbüchlein‹ vorherrschenden Form des Orgelchorals mehr zu finden wußte, weil er zu sehr mit den in großen Dimensionen gearbeiteten Werken, wie sie uns in den Katechismusliedern und den mystischen Chorälen aus seiner letzten Sammlung erhalten sind, beschäftigt war. Doch dies alles bleibt Vermutung. Warum das ›Orgelbüchlein‹ nicht vollendet worden ist, werden wir wohl nie erfahren. Aber darüber dürfen wir uns freuen, daß wir in dem vollendeten Teil etwas einzigartig Großes und Kostbares besitzen und darin in gewisser Weise das Ganze erschauen können. Es verhält sich mit ihm wie mit den Sibyllinischen Büchern: Ein Stück ersetzt das vollständige Werk.

Die Choräle über die Katechismuslieder

[III. Teil der ›Klavierübung‹]

Die Choräle über die Katechismuslieder erschienen um 1739 als dritter Teil der ›Clavierübung‹. Das Präludium in Es-dur [BWV 552,1] leitete sie ein; als Beschluß diente die Tripelfuge in derselben Tonart. Jedoch schoben sich zwischen den letzten Choral und die Fuge vier ›Duette‹, zweistimmige Kompositionen für Cembalo, ein. Hier waltete wohl ein nicht mehr gutzumachendes Versehen des Stechers ob.

Der erste Teil der ›Clavierübung‹ besteht aus sechs großen Partiten, die der Meister von 1726 an nacheinander in jährlichen Abständen erscheinen ließ; der zweite, 1735, brachte das ›Italienische Konzert‹ und die Partita in h-moll; der vierte, 1742, bot der Welt die ›Goldbergschen Variationen‹.

›Clavierübung‹ benannte Bach diese Veröffentlichungen in Anlehnung an Johann Kuhnau (1660–1722), seinen Vorgänger im Thomaskantorat, der 1689 und 1695 zwei Sammlungen von je sieben Klavierpartiten unter diesem Titel herausgegeben hatte. »Übung« bedeutet in der Sprache jener Zeit aber keineswegs etwa ›Studienwerk‹, sondern wird wohl am besten mit ›Unterhaltung‹ wiedergegeben.

Der vollständige Titel des dritten Teiles lautet: »Dritter Teil der Clavier Übung bestehend in verschiedenen Vorspielen über die Catechismus- und andere Gesaenge, vor die Orgel: Denen Liebhabern, und besonders denen Kennern von dergleichen Arbeit, zur Gemüths Ergezung verfertigt von Johann Sebastian Bach, Koenigl. Pohlnischen, und Churfürstl. Saechs. Hoff-Compositeur Capellmeister, und Directore Chori Musici in Leipzig. In Verlegung des Authoris.«

Der zweite Teil der ›Clavierübung‹ war bei Christoph Weigel in Nürnberg erschienen; der Verleger des vierten war Balthasar Schmidt, ebenfalls in Nürnberg. Mit dem Titel »Hoff-Compositeur« wurde Bach 1736 ausgezeichnet, nachdem er 1733 darum eingekommen war.

Gedanke und Anordnung in dieser Sammlung von Orgelchorälen erklären sich aus der Anlage der alten Gesangbücher. Diese boten, wie schon erwähnt, unter dem Titel »Katechismusgesänge« eine Auswahl klassischer Lieder über die Hauptstücke des christlichen Glaubens. Die Ordnung war dieselbe wie in Luthers Katechismen. Den Grundstock bildeten die Lutherlieder: ›Dies sind die heil'gen Zehn Gebot‹, ›Wir glauben all' an einen Gott‹ (Credo), ›Vater unser im Himmelreich‹ (Pater Noster), ›Christ, unser Herr, zum Jordan kam‹ (Taufe), ›Jesus Christus unser Heiland‹ (Abendmahl) und ›Aus tiefer Not schrei' ich zu dir‹ (Buße und Beichte).

Um das Dogma vollständig zu haben, schickt Bach diesen Liedern das an die Heilige Dreifaltigkeit gerichtete Kyrie – ›Kyrie, Gott Vater in Ewigkeit‹, ›Christe, aller Welt Trost‹ und ›Kyrie, Gott Heiliger Geist‹ – mitsamt seiner dreifachen Bearbeitung des Dreifaltigkeitsliedes ›Allein Gott in der Höh' sei Ehr'‹ voraus.

Daß der Meister das Lied über die Buße zwischen den Chorälen über Taufe und Abendmahl bringt, ist vom lutherischen Standpunkt aus etwas auffällig. Es gehört an die letzte Stelle. Die Anordnung der Katechismuslieder in dem ›Orgelbüchlein‹ ist dieselbe wie die der Sammlung der ›Clavierübung‹.

Mit Ausnahme des Gloria, das Gloria, das mit Rücksicht auf die Trinität naturgemäß in drei Orgelchorälen ausgeführt wird, stellen sich sämtliche Choräle der ›Clavierübung‹ in einer großen, das obligate Pedal voraussetzenden und einer kleinen, manualiter gehaltenen Version dar. Vielleicht bezweckte Bach durch diese Doppelheit nichts anderes, als auch denjenigen Abnehmern seines Werkes, die weder über eine Orgel noch über ein zweiklavieriges Cembalo mit Pedal verfügten, etwas für sie Spielbares zu bieten. Es kann aber auch sein und ist sogar wahrscheinlich, daß eine symbolische Absicht mit in Betracht kam. Luther hatte die christliche Lehre in einem großen, dogmatisch und gelehrt gehaltenen und zugleich in einem kleinen, einfachen Katechismus dargestellt. Bach, der musikalische Kirchenvater des Luthertums, fühlt sich gedrungen, dasselbe zu tun und jedes Katechismuslied in zwei Versionen zu behandeln. In den großen herrscht eine weltüberfliegende, einzig auf die Darstellung der Zentralidee des betreffenden Lehrstücks gerichtete Tonsymbolik; die kleinen sind von bezaubernder Einfachheit.

Man sollte meinen, die Konzeption dieser Sammlung von Orgelchorälen sei zum mindesten so interessant, daß man die Ordnung der Stücke in den Ausgaben respektiert haben könne. Die Originalausgabe der Großen Bachgesellschaft (Band III, 1853) ausgenommen, ist dies aber niemals geschehen.

Der Form nach gehören die großen Choräle, von ›Aus tiefer Not schrei' ich zu dir‹, der in fugierter pachelbelscher Art gearbeitet ist, abgesehen, der Gattung der breit angelegten Choralphantasien an. In den großen Versionen des Kyrie, den drei Gloria und den großen Versionen über ›Wir glauben all' an einen Gott‹, ›Vater unser im Himmelreich‹, ›Christ, unser Herr, zum Jordan kam‹ werden, zum Teil neben andern, Motive verarbeitet, die aus den ersten Noten der Melodie gebildet sind. Die großen Bearbeitungen von ›Dies sind die heil'gen Zehn Gebot‹ und ›Jesus Christus unser Heiland, der von uns den Zorn Gottes wand‹ verwenden frei erfundene Motive.

In den kleinen Versionen werden durchweg Phrasen der Melodie – gewöhnlich nur die Anfangsphrase – verarbeitet. Nur ›Vater unser im Himmelreich‹ macht eine Ausnahme. Hier wird der Cantus firmus von einer freien dreistimmigen Figuration getragen.

In den großen Versionen der Katechismuslieder treten, wo der Text dazu Anlaß gibt, symbolische und dichterische Tendenzen in derselben Weise auf wie in den Schöpfungen des ›Orgelbüchleins‹.

In den drei großen über die Anfangsnoten der Melodie gearbeiteten Versionen des Kyrie erlebt man, wie in Beethovens Violinkonzert mit Staunen und Entzücken, in wie vielgestaltigen und immer neuen Gebilden sich eine einfache und kurze, anscheinend gar nicht reiche Tonfolge ausleben kann, die einzelnen Verse sind eindringend charakterisiert. Der erste – »Kyrie, Gott Vater« – ist groß und ruhig gehalten. Er stellt nicht den Klageruf dar, sondern die feierliche Anrufung, die den sonntäglichen Gottesdienst einleitet. Die zweite Strophe ist, wie das zweite Kyrie der ›h-moll-Messe‹, subjektiver und bewegter gehalten. Christus, der tröstende Gottmensch wird von den Menschen angefleht. Durch das »Kyrie, Gott Heiliger Geist«, den dritten Vers, geht ein freudvoller Zug hindurch. An manchen Stellen erscheinen die Freudenrhythmen ♩ ♫, ♫ ♩, ♫ ♫ ♩. Von Takt 37 an fließt eine lebendige Achtelbewegung mit ein. Dieser Abschnitt entspricht den Zeilen: «Daß wir am letzten End / Fröhlich uns scheiden aus diesem Elend.« In Takt 54 bricht das Frohlocken ab. Das Eleison (Erbarm dich unser) kommt in schmerzvoller Chromatik heraus. Noch ist das fröhliche Scheiden am letzten End nicht gekommen, noch heißt es in des Lebens Not und Elend weitergehn...

Die große Version von ›Allein Gott in der Höh sei Ehr‹ ist eine Erweiterung eines Orgelchorals aus einer früheren Epoche, der uns noch in dieser ursprünglichen Gestalt erhalten ist [BWV 676a].

In der großen Version von ›Dies sind die heil'gen Zehn Gebot‹ führen die beiden Oberstimmen und das Pedal eine ohne Plan und Gestalt einhergehende Phantasie aus, in der dann der Kanon des Cantus firmus auftritt. Es ist denkbar, daß Bach damit die Unordnung der menschlichen Erwägungen und Handlungen darstellen will, in der der Kanon des Chorals vom Gesetz die ewige sittliche Ordnung verkörpert. Das Stück verlangt eine Deutung der musikalischen Idee. Aber diese läßt sich nicht mit Bestimmtheit geben.

Die große Version über ›Wir glauben all' an einen Gott‹ entspricht nicht dem, was man nach dem gewöhnlichen Empfinden von einem Orgelchoral über das Credo erwarten sollte. Es fehlt ihr das Majestätische. Die Erklärung ist einfach. Bekanntlich hat Luther in seinen beiden Katechismen das Credo in genialer Einseitigkeit ausschließlich nach der Seite des kindlichen Vertrauens in Gott ausgelegt und seinem Liede über den Glauben dieselbe Auffassung zugrunde gelegt. Darum schreibt Bach hier eine anmutig und heiter gehaltene Musik über den Credochoral. Im Pedal aber symbolisiert ein Basso ostinato im energischen Schrittmotiv zugleich die Unerschütterlichkeit dieses Glaubens.

Die große Version von ›Vater unser im Himmelreich‹ ist ein herrlich verträumtes Stück, in dem die ganze Seligkeit, daß Menschen Gott als ihren Vater anrufen dürfen, zum Ausdruck kommen soll. Es ist, als ob in dem aus dem Anfang der Melodie geschaffenen Thema die Stimmen fort und fort »Vater unser! Vater unser!« vor sich hinsängen und dabei vor Wonne schluchzten. Diese Musik trägt etwas Überirdisches an sich. Daß der Hörer die Komposition als gleichförmig und etwas zu lang empfinden könne, kümmert Bach nicht.

Daß die Musik der großen Version von ›Christ, unser Herr, zum Jordan kam‹ das Spiel der Wellen wiedergeben solle, war von jeher anerkannt. Die Kantaten – und gerade die Orchesterbegleitung des ersten Chors der Kantate über diesen Choral (No 7) – bieten so zahlreiche Beispiele einer entsprechenden Tonmalerei, daß die Deutung sich von selbst aufdrängte. Fraglich bleibt nur, ob Bach die Fluten des Jordan, in dem Jesus getauft wurde, vor dem Hörer dahinrauschen läßt oder ob er das Taufwasser als die mystische, alle Sünde abwaschende rote Flut, von Christi Blut gefärbt, von der der siebente Vers des Liedes redet, symbolisieren will.

Auch die kleine Version von ›Christ, unser Herr, zum Jordan kam‹ stellt ein bewegtes Wellenspiel dar. Das Stück ist überaus kunstvoll gearbeitet. Es beschäftigt sich mit der ersten Phrase der Melodie und führt sie nebeneinander in vier Gestalten vor: in der normalen Fassung und deren Umkehrung, in der Verkürzung aus Viertelwerten in Achtelwerte und der Umkehrung dieser Form. Zugleich bildet sie noch die zweite Phrase der Melodie in Sechzehnteln ab. Hier kündigt sich schon der Bach der letzten Periode an. Aus diesem Nebeneinander ergibt sich ein merkwürdig bewegtes Spiel. Es ist, als wollte Bach das Heben und Senken der Wellen, bei dem zu gleicher Zeit kurze, rasche sich über lange, langsame dahinwerfen, zur Darstellung bringen.

Die große Version von ›Aus tiefer Not schrei' ich zu dir‹, in pachelbelscher Art gearbeitet, ist in Wirklichkeit eine gewaltige Motette für Orgel, das Großartigste, was in dieser Form des Orgelchorals überhaupt geschaffen worden ist. Aber Bach schreibt kein De profundis, das in einem Aufschrei des gequälten Herzens zu Gott schließt. Im Abschnitt über die letzte Verszeile läßt er, in Anschluß, in enger Anlehnung an Luthers Anschauung und inspiriert von der zuversichtlichen Stimmung der beiden letzten Verse des Liedes, die freudige Gewißheit der Sündenvergebung mit hineinklingen.

Darum setzt in Takt 43 plötzlich der Freudenrhythmus  ein, der dann den Schluß ganz beherrscht.

Auch die kleine Version von ›Aus tiefer Not schrei' ich zu dir‹ ist in der Form des pachelbelschen Chorals gearbeitet. Das an sich schon kunstvolle Verfahren wird hier aber noch dadurch kompliziert, daß die Themen der einzelnen Phrasen der Melodie in den aufeinanderfolgenden Fugen zugleich in der Umkehrung auftreten. Bach will in dieser Sammlung eben Meisterstücke in dem alten Sinne des Wortes, d. h. Beispiele seiner vollendeten Kunstfertigkeit, bieten und liefern.

In der auf das Lehrstück vom Abendmahl bezogenen Komposition ›Jesus Christus unser Heiland, der von uns den Zorn Gottes wand‹ kann Bach nicht anders, als in Luthers Sinn den freudigen Glauben an die in dem Sakrament dargebotene Sündenvergebung zur Darstellung zu bringen. Seine Musik hält sich an das »Du sollst glauben und nicht wanken, daß eine Speise sei der Kranken, denen ihr Herz von Sünden schwer« aus dem fünften Verse und läßt gewaltig feste Schritte vernehmen:

Es ist, als ob jemand in gespreiztem Stampfen auf dem Deck eines rollenden Schiffes Halt suchte. Das Schrittmotiv, das in ›Wir glauben all' an einen Gott‹ auftritt, ist viel unauffälliger gehalten.

Der Glaube an das Abendmahl ist für den Lutheraner Bach eben das Unbegreifliche und Höchste der christlichen Lehre überhaupt. Um dieser Lehre willen hatte der große Reformator soundso vielen, die sich in allen andern Stücken zu ihm bekannten, Fehde angesagt. Bis zum letzten Atemzuge gab er nicht nach, seinen Anhängern den Kampf um dieses Lehrstück als Erbe hinterlassend. Bach hat dieses Vermächtnis heilig gehalten. Er war ein Eiferer der reinen Lutherischen Lehre. Calvinismus, Pietismus und Rationalismus waren seinem Herzen ein Greuel. In dem Choral über ›Jesus Christus unser Heiland, der von uns den Zorn Gottes wand‹ bekennt er sich als wahrer Lutheraner dadurch, daß er den unentwegten Glauben als das Wesentliche am Abendmahl darstellt. Die Sechzehntelbewegung und die munteren Imitationen tragen in das aus dem eckigen Thema erwachsende Stück die freudige Stimmung hinein, die ebenfalls zur Lutherischen Vorstellung vom Abendmahl gehört.

Als kleine Version des Abendmahlchorals bietet Bach eine meisterhafte Fuge über die erste Phrase der Melodie, in der das Thema zum Schlusse in Vergrößerung auftritt.

Mit Ausnahme von ›Aus tiefer Not schrei' ich zu dir‹ und der zweiten Version über ›Allein Gott in der Höh' sei Ehr'‹ tragen die großen Choralschöpfungen dieser Sammlung etwas Abstraktes an sich. Dies wird auch bei der Wiedergabe offenbar. Sie wirken nicht unmittelbar und fesseln nicht durch den klanglichen Reiz, wie die Kompositionen des ›Orgelbüchleins‹. Um sich ihrer wirklich zu erfreuen, muß man sich erst zu ihnen hindurcharbeiten. Wer sie zum ersten Mal hört, wird nicht mit ihnen fertig.

Die unmittelbare Wirkung wird noch durch den Aufbau und den Stil beeinträchtigt. Alle großen Versionen sind in geradezu gewaltigen Dimensionen gearbeitet. Die einzelnen Sätze des Cantus firmus sind durch lange Zwischenspiele getrennt, so daß nur, wer durch öfteres Hören das Ganze überschaut, die Melodie und die Komposition als Ganzes zu erfassen vermag.

Bach selbst hat eine Vorstellung davon, daß diese Werke dem gewöhnlichen Hörer nicht ganz leicht eingehen werden. Darum bestimmt er sie im Titel besonders den »Kennern von dergleichen Arbeit«. Die Überschriften der anderen Teil der ›Clavierübung‹ appellieren nur an die »Liebhabern«. Tatsächlich vermögen nur Kenner die vollendete und gereifte Kunst, die sich hier offenbart, zu ermessen und die Musik, die sich fast mehr an den inneren Sinn als an das Gehör schlechthin richtet, zu begreifen. Populär wie die Choräle des ›Orgelbüchleins‹ können die Katechismuslieder nie werden. Auch im Kultus werden sie nicht dieselbe Verwendung finden. Es sind eben Werke aus Bachs letzter Schaffensperiode, in der er etwas einsam und von seiner Zeit nicht ganz begriffene Pfade zu wandeln beginnt, auf denen ihn nur ein Kreis von Eingeweihten begleiten kann. Die Orgelchoräle über die Katechismuslieder bedeuten eine Etappe auf dem Weg zum ›Musikalischen Opfer‹ (1747) und zur posthum erschienenen ›Kunst der Fuge‹, einen Schritt in das Land der immateriellen Musik.

Trotzdem der Titel sie für die Orgel bestimmt, sind die meisten dieser Choralkompositionen in einem Stile geschrieben, der sich von dem aus anderen zu ersehenden Bachschen Orgelstile entfernt und der Schreibweise für Cembalo nähert. Das gilt nicht nur von den kleinen Versionen, die sich durchweg auf dem Klavier fast besser ausnehmen als auf der Orgel und von denen einige – man denke an ›Allein Gott in der Höh' sei Ehr'‹ und ›Wir glauben all' an einen Gott‹ – offenbar gar nicht für das kirchliche Instrument erdacht sind, sondern auch für manche großen Bearbeitungen. Im natürlichen Bachschen Orgelstil gehalten sind von den letzteren eigentlich nur ›Aus tiefer Not schrei' ich zu dir‹, die großen Versionen des Kyrie und die zweite Version des Gloria.

Im allgemeinen lassen die Werke dieser Sammlung die einfache und klare Architektur, die sich sonst in den Orgelkompositionen des Meisters und ganz besonders in den Chorälen findet, vermissen. Auch die satte und ruhige Polyphonie der Kompositionen des Orgelbüchleins und anderer Choralbearbeitungen sucht man an ihnen vergebens. Die Lage der Stimmen ist oft eine für Bachs Gepflogenheiten auf Orgel ungewohnt hohe und bringt keine besonders gute klangliche Wirkung hervor.

Dazu kommt, daß in der Schreibweise der einzelnen Stimmen eine Menge von Akzenten vorgesehen sind, die sich auf dem Cembalo vorzüglich, auf der Orgel jedoch überhaupt nicht realisieren lassen, wo doch die Einzigartigkeit des Bachschen Orgelstils gerade darin besteht, daß er in den Stimmen keine Betonungen vorsieht, die auf diesem Instrument nicht von selbst, einzig durch die Logik der musikalischen Linie, durch sachgemäße Phrasierung und den natürlichen Rhythmus des Taktes zur Geltung kommen. Man erinnere sich, welche Verschiedenheit schon allein zwischen den Themen der Orgelfugen und denen des ›Wohltemperierten Klaviers‹ besteht! Sie schließen eine Übertragung der Kompositionen von einem Instrument auf das andere vollständig aus! Und nun will es die doppelte Bestimmung der in der ›Clavierübung‹ erscheinenden Choräle, daß der Meister sie durchweg in einem sich mehr an das Cembalo anlehnenden Stil hervorbringt, damit sie sich zugleich auf dem zweimanualigen Pedalcembalo vortragen lassen! Es sei darauf aufmerksam gemacht, daß Präludium und Fuge in Es-dur, die mit den Katechismusgesängen zugleich erschienen, ebenfalls eine ganz besondere Struktur und Schreibweise erkennen lassen.

Fern sei es, daß diese Beobachtungen ebensoviele Ausstellungen an dem Werke des Meisters bedeuten sollen. Sie wollen nur die Eigenart dieser Kompositionen festlegen und zugleich erklären, warum sie nicht so unmittelbar wirken wie andere Orgelchoräle.

An sich ist es äußerst interessant, im einzelnen zu verfolgen, wie Bach sich zwischen den beiden Stilen bewegt. Er vermischt sie nicht. Dies wäre ihm unmöglich, da er sie so auseinanderhält wie kein anderer Komponist vor ihm und nach ihm je getan hat. Aber er stattet den Orgelstil mit so vielen Freiheiten im Aufbau des Stückes und mit so viel Akzenten im Verlauf der einzelnen Stimmen aus, daß nicht die wirkliche Orgel, sondern nur die ideale, die zugleich über die Akzent- und Modulationsfähigkeit des Klaviers verfügen würde, ihnen ganz gerecht werden könnte.

Darum werden diese Choräle immer die höchsten Anforderungen an Spieler und Hörer stellen. Der eine muß seinem Instrument eine Biegsamkeit abzuringen verstehen, die ihm von Haus aus nicht gegeben ist; der andere muß mit dem Interpreten zur vergeistigten Musik hindurchdringen, die jenseits aller Tonmaterie liegt, und sich in das eigentümlich Abgeklärte und Überirdische der sich hier offenbarenden Kunst einzuleben vermögen.

Es ist wohl so, daß wir diese Werke erst in dem Maße verstehen lernen, als wir selbst reifer und abgeklärter werden und für die hinter der Sinnenfälligkeit liegenden Realitäten sehend und empfänglich werden. Aber vom Tag an, wo wir diese Kompositionen einmal gelesen und gehört haben, lassen sie uns nicht mehr los. Sie fesseln uns wie mit sphinxartigem Blick, und wir ahnen, daß sie uns nach und nach immer mehr in ihren Bann ziehen und uns die Offenbarungen der höchsten Vergeistigung der Kunst bringen werden, wenn wir reif sind, mit Bach die Pfade zu gehen, die Bach wandelte, als es einsam um ihn wurde.

Über die Aufnahme, die diese Choräle bei den Zeitgenossen fanden, wissen wir nichts. Es ist zu vermuten, daß ihnen dasselbe Los bestimmt war wie der ›Kunst der Fuge‹, die nachmals den Söhnen Bachs, als sie sie nach dem Tode des Vaters veröffentlichten, so große Enttäuschung bereitete, weil sie zwar allerseits laut gepriesen, aber weder verstanden noch gekauft wurde.

Erläuterungen

Diesen beiden Texten liegen die Manuskripte einer Gesamtausgabe der Orgelwerke Bachs durch A. Schweitzer und Ch. M. Widor zugrunde. Die ersten fünf Bände, die freien Orgelwerke beinhaltend, waren zwischen 1912 und 1914 erschienen. Im Frühjahr 1913 war Schweitzer als Arzt nach Afrika gegangen. Über das Schicksal der drei restlichen, die Choralvorspiele beinhaltenden Bände, schrieb Schweitzer am 1. Dezember 1919 an den Verleger Schirmer, New York:

> »Im Sommer 1914 waren die drei Bände der Orgelchoräle fertig. Ich wartete bloß noch auf einige Notizen über Ursprünge einiger Choralmelodien von verschiedenen Spezialisten auf diesem Gebiete und die Meinung von Orgelprofessoren, die meine Ausführungen zu den Chorälen gelesen hatten. Am Ende des Sommers hätten Sie alles erhalten und im Frühjahr hätte ich, schon wieder auf Urlaub in Europa, die Correcturen erledigt. Also es wäre alles programmäßig verlaufen. Nun kam der Krieg. An das Übersenden der Manuscripte war wegen der Unterseebotsgefahr nicht zu denken, an den Druck auch nicht. Als ich 1917, gegen meinen Willen nach Europa überführt wurde, ließ ich die Hefte und Manuscripte in Afrika zurück, erstens wegen der Unterseebotsgefahr (ich wollte nicht, daß Sie mit meinem Tode im Meere auch den des Manuscripts zu beklagen hätten) und zweitens weil ich ein Internierter war, dem der erste beste Unteroffizier alles Geschriebene abnehmen konnte.

Als ich fort war, kam alles, was ich dort gelassen, unter Sequester. Die Manuscripte waren in einer mit Blech ausgeschlagenen Kiste, um einigermaßen gegen die Termiten geschützt zu sein.«

Inzwischen hatte der amerikanische Verlag jedoch das Interesse an den letzten drei Bänden verloren, und sie erschienen erst 1954 bzw. 1967 in veränderter Form. Das hier veröffentlichte, im Brief genannte Manuskript stellt also die Fassung dar, womit Schweitzer diese beiden Werksammlungen Bachs eingeleitet hätte, wäre der erste Weltkrieg nicht dazwischen gekommen.
(Nachlaß AS, sac 67, Zentralbibliothek Zürich)

Johann Sebastian Bachs Künstlerpersönlichkeit (1921)

Die Künstlerpersönlichkeit J. S. Bachs wird durch seine Menschenpersönlichkeit nicht erhellt, sondern umflammt sie, wie die glühende Sonne die dunkle Mondscheibe bei der Sonnenfinsternis.

Beethovens Gesichtszüge lassen seine Künstlerseele erkennen. Der Mensch, wie er in der Musik leidet, sich sehnt und jauchzt, drückt sich in ihnen aus. Aus Bachs Antlitz läßt sich nicht mehr entnehmen, als daß es einer bedeutenden Persönlichkeit angehört. Das Hausmannsche Porträt gibt neben dem starken Willen auch noch der Gutmütigkeit Raum. Auf dem von Fritz Volbach aufgefundenen, wenn es wirklich Bach darstellt, bekunden die scharfen Falten um Nase und Mund noch etwas von Trotz und Streitsucht, was mit den Nachrichten über Bachs Verhalten in dem und jenem Falle einigermaßen zusammenstimmt.

Wie die Bilder nichts von seiner Künstlerseele verraten, so lassen uns auch die überkommenen spärlichen Selbstmitteilungen im Stich. In den wenigen erhaltenen Briefen behandelt er Gelegenheitsdinge, gibt Familiennachrichten oder läßt sich, wie in dem vom Herbst 1730 datierten Schreiben an Erdmann, den ehemaligen Schulkameraden aus Lüneburg, über die Unzuträglichkeiten seiner Stellung aus, wobei er uns noch die Überraschung bereitet, in unverständlich devoter Form mit dem um Rat und Dienst angegangenen Jugendbekannten zu verkehren. Briefe über sein inneres Erleben hat er wahrscheinlich nie geschrieben. Er kannte nur sachliche Korrespondenz.

Zweifelhaft muß sogar bleiben, ob sich der Künstler Bach seinen Söhnen und vertrauten Schülern gegenüber über sein Erleben, Wollen und Schaffen je wirklich ausgesprochen hat. Wie wäre es sonst denkbar, daß sie uns nur Anekdoten überliefert haben?

Das Menschendasein und das Künstlerdasein greifen also bei Bach nicht ineinander, sondern gehen nebeneinander her. Nachrichten von ihm und über ihn bereiten nicht auf das vor, was sich in seinen Werken ausspricht. Diese in der Kunstgeschichte einzigartige Trennung zwischen Mensch und Künstlerpersönlichkeit ist nicht nur etwas Rätselhaftes, sondern bedingt zugleich das wunderbar Stille und Ruhige, das über Bachs Schaffen liegt. Seine Künstlerseele entlehnt dem Menschen nicht Menschenleidenschaften für ihr

Sehnen. Kein Ringen um Anerkennung seines Werkes findet sich beim Meister von St. Thomas. Er ficht mit Leidenschaftlichkeit um Nebengefälle seines Gehaltes, die ihm streitig gemacht werden, oder um Rechte, die er mit seiner Amtsstellung verbunden glaubt. Gegen Verdächtigungen, als ob es ihm an der genügenden allgemeinen Bildung fehle, um in der Kunst seinen Mann zu stellen, wie sie Johann Adolph Scheibe 1738 im ›Kritischen Musicus‹ aufbringt, bietet er, aufs tiefste verletzt, seine gelehrten Bekannten auf. Aber nie geht er die Menschen und die Welt darum an, daß sie dem Einzigartigen, was er zu geben hat, mehr Verständnis entgegenbringen. Er tritt vor sie als der virtuose Klavier- und Orgelspieler und nimmt die Anerkennung, die seiner Fertigkeit gezollt wird, als etwas Selbstverständliches hin. In der Spätzeit seines Lebens legt er den Kunstverständigen Meisterstücke seiner Kunstfertigkeit in der musikalischen Satzkunst vor und freut sich des fachmännischen Beifalls, wo er ihm zuteil wird. Aber nie verlangt er dabei, daß er über die andern, deren Können auch anerkannt wird, gestellt werde. Er ereifert sich nicht, daß er unter ihnen erst an fünfter oder sechster Stelle aufgezählt wird. Daß sie ihre mittelmäßigen Kantaten und Passionen veröffentliche, während die seinen nicht über Leipzig hinauskommen und dort nicht einmal geschätzt werden, empfindet er nicht als etwas Unerträgliches. Ja, er nimmt sich noch Zeit, Werke, die eigentlich als Schülerarbeiten auf ihn wirken mußten, abzuschreiben, um sie aufzuführen.

Was hat er von sich veröffentlicht? Eine Folge von Klavierstücken, eine Sammlung groß angelegter und schwer spielbarer Orgelchoräle über die Katechismuslieder, einige aus Kantaten transkribierte Orgelchoräle, deren Herausgabe, da sie auf dem Instrument nicht wirken, unbegreiflich bleibt, das ›Musikalische Opfer‹ und die ›Kunst der Fuge‹. Angenommen, es wäre nur dies, für dessen Erhaltung er Sorge trug, auf uns gekommen. Was wüßten wir dann von ihm? Daß er gediegene Orgel- und Klavierwerke geschrieben und es in der musikalischen Satzkunst so weit gebracht, daß er mit allen erdenklichen Schwierigkeiten der Umkehrung und des Kanons in elegantester Weise fertig wurde. Aber den Bach, der zu unserer Seele redet und sie stille und reich macht, den Schöpfer der Kantaten und Passionen, würden wir nicht kennen.

In der Hauptsache war er nur auf das Bekanntwerden von Schaustücken aus dem Gebiete des Kunstreichen bedacht. Für die Werke, in denen sich seine Seele ausspricht, macht er sich keine Zukunftssorgen. Seine Schuld ist es nicht, daß sie uns erhalten geblieben sind. Wenn seine Schüler Kirnberger und die Prinzessin Amalie, die Schwester Friedrichs des Großen, nicht

Sammlerinstinkte besessen und diese in der kritischen Zeit an Bach betätigt hätten, wie vieles von dem Wertvollsten wäre auf immer verloren gegangen!

Für Bach selber waren dies nur Werke aus seinen Obliegenheiten geboren. Er nimmt sie, so oft die Gelegenheit es mit sich bringt, wieder vor und bessert daran. Nach bestem Können und in frommer Sammlung hat er sie für den Gottesdienst geschrieben. Daraufhin sind sie [sic!]. Dies genügt ihm. Daß sie viel, viel mehr sind, als was sonst in Kantaten und Passionen von bekannten und unbekannten Meistern zur selben Zeit geboten wird, ahnt er nicht.

Bach analysiert sich nicht. Seine Größe und seine Eigentümlichkeit bleiben ihm unbewußt. Darum ist sein Schaffen naturhaft wie sonst kaum eines schöpferischen Geistes auf der Welt. Dies ist der geheimnisvolle Zauber, der über seinem Werke liegt. Aus diesem Grunde ist er bei aller technischen Vollkommenheit immer urwüchsig und gesund.

Mit dieser Unreflektiertheit hängt zusammen, daß Bach sich nicht mit den musikalischen Formen, die er vorfindet, auseinandersetzt. Er greift nicht auf alte zurück, die seiner Kunst besser zusagen würden als die im Gebrauch befindlichen; er sucht keine neuen, in denen er sich zwangloser aussprechen könnte. Unbefangen übernimmt er, was da ist.

Der Text der alten, aus Bibelsprüchen und Choralversen sich aufbauenden Kantate mußte ihm, der ganz in Bibel und Gesangbuch lebte, viel sympathischer sein als die zweifelhaften freien Reimereien, die zu seiner Zeit für die Kirchenmusik Mode wurden. Er selber hat ja, wie in der Kantate ›Gottes Zeit‹, in seiner Jugend nach solch schönen alten Texten komponiert. Aber er lehnt sich nicht gegen die Zeit auf, sondern unterwirft sich ihr, zum Nachteil seines Werkes.

Der ariosohafte Stil der Soli in den Kantaten seiner Vorläufer schien bestimmt, in Bachs Deklamation seine Vollendung zu erleben. Er lag ganz in der Art der protestantischen Kirchenmusik und entsprach der Tendenz der Wortvertonung des Meisters zu St. Thomas. Aber auch hier läßt sich dieser durch das, was ihm die Zeit anbietet, von der zweckmäßigen Form ablenken und hält sich dazu an, sich in der durch die Mode empfohlenen steifen und starren italienischen Da-Capo-Arie auszudrücken ... wiederum zum Nachteil seines Werkes.

Als er in der Mitte des Lebens stand, kam ein Suchen in der Kunst auf, das zur modernen Musik führte. Es ergriff ihn nicht. Ihm war nur verliehen, ein Vollender des *Gegebenen*, ein Ende zu sein. Darum ist er in der letzten Periode seines Lebens ein Einsamer. Sein Werk ist in der neuen Generation dem Unverstandensein geweiht, weil es dem bedeutungsvoll Neuen, das sie begeistert, in keiner Weise entgegenkommt. Wo andere schon die individuelle Behandlung der Instrumente und das koloristische Verfahren der modernen Orchestrierung ahnen und versuchen, bleibt er ganz in der chorartigen Verwendung des Orchesters befangen.

Das Unreflektierte in seinem künstlerischen Schaffen, aus dem das Gewaltig-Naturhafte seiner Kunst sich herleitet, bedingt also zugleich die merkwürdigen Grenzen und Schatten, die an ihr auftreten. Diese könnten ein weniger großes Schaffen als das Bachs entstellen oder an der Erreichung der Zeitlosigkeit hindern. Bei ihm aber bringt dieses Miterklingen des zeitlich Bedingten nur den Grundakkord des Zeitloseren zu womöglich noch stärkerer Geltung.

Was legte Bach von der Eigentümlichkeit seines Wesens in sein Werk hinein? Zunächst und ganz allgemein seine Gesammeltheit. Beethoven und Wagner hatten ein Bewußtsein von dem, was sie der Welt zu geben hatten und ihr geben wollten. Beim Schaffen dachten sie an den Hörer, den sie mit sich in die Regionen des höheren Lebens emporziehen wollten. Bei Bach fällt auch diese letzte »Ablenkung« fort. Nur auf die Töne und die Gedanken, die in ihnen leben sollen, ist sein Sinnen gerichtet. Die Richtung seiner Gedanken geht auf das Unendliche. Dies ist das Einzige, was ihm vom Wesen seiner Kunst wirklich bewußt wird und was er über sie aussagt. In seiner Frömmigkeit findet er dafür den Ausdruck, daß er Musik mache nur »zur Ehre Gottes« und daß dies der letzte Zweck der wahren Tonkunst überhaupt sei. Diese hehre, ruhige Entrücktheit ist es, die sich wie eine fast unheimliche Gewalt von seinen Tönen loslöst und uns, ohne daß wir uns davon Rechenschaft geben, gefangennimmt.

Das im Vermögen dieser ungeheuren Gesammeltheit arbeitende schöpferische Vorstellen Bachs ist ganz durch Linie und Rhythmus beherrscht. Als man über die Meinung hinausging, daß Bach einer sei, der es in der Kunstfertigkeit des Satzes weiter gebracht als die andern, und als man das eigentliche Wesen dieser Überlegenheit zu ermessen suchte, sah man ein, daß hier mehr als Geschicklichkeit und Übung vorliege und daß man es mit einem ganz naturhaften innerlichen Vermögen der bewegten Linie zu tun habe. Bachs Kontrapunkt ist nicht künstlich, sondern elementar. Die sinnvolle und freie Art, in der bei ihm Linie neben Linie verläuft, und die wunderbaren Proportionen, in denen sich die Einzelheiten zum Ganzen erbauen, gehen auf ein primäres Schauen von formender Bewegung zurück, an dem er uns teilhaben läßt. Nichts Erdachtes hören wir, sondern etwas, das als Notwendigkeit aus uns wirkt. Kunst geht in Natur über ... in Natur, die uns von einem gewaltigen Geiste sichtbar gemacht wird.

Vergangen ist die Zeit, wo man meinte, Bachs kontrapunktische Musik sei nur etwas für ›Kenner‹. Sie übt ihre Macht auch auf diejenigen aus, die vom Verfahren und den Regeln des Kontrapunkts nie etwas gehört und gelernt haben. Elementar wendet sie sich an das Vermögen des Vorstellens von Bewegung und Form und bringt dasselbe in Gang, so daß sie etwas vom Leben erleben, das in ihnen schlummerte. Alle Kunst ist nur eine Darstellung des Geheimnisses des Lebens. Jene wunderbaren Spannungen und Entspannungen, wie sie in der Bewegung vollendeter Tonlinien auftreten, und jenes rätselhafte Spiel zwischen Freiheit und Notwendigkeit, das sich in ihr verwirklicht, was ist dies alles anderes als eine Äußerung des Geheimnisses des Lebens? In Bachs vollendeter Linienbewegung erleben wir, in Töne versinnlicht, von dem Geheimnisvollsten und Unfaßlichsten, das zum Wesen des Lebens gehört und in uns vorgeht. Es wirkt auf uns wie eine Befreiung ...

Dann wird dem Bachschen Kontrapunkt nicht der gerecht, der von der schulmäßigen Definition und den nützlichen Regeln, die für denselben gelten, ausgeht, sondern nur der, der auf das elementare Wesen desselben zurückgreift und ihn vom Sinn der Linie aus als etwas gewaltig Ursprüngliches darstellt, wie es Ernst Kurth in seinen ›Grundlagen des linearen Kontrapunkts‹ getan hat. Wie der große Maler in seinen Bildern uns die Natur schauen lehrt, so führt uns Bach in seiner bewegten, monumentalen Architektur auf die tiefen Rätsel der Bewegung, in der sich das Leben darstellt.

So sehr ist Bachs Kunst Linie und Plastik, daß man glauben konnte, etwas anderes komme für sie nicht oder nur ganz nebensächlich in Betracht. Man wollte ihn ganz für die ›reine und schöne Musik‹, die eine etwas zaghafte Ästhetik als das Ideal aufstellte, in Anspruch nehmen. Jene Kämpfe sind vorüber. Das starke Wirkliche hat über die wohlgemeinten Theorien gesiegt. Bereits erscheint uns das malerische Element in der Kunst Bachs als etwas so Selbstverständliches, daß wir nicht mehr begreifen, wie man es ignorieren konnte oder verkleinern wollte.

Mit Vehemenz reißt Bach das Bildliche, wo es ihm in den zu vertonenden Gedanken begegnet, an sich und sucht es in Tonlinie wiederzugeben. Keine Gelegenheit darstellerischer Musik läßt er sich entgehen. Aber nur was an und aus sich selbst in Tönen unmittelbar deutlich wird, sucht er in Musik festzuhalten und zu verarbeiten. Niemals verfällt er in einfache Nachahmung, niemals versucht er, im Sinne der Programm-Musik, eine dichterisch-dramatische Folge von Gedanken- und Gefühlswandlungen in eine an sich unverständliche musikalische zu übersetzen. Das instinktive Bewußtsein davon, daß die Sprache der Töne sich in einer nicht zu überwindenden Allgemeinheit des Ausdrucks bewegt, ist ihm stets gegenwärtig. Für die Musik, die im Zusammenwirken der Künste Begleiterin wird und illustriert, was sich zugleich in anderer Art abspielt, hat er keinen Sinn. Nie kommt er in Versuchung, Bühnenmusik zu schreiben. Immer, auch da, wo er vom Malerischen hingerissen ist, will er in den Grenzen des rein und unmittelbar musikalisch Ausdrückbaren bleiben und die innere Geschlossenheit der Musik wahren. Immer bleibt seine Musik selbständige Musik, die nach den inneren Gesetzen ihres Ausdrucksvermögens gestaltet. Hierin ist er der Antipode Richard Wagners, der die nichtselbständige Art der Tonkunst zur Vollendung erhebt.

Bei Bach wirken Bild und dichterischer Gedanke auf die Bildung des Themas ein. Musik erwächst dann daraus nach den inneren Gesetzen der musikalischen Entwicklung und des Geschehens in Tönen. Darin liegt die malerische und dichterische Eigenart seiner Kunst.

Mit der Allgemeinheit und Unbestimmtheit des musikalischen Ausdrucks hat er, da er ausdrucksvolle, selbständige Musik schaffen wollte, gerungen wie kein anderer. In diesem Streben nach höchstmöglicher Bestimmtheit kam er dazu, sich eine Art von Tonsprache zu schaffen, deren Elemente ihm schon in den Werken der ersten Meisterzeit feststehen. Eine besondere Färbung von Schmerz oder Freude, eine bestimmte Art von Seligkeit und Friede drückt er möglichst immer in den gleichen Tonsymbolen und Rhythmen aus. Die Assoziationen zwischen den Gefühlen und den entsprechenden Motiven und Bewegungen, von denen er sich dabei leiten läßt, sind so unmittelbar und einleuchtend, daß der Hörer sie noch erlebt und von der Vehemenz des Ausdrucks ergriffen wird.

So vermag Bach allen Jubel und allen Schmerz, der ein Menschenherz bewegt, in uns erklingen zu lassen. Was aber ist das Letzte, was er uns zu sagen hat?

In den Profankantaten, mit ihrer oft fast derben, ans Burleske grenzenden Heiterkeit, läßt er die unbefangene Daseinsfreude zu Worte kommen. So aber gab er sich nur in Gelegenheitsaugenblicken musikalischen Zeitvertreibs hin. Lebensfreudigkeit bedeutete für ihn kein künstlerisches Erleben, wie für Beethoven oder Wagner. Nie hat er im Ringen mit dem Schmerz sich zur beseeligenden, übersprudelnden Heiterkeit durchgekämpft und dies als ein tiefes Erleben in Tönen verkündet. Schillers ›Ode an die Freude‹ hätte ihm nie Musik, in der er sein Innerstes wiederfand, inspiriert, und Meistersingerstimmung hätte er nie zu großer Kunst gestaltet. Solches alles war ihm nur Stoff für einen heiteren Vorhang, den er sich in Stunden des Gehenlassens malte. Das Seelenleben, das er in Wahrheit zur Kunst erhob, spielt sich dahinter ab. Bei der Weltfreudigkeit weilt er, wie bei einem Fest, zu dem er gerade hinzukommt. Daheim aber ist der schaffensfreudige und schaffensstarke Mensch in der Todessehnsucht. Sie ist ihm nichts durch Frömmigkeit Angelerntes. Sehnsucht nach dem Frieden, der jenseits allen irdischen Schmerzes und aller irdischen Freudigkeit liegt, bewegte sein Innerstes. Darum bleibt auch das tiefste und edelste Weltliche für ihn zuletzt doch nur weltlich.

Bach ist ein Mystiker, eine Erscheinung in der großen deutschen Mystik. Ihm ist gegeben, in der Sprache der Töne auszudrücken und zum Erlebnis werden zu lassen, was Mystiker in Worten angedeutet hatten. Daheim zu sein bei Christo, zum Frieden einzugehen ... Verzückten Gesang in das Läuten der Sterbeglocken hineintönen zu lassen, die Seele sich in Schlummerliedern in die ewige Ruhe singen zu lassen ... Dies ist's, was bei ihm immer wiederkehrt und uns mit fast unheimlicher Gewalt von der Wirklichkeit abruft und an ihr irremacht.

Ein Gesunder, das Urbild des schöpferischen Menschen, kündet uns Todessehnsucht! Welche Paradoxie! ... Und doch rührt er damit an die tiefste Wahrheit. Das letzte und entscheidende Erleben, zu dem wir alle hindurchdringen müssen, ist, im Leben stehend, vom Leben frei zu werden. In dieses Rätsel des Lebens, das wir in Gedankenlosigkeit so gerne zudecken, führt uns Bachs Kunst hinein. Nichts Krankhaftes ist an ihr, wie nichts Krankhaftes an tiefer deutscher Mystik ist. Lebensstark macht sie uns als verinnerlichte Menschen. Die, die in der Lebensfreudigkeit stehen, führt sie über die Lebensfreudigkeit hinaus, die die in Bangen und Verzagtheit dahingehen, über den Schmerz hinaus ... beide in die Stille ein.

Prediger der Verinnerlichung ist Bach der Menschheit unserer Zeit, die nach den furchtbaren Schicksalen, die sie durchgemacht hat, und in denen, denen sie entgegengeht, die höhere Lebenskraft suchen muß, weil sie die natürliche Lebensfreudigkeit verloren hat. Wunderbar tröstend reden seine Töne zu uns. Für alles, was uns bewegt, hat er Verstehen und Ausdruck. In dem Schweren, das wir erleben, sind wir ihm nähergekommen als vordem. Was er empfand und zu geben hatte, als er in einer Zeit der Kriegsdrangsale ›Du Friedefürst Herr Jesu Christ‹, ›Wo Gott der Herr nicht bei uns hält‹ und andere Spätkantaten schrieb, klingt für unser armes Geschlecht in einem neuen Ton ...

Erläuterungen

Der Aufsatz erschien 1921 in der damals gerade gegründeten Zeitschrift ›Die Musikwelt, Monatshefte für Oper und Konzert‹ (1. Juni 1921). Schweitzer befand sich in der Zeit nach dem ersten Weltkrieg in gesundheitlichen und finanziellen Schwierigkeiten, die in diesem Text mit durchzuklingen scheinen.

J. S. Bach in den nordischen Ländern (1922)

Es ist mir eine große Befriedigung, ein Vorwort zu einem schwedischen Werk über Bach schreiben zu dürfen. Wohin Bach auch kommt, dorthin kommt auch ein Strom geistigen Reichtums. Und die Zeit Bachs ist für uns alle gekommen, welcher Nation wir auch angehören. Wir sind reif, ihn zu verstehen.

Es gibt zwei Arten von Musik. Die eine macht viel Lärm um sich. Die andere strebt danach, möglichst viel mit den einfachsten Mitteln zu sagen. Beide sind berechtigt. Die andere jedoch ist die wertvollere, weil sie von einer innerlicheren, mehr verfeinerten Art ist. Wir sind mit einer Musik aufgewachsen, die viel Wesen um sich macht. Den Zauberrausch in allen Klangfarben sprudelnder Tonmassen haben wir in vollen Zügen genossen. Den Weg, den man in dieser Richtung antreten konnte, haben wir aber nun hinter uns gelassen. Wir sind wieder – in einem gewissen Sinne – naiver geworden, und wir sehnen uns nun nach mächtigerer Einfachkeit. Diese wird uns von Bach gegeben.

Noch eine andere Entwicklung führt uns zu ihm. Die Musik von Bach ist Architektur. Sie beruht auf Linie und Linienwirkung. Die einzelnen Teile seiner Tonwerke stehen in Proportionen zueinander. Sie wollen das Bild eines in Tonlinien wunderbar hervorwachsenden Gebäudes hervorrufen.

Seit der Zeit Beethovens sind wir mit einer Musik aufgewachsen, in der das Gefühl ohne Einschränkungen sein eigenes Leben entfalten konnte. Diese Kunst war für uns die vollkommene Musik. Nun aber, wo wir auch die Vollendung dieser Kunst erlebt haben, ist in uns die Einsicht reif geworden, daß diese Kunst nicht die einzige ist, sondern daß auch diejenige Musik berechtigt ist, die in uns das Bild der Linien hervorrufen will, weil sie ein ästhetisches Bedürfnis erfüllt.

So ist Bach, der Vollender der mit einfachen Mitteln arbeitenden Formkunst des 17. und 18. Jahrhunderts, uns in dieser Weise wieder nahegekommen.

Aber nicht nur dadurch ist er uns nähergekommen, weil wir den Weg zu ihm zurückgefunden haben, sondern weil wir uns selbst in ihm wiederfinden. Unter Einfluß von dem, was wir in anderthalb Jahrhunderten von einem Beethoven, einem Schubert, einem Wagner oder César Franck an

Musik erlebt haben, sind unsere Ansprüche geläutert und vertieft worden. Als beständig gilt für uns nur die Musik, die uns in Tönen möglichst scharf den Gedanken – oder den Stimmungsinhalt – ausmalt. Dieses aber ist in ganz besonderer Weise der Fall mit der Musik Bachs. Sie ist in vollstem Sinne deskriptiv. Wo immer auch der in Tönen zu kleidende Text ein Bild oder gar nur eine Andeutung eines Bildes enthält, wird dieses aufgegriffen und musikalisch überzeugend gestaltet. Ebenso werden Freude und Schmerz in der Tonkunst Bachs mit vollendeter Charakterisierung wiedergegeben, obwohl diese Musik eine Formkunst ist. Es waltet hier eine dramatische Innerlichkeit, die immer wieder aufs Neue fesselt.

Als die Musik Bachs im 19. Jahrhundert anfing wieder bekannt zu werden, glaubte man, daß sie mehr oder weniger den musikalisch Gebildeten vorbehalten bleiben sollte. Die Erfahrung hat aber bewiesen, daß sie eine Kunst des Volkes ist. Möge das Buch, dem ich diese Zeilen vorausschicke, dazu beitragen, daß dies auch in Schweden der Fall sein wird. In der Sprache der Töne ist Bach ein gewaltiger Prediger der Innerlichkeit und der Sammlung. Als solcher hat er uns viel zu sagen und zu geben. Mögen wir uns immer noch mehr von ihm aneignen.

Da mir die nordischen Musikkreise bekannt sind, weiß ich, welche Anstrengungen für Bach bereits getan sind und welche Voraussetzungen es für das Aufnehmen seiner Kunst gibt. Darf ich, sozusagen als ein Vorkämpfer Bachs, einige Vorschläge dazu geben, was noch gemacht werden kann?

Erstens: Achtet auf die Orgeln! Schweden besitzt herrliche Orgeln, auf denen Bachs Werke außerordentlich klingen. Dieses gilt für die älteren Instrumente von Setterquist, Akerman & Lund und wie sie nun alle heißen. Heute besteht allerdings die Gefahr, daß man in Schweden dabei ist, die alten Orgeln mit ihrem herrlichen Klang durch Fabrikorgeln zu ersetzen. Man nötigt die Orgelbauer, »elektrisch« zu bauen, komplizierte Spieltische aufzustellen und somit also »moderne« Werke zu liefern. Diese modernen Orgeln haben einen dünnen, schrillen Ton und sind für Bachs Musik vollkommen ungeeignet. Teuer genug haben wir auf dem Kontinent für diesen Mißgriff im Orgelbau bezahlen müssen. Mögen die nordischen Länder aus unseren Erfahrungen lernen und an der einfach und gediegen gebauten Orgel festhalten! Man hat in Schweden schon damit angefangen, herrliche Orgeln abzureißen, weil sie äußerlich etwas veraltet erscheinen, und sie mit modernen, aber wertlosen und weniger haltbaren Werken zu ersetzen. Möge dieser gefährliche Unfug rechtzeitig aufhören! Die schwedischen Orgelbauer sollen wieder einfach und haltbar bauen – und es muß ihnen ermöglicht werden –, so wie ihre Vorgänger es machten. Dann werden die Präludien, Fugen und Choralvorspiele Bachs in ihrer echten Schönheit in den schwedischen Kirchen klingen.

Seinen vollen Reichtum entwickelt Bach erst in seinen Kantaten. Zu seiner Zeit wurden sie jeden Sonntag im Hauptgottesdienst gesungen. Dieses läßt sich jedoch in unserer Zeit nicht mehr durchführen. Aber in den musikalischen Vespergottesdiensten ist ihr richtiger Platz. Möge man zwei oder drei Kantaten mit einem inhaltlich gemeinsamen Grundgedanken auswählen, und singe man sie als eine musikalische Andacht in die Herzen der Menschen hinein, mögen Pfarrer und Musiker in diesem Sinne zusammenarbeiten. Eine Sache ist zu bedenken: die musikalischen Andachten mit Bachs Musik dürfen nicht ein Privilegium der größeren Städte sein, sondern müßten in jeder Gemeinde verwirklicht werden können. Auch einem Kirchenchor mit nicht ausgebildeten Sängern ist es möglich, sich in Bach hineinzusingen, und auch ein Orchester von Amateuren schafft es, eine Kantate zu begleiten. Bach verlangt kein Riesenorchester und keinen Riesenchor. Auch unter den einfachsten und anspruchslosesten Verhältnissen kommt er zu Ehren, wenn es nur Menschen gibt, die sich für seine Werke begeistern lassen und daran zu arbeiten wagen.

Eine der größten Schwierigkeiten bei der Verbreitung Bachs liegt meines Erachtens darin, daß die Menschen in den mittelgroßen und kleinen Städten mit einem festen Orchester viel zu selten von Bachs Musik Kenntnis nehmen. Einmal wird aber die Zeit wohl wiederkommen, wo man der Ansicht ist, daß die Musik zur Erziehung gehört, und die Jugend wieder öfter als jetzt dazu kommt, ein Instrument spielen zu lernen. Möge Schweden in dieser Hinsicht treibende Kräfte haben, und möge bei der Jugend nicht das Interesse für Sport auf Kosten der Musik überhandnehmen, wozu es heutzutage leider öfters gekommen ist.

In den Chören sollte man Sopran und Alt nicht nur mit Frauenstimmen besetzen, sondern auch mit Knabenstimmen. Bach hat nicht nur für gemischten Chor, sondern auch für Chorknaben geschrieben. Nur unter der Voraussetzung, daß die Knabenstimmen mit den Frauenstimmen zusammenklingen, erzielt man den homogenen vierstimmigen Klang, der Bach vorschwebte.

Bei der Übersetzung der Texte ins Schwedische darf man sich nicht ängstlich wortgetreu an den Text halten. Die Hauptsache ist, die richtige Bedeutung und die musikalisch bestimmenden Bilder zu bewahren.

In den englichen Übersetzungen der Passionen hat man den Text der Passionsgeschichte so behalten, wie sie in der englischen Bibel steht, und die

Musik in den Bachschen Rezitativen dementsprechend geändert. Möge man in Schweden nicht denselben Fehler machen, sondern die Passionsgeschichte so übersetzen, daß sie zu den Rezitativen Bachs paßt.

Und wenn schwedische Musikverleger Bach herausgeben wollen, mögen sie sich von Pietät leiten lassen und wirklich nur Bachs Notentexte drucken, ohne Zusätze von anspruchsvollen »Bearbeitern«. Wie viele in den Noten beigefügte forte-, piano-, crescendo- oder decrescendo-Zeichen haben dem Verständnis Bachs geschadet! Mögen die nordischen Länder auch auf diesem Gebiet nicht unsere Irrtümer auf dem Kontinent nachmachen, sondern von unseren schmerzlichen Erfahrungen lernen.

Und möge nun dieses Buch, zu dem ich diese einführenden Worte schreiben darf, das Verständnis für Bach erweitern und zu einer ehrlichen und ernsthaften Arbeit für die Verbreitung seiner Musik inspirieren und führen, damit er einmal in den Schulen und Häusern Schwedens, in dessen Konzertsälen und Kirchen den für ihn bestimmten Platz einnehmen möge, mit allem, was er den Menschen zu geben hat.

Erläuterungen

Der Text ist mit dem 7. August 1922 datiert und diente als Vorwort zur damals ersten Bach-Biographie in schwedischer Sprache, verfaßt von Elsa Maria Stuart, die 1922 in Stockholm erschien. Schweitzer unternahm zu Beginn der zwanziger Jahre ausgiebige Konzert- und Vortragsreisen in den skandinavischen Ländern, die auf Einladung des Erzbischofs Nathan Söderblom zustande kamen. Die Erfahrungen daraus liegen dem Text zugrunde.
Übersetzung aus dem Schwedischen: Sigrid Helmer

Einführung in das Schaffen Bachs (1929)

Das Erwachen des Verständnisses und des Interesses für die Kunst J. S. Bachs ist, mit dem Erscheinen der Werke von Wagner und Brahms, das größte Ereignis der Geschichte der Musik in der zweiten Hälfte des 19. Jahrhunderts. Wie hatte es geschehen können, daß die Schöpfungen des großen Thomaskantors alsbald nach seinem Tode für fast ein Jahrhundert der Vergessenheit anheimfielen? Woher kommt es, daß unsere Zeit sie wieder zu Ehren bringt und in ihnen das Höchste erblickt, was die Kunst jemals gezeigtigt hat? Was bedeuten sie für uns?

Das Leben Johann Sebastian Bachs verlief einfach und läßt sich in wenigen Worten erzählen. Er wurde 1685 zu Eisenach geboren. Mit zehn Jahren war er Waise. Sein älterer Bruder Johann Christoph, Organist in Ohrdruf, nahm sich seiner an. Anno 1700 kam er als Singknabe in die Schule des Michaelisklosters zu Lüneburg. Drei Jahre darauf trat er, achtzehn Jahre alt, in die Kapelle des Herzogs Johann Ernst zu Weimar ein. 1704 wurde er Organist in Arnstadt. Drei Jahre darauf ging er in derselben Eigenschaft nach Mühlhausen in Thüringen. Von 1708 bis 1717 war er Hoforganist und Kammermusikus des Herzogs Wilhelm Ernst von Weimar. Nachher trat er in den Dienst des Fürsten Leopold von Anhalt-Köthen. Anno 1723 wurde er zum Kantor von St. Thomas in Leipzig ernannt und verblieb in dieser Stellung bis zu seinem Tode. Er starb am 28. Juli 1750.

So bescheiden sein Leben äußerlich auch verlief, so hat es Bach doch nicht an Anerkennung gefehlt. Wie sehr er schon anno 1717 geschätzt war, ist daraus zu ersehen, daß man ihn damals in Dresden dem berühmten französischen Clavecinisten Marchand entgegenstellen wollte. Und als dieser es nicht wagte, sich mit ihm zu messen, war Bach mit einem Schlage berühmt. Man feierte ihn als denjenigen, der die Ehre der deutschen Kunst gerettet hatte. Auf den Kunstreisen, die er alljährlich unternahm, erntete er allenthalben großen Beifall. Er galt als der Fürst der Klavierspieler und der König der Organisten. Der Kurfürst von Sachsen, zugleich König von Polen, ernannte ihn 1736 zum Hofkomponisten. Friedrich der Große lud ihn nach Potsdam ein und erwies ihm dort große Ehre.

Die Zurücksetzungen und Kränkungen, die Bach von Seiten der Behörden in Leipzig erfuhr, hatten mit seiner künstlerischen Würdigung nichts zu tun.

Genau betrachtet fanden aber nur der Virtuose und der Meister der Fuge Anerkennung. Der Schöpfer der ›h-moll-Messe‹, der Kantaten und der Passionen ging leer aus. Was für uns die ewige Größe Bachs ausmacht, kommt in den zeitgenössischen Urteilen nie zur Sprache. Seine eifrigsten Bewunderer und selbst seine Söhne ahnen nicht, daß seine Werke durch ihren geistigen Gehalt und durch den Reichtum der Erfindung, den sie aufweisen, hoch über allem stehen, was von den Komponisten jener Zeit geschaffen wurde. Daß Händel als Tonsetzer den Thomaskantor überrage, wurde allgemein angenommen. Auch der Meister der Hamburger Oper, Mattheson, Telemann und Keiser, und der Leiter der Dresdener Oper, Hasse, waren als Komponisten berühmter als er.

Das will nicht heißen, daß die Zeitgenossen den Schöpfungen Bachs mit ausgesuchter Verständnislosigkeit begegneten. Sie kannten sie nicht. Der Meister hatte nur einige Klavier- und Orgelsachen veröffentlicht. Man wußte, daß er Kantaten und Passionen komponiert hatte, wie es sein Amt als Kantor zu St. Thomas verlangte. Aber viel Aufhebens wurde nicht darum gemacht. Der Karfreitag, an dem die ›Matthäuspassion‹ zum ersten Male aufgeführt wurde, war kein Ereignis für die musikalische Welt Leipzigs. Zum Teil war an dieser Nichtbeachtung wohl auch die sehr mittelmäßige Wiedergabe der Werke schuld. Die Mittel, über die Bach zu St. Thomas verfügte, waren mehr als unzulänglich. In einem Memorial, das er 1729, im Jahr der ersten Aufführung der ›Matthäuspassion‹, an den Rat richtet, muß er sich darüber beklagen, daß fast die Hälfte seiner Choristen und Instrumentalisten unbrauchbar ist.

Der Hauptgrund der Nichtbeachtung der ganzen Werke Bachs liegt aber darin, daß sie für die Kirche geschrieben waren. Das Interesse der musikalischen Welt wandte sich damals in steigendem Maße der Oper zu. Wer mit dieser zu tun hatte, wurde berühmt. Wer sich ausschließlich der Kirche widmete, blieb eben ein Kantor. Bach kam ein Menschenalter zu spät. Sein Wirken fiel in die Zeit, wo die geistliche Musik als Kunst zweiter Ordnung zu gelten anfing, die Städte die Mittel für einen schönen Gottesdienst nicht mehr aufwenden wollten und die Fürsten hauptsächlich für ihre Oper sorgten.

Einigermaßen unerklärlich bleibt es immerhin, daß Bach keine Opern komponiert hat. Zwar pflegten die Bühnenkapellmeiter hauptsächlich nur ihre eigenen Werke aufzuführen. Aber Hasse, der Leiter der Dresdener Oper, hätte ein Singspiel des ihm befreundeten Bach sicherlich genommen. Dieser jedoch dachte nicht daran, sich auf das ihm fremde Gebiet zu wagen. Für ihn war wirkliche Kunst nur, was mit dem Preise Gottes zusammenhing.

Sein Instinkt hat ihn recht geleitet. Die berühmtesten Opern jener Zeit sind der Vergessenheit anheimgefallen und werden nie wieder zum Leben erstehen. Bachs Werke aber, die damals nicht beachtet wurden, sind zur Unsterblichkeit eingegangen.

Merkwürdig ist, daß der Thomaskantor von der überragenden Bedeutung seiner Kantaten und Passionen selber keine Ahnung gehabt zu haben scheint. Anders ist kaum zu erklären, daß er niemals auf den Gedanken kam, wenigstens einige von ihnen zu veröffentlichen, wo doch andere Komponisten jener Zeit Sammlungen von Kirchenkantaten für alle Sonntage des Kirchenjahres herausgaben. Wenn man bedenkt, daß von den meisten Kantaten nicht einmal Abschriften existieren, so darf man ihm fast vorwerfen, daß er zu wenig auf die Erhaltung seiner Werke bedacht war. Es ist fast ein Wunder zu nennen, daß nicht die Hälfte der Kantaten verlorengegangen ist. Die betreffenden Partituren und Stimmen waren bei der Erbteilung an Friedemann, den Lieblingssohn des Meisters, gefallen, der sie im Laufe seines Abenteurerlebens sämtlich verschleuderte. Zum Glück gerieten sie in gute Hände und sind größtenteils wieder zum Vorschein gekommen. Wie merkwürdig auch, daß der Meister nicht an eine Veröffentlichung der Fugen und Präludien des ›Wohltemperierten Klaviers‹, der Fugen und Präludien für Orgel und der Orchesterwerke gedacht hat! Er schrieb für die Kirche und für die Schüler und Freunde. Darum liegt auch eine solche Ruhe und Weihe über seinem Schaffen. Seine Werke waren Selbstzweck. Sie sollten ihm nicht Ruhm und Reichtum bringen. Für unsere Zeit ist Bach daher nicht nur der gewaltige Heros musikalischen Könnens. Er lehrt uns, daß die höchste und ewige Kunst mit Reklame, lärmender Anerkennung der Zeitgenossen und Geldmachen nichts zu tun hat, und predigt den schaffenden Geistern Stille und Sammlung. Mögen viele sich in ihm läutern und dadurch höherer Leistungen fähig werden.

Als Bach die Augen geschlossen hatte, zeigte sich, daß er einer vergangenen Kunstperiode angehörte. Seine Werke hätten keine Verbreitung gefunden, auch wenn sie veröffentlicht vorgelegen hätten. An eine Aufführung der kirchlichen Kompositionen war nicht zu denken. Sie galten als formell und textlich veraltet. Überdies gingen die kirchlichen Chöre und Orchester immer mehr ein. Auch wollten der Rationalismus und der Pietismus, die sich gegen die alte Rechtgläubigkeit immer mehr durchsetzten, konzertierende Musik im Gottesdienst nicht mehr weiter dulden. Zu Leipzig kamen hie und da Motetten und Kantaten, die sich in den Notenschränken der Thomasschule befanden, zur Aufführung. Hier wurde Mozart auf der Durchreise mit den Vokalkompositionen Bachs bekannt.

Für die instrumentalen Werke Bachs war es verhängnisvoll, daß von ihm gebrauchte Instrumente, Viola da gamba und Oboe d'amore, in dem sich allmählich herausbildenden modernen Orchester außer Verwendung kamen und daß die von ihm vorausgesetzte virtuose Kunst des Trompetenblasens nicht mehr gepflegt wurde, weil die neuere Musik viel geringere Anforderungen stellte und die Blechinstrumente sich nicht mehr in so hohen Lagen bewegen ließen. Dadurch war die Aufführung der Bachschen Partituren, in denen Trompeten oder Hörner figurierten, fast unmöglich geworden. Die Schwierigkeit ist heute noch nicht ganz überwunden.

Entscheidend für das Schicksal der Bachschen Werke war der Umstand, daß die Musik neue Bahnen einschlug. Der Meister hatte in der überlieferten strengen Satzweise komponiert. Er verwandte nur »obligate Stimmen«, das heißt solche, die von Anfang bis zu Ende des Stückes nach den Regeln des Kontrapunkts durchgeführt wurden. Die Eigenart seines Stiles wird alsbald klar, wenn man irgendein Präludium des ›Wohltemperierten Klaviers‹ mit einem Beethovenschen oder modernen Klavierstück vergleicht.

Von der Mitte des 18. Jahrhunderts an macht sich eine Reaktion gegen diese strenge Polyphonie bemerkbar. Man will nichts mehr von Fugen und Präludien und von Folgen von Tanzstücken (Suiten, Partiten) hören. Die Musik soll sich ungebunden bewegen und sich neue freie Formen schaffen. Man erwartet, daß sie dadurch unmittelbarer zum Gefühle sprechen und dramatischer wirken werde. Die bisherige Tonkunst war der neuen Zeit zu leidenschaftslos und zu unpathetisch. Es wurde ihr vorgeworfen, daß sie das Gefühl in Künstelei und Gelehrsamkeit ersticke und das Melodiöse vernachlässige. Auch an der einfachen Instrumentierung nahm man Anstoß. Emanuel, der Sohn Bachs, der im Dienste Friedrichs des Großen stand und später zu Hamburg wirkte, war selbst der Überzeugung, daß die Werke seines Vaters veraltet wären, weil er die Instrumente immer obligat und chorweise verwandte und nicht auf die Wirkungen, die nur durch eine freie, auf klangliche Effekte ausgehende Orchestrierung zu erreichen sind, bedacht war.

Jene Zeit war mit der alten Tonkunst fertig, wie sie auch in der Architektur der Gotik verständnislos gegenüberstand. Man darf ihr darob keine zu harten Vorwürfe machen. Jeder Fortschritt auf geistigem Gebiet geht sprunghaft und in Gegensätzen vor sich und schafft ungerechte Urteile über das jüngst Vergangene. Die Musiker, die Bach vernachlässigten, bereiteten der Kunst Mozarts, Haydns und Beethovens den Boden. Bachs Sohn Emanuel half mit, die moderne Klaviersonate zu schaffen.

Die ersten, die wieder auf die Größe Bachs hinwiesen, waren Forkel und Rochlitz. Der erstere, Universitätsmusikdirektor zu Göttingen, gab 1802 eine kleine Biographie Bachs heraus, durch die die Welt wieder erfuhr, was der Thomaskantor überhaupt geschaffen hatte. Rochlitz machte in feinen Analysen auf die Schönheit seiner Werke aufmerksam. Den Worten ließ Mendelssohn, der durch seinen Lehrer Zelter mit Bach bekannt geworden war, die Tat folgen. Anno 1829 führte er die ›Matthäuspassion‹ in der Berliner Singakademie auf. Das Wagnis gelang. Wer Ohren hatte zu hören, mußte einsehen, daß die Musik des Thomaskantors wert war, der Vergessenheit entrissen zu werden.

Dieses Urteil drang allerdings nur langsam durch, trotzdem dem Meister in Schelble (1789–1837), dem Gründer des Frankfurter Cäcilienvereins, und in Theodor Mosewius (1788–1858), dem Direktor der Breslauer Singakademie, beredte und begeisterte Apostel erstanden. Was nützte alles Rühmen und Preisen, solange die Werke Bachs nur wenigen Auserwählten zugänglich waren und die andern sie nur vom Hörensagen kannten? Sie mußten sämtlich herausgegeben werden. Aber kein Verleger hatte den Mut, das Geld an die Sache zu wenden, trotzdem Schelble, Mendelssohn und der Sänger Franz Hauser (1791–1870), durch die von ihnen angelegte Sammlung der ihnen erreichbaren Autographen und Abschriften von Bachschen Werken, die notwendigste Vorarbeit schon getan hatten.

Endlich, anno 1850, kam das Unternehmen zustande. Als Schumann sah, daß die Verleger sich nie zur Tat entschließen würden, gründete er eine Bachgesellschaft, die sich die Herausgabe sämtlicher Werke vorsetzte. Die Durchführung der Aufgabe nahm ein halbes Jahrhundert in Anspruch. Am 27. Jänner 1900 war der letzte Band – er trug die Nummer 46 – fertiggestellt. Ohne Liszt, der mit Eifer Subskribenten warb, und Wilhelm Rust (1822 bis 1892), der voll Aufopferung die Hauptlast der redaktionellen Arbeit übernommen hatte, wäre das Unternehmen kaum geglückt.

Als Ergänzung der Gesamtausgabe der Werke erschien Spittas monumentale Bach-Biographie (Erster Band 1873; zweiter Band 1880).

Nur kennen wir Bach und besitzen seine Werke. Warum zieht uns seine Kunst so über alle Maßen an? Wie kommt es, daß gerade unsere Zeit so glücklich ist, ihn wiedergefunden zu haben?

Zunächst einmal, um mit dem Äußerlichen zu beginnnen, wissen wir das Formale an seinen Schöpfungen wieder zu schätzen. Die Musik des freien Stils, die nach seinem Tode aufkam, hat sich bis in ihre äußersten Konsequenzen ausgelebt. Sie brachte herrliche Werke hervor und wird dies wohl auch noch weiter tun. Wir wissen ihre Vorzüge zu würdigen. Aber sie ist für uns nicht mehr die Kunst, die über jeder anderen steht und mit der verglichen, die die strenge Form beobachtende als veraltet und veräußerlicht anzusehen ist.

In den letzten Jahrzehnten des 19. Jahrhunderts wurde auf der einen Seite für Wagner, auf der anderen für Bach gekämpft. »Hie Klassisch, hie Modern« ertönte der Schlachtruf. Die engherzigen Urteile, die auf beiden Seiten gefällt wurden, berühren uns heute merkwürdig. Wir sind über die Alternative hinausgekommen und haben die Überzeugung, daß es sich um zwei große Gattungen der Tonkunst handelt. Jede ist in ihrer Art gerade so berechtigt wie die andere. Die Zukunft der Kunst liegt darin, daß sie sich beide gegenseitig beeinflussen.

Weil wir die letzte Entfaltung der Musik der freien Formen erlebt haben, kennen wir auch ihre Grenzen. Wir wissen, daß das Dramatische und rein Gefühlsmäßige zuletzt nicht alle Bedürfnisse des musikalischen Sinns befriedigen kann. In diesem ist ein Vorstellungsvermögen von Form und Linie gegeben, das in der Beethovenschen und nach-Beethovenschen Kunst zu wenig Berücksichtigung findet und in der allermodernsten Musik geradezu verleugnet wird.

Darum überkommt uns ein Sehnen nach der Musik der edlen und vollendeten Form. Wir sind für ein Tongewebe aus obligaten Stimmen empfänglich geworden, wie vielleicht kein Geschlecht vor uns es war. Das Publikum der Zeit Bachs hatte sicherlich mehr theoretische Kenntnisse, als sie heute durchweg vorausgesetzt werden können. Die ›Liebhaber und Kenner‹, die er bei der Veröffentlichung seiner schweren Klaviersachen und der großen Orgelchoräle im Sinne hatte, waren besser in der Lage, das eminente technische Können in dem Aufbau der Stücke und in der Stimmführung zu würdigen. Auf uns aber wirkt diese polyphone Kunst in einer elementaren Weise, wie wohl kaum auf einen aus jenem Geschlecht. Wir durchwanderten das zerrissene und zerklüftete Land der modernen Kunst und haben Hunger und Durst nach erhabener Gesetzmäßigkeit.

In der vollendeten Bewegung der Stimmen eines Bachschen Stückes kommt eine Unruhe in uns zur Ruhe. Die Logik in dem Aufbau einer Fuge schafft eine Art innerer Verbindung zwischen Denken und Kunst, die uns eine ästhetische und seelische Befriedigung gewährt. Wir erfassen, was musikalische Architektur ist. Das Wunderbare der vollendeten Polyphonie ist, daß sich die reichen und überraschenden Einzelheiten wie von selbst zu einem großen und einheitlichen Plane zusammenfinden.

Bach lebt in der Form und steht doch über ihr. Die Regel ist kein Zwang für ihn. Er schafft als ein Freier, was mit ihren Anforderungen zusammenstimmt, und schaltet als einer, der Vollmacht hat. Es liegt ein unaussprechliches Geheimnis in der vollendeten Bewegung der Stimmen, die sich zu dem harmonischen Ganzen vereinen. Die Bahn ist ihnen durch soundsoviele Notwendigkeiten vorgeschrieben; sie müssen in jedem Augenblick tausend Rücksichten aufeinander nehmen ... und in diesem Zwang bewegen sie sich als freie Persönlichkeiten.

Ein Bachsches Stück ist ein Triumphlied auf jene höchste Freiheit, die aus der inneren Überwindung beengender Notwendigkeiten geboren wird und sich in jedem Augenblick und jedem Ereignis erneuert. Wer dies erfaßt hat, hat an dieser vollendeten Polyphonie fast noch mehr als ästhetische Befriedigung. Sie wirkt Erlösung in ihm und predigt im Gleichnis, daß auch wir also unsern Weg finden und in Schicksal und Notwendigkeit nicht beengt, sondern im höchsten Sinne frei werden sollen.

Weiter zieht uns an Bach die Einfachheit der Mittel an. Der Aufwand, der in der modernen Musik getrieben wird, fängt an uns zu bedrücken. Die Massenwirkungen, auf die unsere Komponisten hinzielen, haben einen großen Teil ihres Reizes für uns verloren. Auch die Effekte, die durch die raffinierteste Orchestrierung zu erzielen sind, blenden uns nicht mehr, weil wir sie alle soundsovielmal vorgeführt bekamen. Sämtliche Ansprüche nach dieser Richtung hin sind befriedigt. Wir sind gesättigt und übersättigt. Hingegen steigt in uns das Verlangen nach einer Kunst auf, die nicht durch äußerliche, sondern durch innerliche Mittel wirkt und in der die Ideen so groß sind, daß sie des großen Apparats entbehren können. So sind wir wieder für Bach reif geworden.

Freilich heißt es, sich in diese Einfachheit erst hineinzufinden. Man muß die Kunst der reichen Mittel und Effekte erst durchkostet haben, um Bach recht würdigen zu können. Wer nicht durch den Materialismus der modernen Musik hindurchgegangen ist, kann das Ätherische und Verklärte an der Bachschen nicht in seiner ganzen Herrlichkeit empfinden.

Für das Fehlen äußerer Effekte wird man durch den Reichtum der Erfindung mehr als entschädigt. Von allen musikalischen Heroen ist Bach der schöpferischste. Das ist keine Phrase. Man stelle die Themen und Motive, die sich in den Werken der größten Komponisten finden, nebeneinander. Alsbald wird sich zeigen, daß Bach die andern schon numerisch übertrifft.

Aber er überragt sie auch darin, daß die seinigen die höchste durchschnittliche Vollendung zeigen. Während man bei Händel, Haydn, Mozart, Beethoven, Wagner und Brahms neben gelungenen auch weniger gelungene Themen und Motive findet, wäre man bei Bach in Verlegenheit, solche von letzterer Art aufzuzeigen. Alle sind charakteristisch und prägnant, daß sie den Hörer immer aufs neue fesseln. Hinter jedem spürt man eine höchste Anstrengung des schöpferischen Geistes. Darum ist man nie mit ihnen fertig. Es finden sich keine unter ihnen, die auch nur einen Anflug von Banalität aufweisen.

Ganz einigartig ist auch der Reichtum an Rhythmen, die Bach zu Gebote stehen. Beim ersten Anblick und beim ersten Anhören tritt dies nicht so zutage. Seine Werke bieten keine rhythmischen Überraschungen. Für gewöhnlich verläuft das betreffende Stück in seiner Grundbewegung, die von Anfang bis zu Ende durchgeht. Aber innerhalb derselben, welch reiches und mannigfaltiges Leben!

Charakteristisch für Bach ist, daß die Rhythmen in der Bewegung seiner Stimmen mit den durch die natürlichen Taktakzente gegebenen nicht zusammenfallen, sondern mit ihnen streiten. Man kann sich dies schon an irgendeinem der Themen des ›Wohltemperierten Klaviers‹ klarmachen. Es ist, als ob sie sich der Taktart zwar äußerlich einfügten, innerlich aber ihre Freiheit wahren wollten.

So verläuft das Stück in fortwährenden Spannungen und Ausgleichen zwischen dem natürlichen Rhythmus des Taktes und der Eigenbewegung der Stimmen. Dieses ewig neue Spiel bereitet dem Hörer eine Wonne, die er so bei keiner anderen Musik zu kosten bekommt.

Einzigartig ist auch die Grazie der Bachschen Musik. Diese tritt nicht nur in den herrlichen Tanzwerken zutage, sondern äußerst sich auch in den ernstesten Kompositionen. Selbst über die gewaltigsten seiner Schöpfungen ist eine gewisse Anmut ausgegossen. Mozart überliefert uns die heitere, Bach die feierliche Grazie des Rokoko. Goethe äußerte einmal beim Anhören der Musik des Thomaskantors, auf die ihn Zelter hingewiesen hatte, daß es ihm vorkäme, als sähe er eine Reihe geputzter Persönlichkeiten feierlich eine große Treppe heruntersteigen.

So wäre uns die Tonkunst Bachs schon allein um ihrer formellen Eigenschaften willen eine Quelle reinsten Entzückens. Das Wunderbare aber ist, daß sie zugleich den denkbar reichsten geistigen Gehalt aufweist.

Die Zeiten sind vorüber, wo man ihn gegen die moderne Kunst ausspielen wollte und an seiner Kunst als ›klassisch‹ pries, daß sie in dem herrlichen und wechselreichen Spiel der Tonlinien Genüge fände und darüber hinaus keine präzisere Darstellung von Geschautem und Gefühltem erstrebte. Wenn zum ›Klassiker‹ gehört, daß er sich in den Grenzen der ›reinen Musik‹ hält, so ist Bach keiner. Seine Tonkunst ist vom Drange beherrscht, sowohl für die Schilderung wie für das Gefühl bis an die äußerste Grenze der Darstellungsfähigkeit zu gehen.

Wer die Werke des Meisters mit Aufmerksamkeit durchgeht, ist von der Vehemenz der Tendenzen zur Tonmalerei überrascht. Der Thomaskantor erfaßt jede Gelegenheit der Schilderung, die in einem zu vertonenden Text gegeben ist. Er läßt den Sturm brausen, die Winde säuseln, die Wogen sich heben und senken, die Wolken sich durcheinander schieben, die Glocken fröhlich oder traurig klingen, die Engel sich auf den Wolken wiegen, die Menschen ›erhöht und erniedrigt‹ werden, die Sterbenden ins Grab sinken und die Auferstehenden aus der Gruft erstehen.

Aber in allem weiß er maßzuhalten. Seine Tonmalerei ist sinnig, aber nicht sinnlich. Er deutet an und weist der Phantasie des Hörers ihren Weg. So ist er durch und durch modern. Aber seine Wirkungen bleiben immer musikalisch und werden nie aufdringlich.

Nicht anders verhält es sich mit der Darstellung von Gedanken und Gefühlen. Bachs Musik ist nicht eine schöne äußerliche Umkleidung des betreffenden Textes. Der Meister erfaßt die Worte, die er vertonen soll, in ihrer tiefsten Bedeutung. Er erlebt sie auf das intensivste und schafft dann eine Musik, in der der empfundene Affekt in ergreifender Weise zum Ausdruck kommt.

In der engen Verbindung von Wort und Ton hat ihn kein Komponist jemals übertroffen. Seine Musik ist gleichsam durchsichtig und läßt den Text durchscheinen. Bach ist ein Tondichter. Wie wunderbar ist schon allein die Naturpoesie, die sich in seinen weltlichen und kirchlichen Werken findet.

Die Ausdrucksfähigkeit der Bachschen Musik ist aber von besonderer Art. Beethoven und die Modernen stellen die Aufeinanderfolge von Stimmungen dar. Sie lassen den Schmerz mit der Freude, das Grauen mit dem Entzücken, die Verzweiflung mit der Hoffnung, die Niedergeschlagenheit mit der Ausgelassenheit ringen und bringen eine dramatische Geschichte von seelischen Erlebnissen zu Gehör. Bei Bach jedoch gelangt für gewöhnlich nur eine einzige Stimmung zu Worte. Er schildert die Freude oder den Schmerz, das Grauen oder das Entzücken. Bei den andern wirkt sich das geheimnisvolle Spiel des Affektlebens in Tönen aus. Sie vertreten die Musik, wie Schopenhauer sie philosophisch zu charakterisieren versucht. Bach erfaßt jedesmal den Höhepunkt eines Gefühls und gibt ihn im Klange wieder. Wie meist ein und dieselbe Bewegung in dem betreffenden Stück von Anfang bis zu Ende durchgeht, so bleibt auch die Stimmung dieselbe.

Das liegt zum Teil in der Eigenart von Bachs musikalischem Charakter, zum Teil an seinen Texten, zum Teil an der Besonderheit der mit strengen Formen operierenden Kunst. Der letztere Punkt ist wohl entscheidend. Die Tonstücke des Meisters von St. Thomas sind architektonische Gebilde. Sie können nicht, wie die freie Musik, der Bewegung dichterischer und gefühlsmäßiger Gedankengänge und Gedankenfortschritte folgen und deren Logik zum Ausdruck bringen. Ihr Aufbau wird durch immanente Gesetze bedingt. Sie stellen gewissermaßen die Selbstentfaltung des Themas und der daneben erklingenden Motive dar. So kommt es, daß diese bei Bach für die zu vertonenden Gedanken und Gefühle in noch höherem Grade charakteristisch sein müssen, als dies durch eine Musik gefordert wird, in der zugleich der dramatische Gang des Stückes bedeutungsvoll ist.

Seine Darstellung bewegt sich also in engeren Grenzen als die der modernen Musik. Aber in der Art, wie er einen Gedanken oder ein Gefühl in Tönen ausspricht, steht er einzig da. Er malt nicht die Freude im allgemeinen, sondern eine bestimmte Freude, und nicht den Schmerz überhaupt, sondern einen besonderen Schmerz.

Bach hat sich eine musikalische Sprache geschaffen. Wenn man die Kantaten und Passionen durchgeht, so erkennt man, daß er entsprechende Texte durchgängig mit denselben Mitteln dargestellt hat. Bestimmte Motive kehren immer wieder, sobald die in den Worten ausgesprochenen Gedanken oder Gefühle sich ähneln. Gewisse harmonische und rhythmische Vorstellungen stehen in konstanter Assoziation mit seelischen Empfindungen. Der heftige Schmerz, zum Beispiel, wird durch chromatische Motive ausgedrückt; das mehr innerliche Leiden stellt sich in einer gleichmäßigen belebten Bewegung dar  wie sie etwa den Schlußchor des ersten Teiles der ›Matthäuspassion‹ beherrscht. Die lebendige Freude äußert sich in Rhythmen wie  ; als Beispiel sei das »Laudamus te« aus der h-moll-Messe genannt. Mehr selige Freude spricht sich in Bewegungen vom Typus 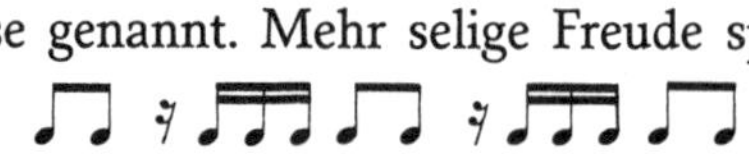 aus.
Wer mit den Elementen der musikalischen Sprache Bachs vertraut ist, erkennt auch in Stücken, die von keinem Text begleitet sind, die Bestimmtheit des Gedankens, der ihm vorschwebte. Es ist ihm, als könne er in Worten aussprechen, was die Präludien und Fugen des ›Wohltemperierten Klaviers‹ bedeuten sollen.

Der letzte und tiefste Unterschied zwischen Bach und den Modernen beruht darin, daß für diese die Musik in der Leidenschaft wurzelt, während sie bei ihm die Erregungen ins Erhabene hinüberleitet. Er sucht nicht die Erschütterungen der Seele mit allen sie begleitenden Sensationen wiederzugeben. Niedere Realistik lockt ihn nicht. Seine Kunst ist ihrem Wesen nach idealistisch. Sie spricht aus, wie ein großer reiner Geist die Dinge erlebt und wie sich die Welt für diejenigen ausnimmt, die zur lichten Höhe emporgestiegen sind. Die Gedanken und Gefühle, die in Bachs Tönen Form gewinnen, haben das Irdische und Allzuirdische, das ihnen anhaftete, abgelegt und eine Art von Läuterung durchgemacht. Mag der Meister sich in den Extremen des Schmerzes oder der Freude bewegen, so merkt man ihm doch an, daß er nicht darin herumgeworfen wird, sondern das Leidenschaftliche schon überwunden hat.

Bach ist einer der größten Mystiker, die je unter Menschen aufgestanden sind. Er hat den inneren Frieden gefunden. Seine Seele ist stille geworden in dem unendlichen Geiste Gottes. Darum liegt etwas unaussprechlich Weihevolles über seiner Musik. Sie erregt nicht, sondern beruhigt. Wer vernimmt, was in ihr erklingt, wird dem Irdischen entrückt. Schmerz und Freude und die Gedanken, die seine Seele bewegten, werden der irdischen Unruhe entkleidet und verlieren ihre Erdenschwere, als würden sie durch das Erleben, das aus den Tönen redet, mit emporgetragen.

Wer vermöchte jemals zu ergründen, wie es möglich ist, daß diese Musik unsere Seelen so friedvoll und stille macht ... Hier muß jede Analyse haltmachen, aber erfahren wird es jeder, der sie nicht nur mit dem Ohr, sondern auch mit der Seele hört, daß es hier auf heiligem Boden wandelt und in Bach einen Freund und Tröster besitzt, der ihm überwinden und den Weg zum Frieden finden hilft.

In dem vorliegenden Sammelbande sind die hauptsächlichsten Gattungen der Bachschen Klavierkompositionen vertreten.

Die kleinen Präludien, die Fughetten und Inventionen stellen die Klavierschule des Meisters dar. Fast alle diese Stücke sind wohl zu Köthen geschrieben worden. Sie waren für den Unterricht seiner beiden ältesten Söhne bestimmt. Die Präludien finden sich zum Teil schon in Friedemanns ›Klavierbüchlein‹.

Die Inventionen sollen den Lernenden in die mehrstimmige Satzweise einführen. Der Titel des hauptsächlichsten Autographs, in dem wir sie besitzen, enthält eine Erläuterung, in der sich Bach über den Zweck ausspricht. Sie sei hier angeführt: »Aufrichtige Anleitung, womit denen Liebhabern des Klavieres besonders aber denen Lehrbegierigen eine deutliche Art gezeigt wird, nicht allein mit zwei Stimmen reine spielen zu lernen, sondern auch bei weiteren Progressen mit dreien obligaten Partien richtig und wohl zu verfahren, anbei auch zugleich gute Inventiones nicht alleine zu bekommen, sondern auch selbige wohl durchzuführen, am allermeisten aber eine kantable

Art im Spielen zu erlangen und daneben einen starken Vorschmack von der Komposition zu überkommen«.

Bach will also den Unterricht in der Satzlehre mit der praktischen Anleitung zum Klavierspiel verbinden. Jedenfalls hat jeder Schüler, der diese Inventionen durchgearbeitet hat, eine Anschauung von Stimmführung bekommen und einen Einblick in das Wesen der Polyphonie getan, der für sein musikalisches Verstehen und Empfinden entscheidend ist. Die Schönheit dieser Kompositionen wird er erst recht würdigen, wenn er in die reiferen Jahre gekommen.

Der erste Teil des ›Wohltemperierten Klaviers‹ wurde 1722, ein Jahr ehe Bach nach Leipzig zog, fertiggestellt; der zweite soll erst 1744 abgeschlossen worden sein.

›Wohltemperiertes Klavier‹ überschrieb er die beiden Sammlungen von Präludien und Fugen, weil zu Beginn des Jahrhunderts das große Problem, das Klavier in allen Tonarten spielbar zu machen, seine praktische Lösung fand. Man entschloß sich, Terzen und Quinten nicht absolut, sondern relativ, d. h. »temperiert« zu stimmen, so daß sie in alle Tonarten hineinpaßten. Das große Ereignis feiert Bach durch die Komposition von Fugen und Präludien in allen Dur- und Molltonarten.

Das ›Wohltemperierte Klavier‹ gehört zu den Werken, an welchen man den Fortschritt der künstlerischen Bildung unter den aufeinanderfolgenden Generationen ermessen kann. Als Rochlitz am Anfang des 19. Jahrhunderts diese Präludien und Fugen vornahm, erschien ihm nur eine bestimmte Anzahl von Stücken wirklich befriedigend. Er strich sie an und war erstaunt, wie beim wiederholten Spielen die Zahl der Kreuze sich allgemach mehrte. Wenn man ihm gesagt hätte, daß nach hundert Jahren jeder musikalisch gebildete Mensch alle Stücke dieser Sammlung in gleicher Weise als gemeinverständlich empfinden würde, hätte es der erste Bach-Ästhetiker wohl kaum geglaubt.

Unter Suiten sind Folgen von Tanzstücken zu verstehen, die eventuell durch ein Präludium eingeleitet werden können. Auch die ›Partiten‹ sind nichts anderes.

Wie es kam, daß sechs Suiten als ›französische‹ und sechs andere als ›englische‹ bezeichnet wurden, läßt sich nicht mehr mit Sicherheit feststellen. Komponiert sind sie wohl sämtlich in Köthen, wo Bach, da ihm keine gute Orgel zur Verfügung stand und er nichts mit Kirchenmusik zu tun hatte, sich hauptsächlich dem Klavier widmete.

Die sechs Partiten und das ›Italienische Konzert‹ gehören zu den wenigen Kompositionen, die der Meister selber veröffentlichte. Sie erschienen zwischen 1726 und 1731; jedes Jahr wurde eine Partite ausgegeben. Die Söhne des Meisters berichteten Forkel, dem ersten Biographen, daß diese Kompositionen in der musikalischen Welt großes Aufsehen erregten und daß jeder, der einige Stücke daraus gut vorzutragen vermochte, mit ihnen sein Glück in der Welt machen konnte.

Die ›Chromatische Fantasie‹ samt ihrer Fuge gehört der Köthener Zeit an.

Diese Werke sind von Bach nicht für unser modernes Klavier, sondern für das Klavichord und das Klavizimbel erdacht worden.

Das Klavichord war das ältere Instrument. Seine Saiten wurden durch eine von unten anschlagende Tangente zum Erklingen gebracht. Es erlaubte dynamische Schattierungen; die Tonstärke war aber äußerst beschränkt.

Beim Klavizimbel – auch Clavecin, Cembalo oder allgemein ›Flügel‹ genannt – entstand der Ton dadurch, daß die Saite durch einen Kiel oder Metallstift ›gerissen‹ oder ›gezupft‹ wurde. Er klang hell und durchdringend, aber kurz und abgerissen. Ein Nuancieren war unmöglich. Um wenigstens zwei Tonabstufungen zu haben, baute man zu Bachs Zeiten zweiklavierige Klavizimbel, bei denen das eine Manual dem Forte, das andere dem Piano diente. Ein solches Instrument wird für das ›Italienische Konzert‹ vorausgesetzt, wie aus den authentischen Angaben über forte und piano ersichtlich wird.

Unser auf dem Prinzip des schlagenden Hammers beruhendes Klavier tauchte damals ebenerst auf. Der berühmte Instrumentenbauer Gottfried Silbermann gab sich mit seiner Konstruktion ab; Friedrich der Große wandte ihm sein Interesse zu. Bach konnte sich, wenn Forkel uns recht berichtet, für die Neuerung nicht begeistern. Er wies Silbermann auf die offenbaren Unvollkommenheiten hin und kam dadurch für eine Zeitlang mit ihm auseinander. Die von Friedrich dem Großen angekauften Hammerklaviere hat er bei seinem Besuch in Potsdam gespielt.

Mit dem heutigen Klavier würde Bach sich im Prinzip einverstanden erklären, da es, soweit dies bei einem Tasteninstrument möglich ist, einen modulationsfähigen und sangbaren Ton produziert. Vielleicht würde er eine gewisse Dumpfheit des Klanges beanstanden und das Rauschende und Warme des Tones des Klavizimbels entbehren.

Seit einiger Zeit hat man angefangen, die noch erhaltenen Cembali wieder spielbar zu machen und neue zu bauen. Wir sind also in der Lage, die Kompositionen des Meisters wieder auf dem Instrument zu hören, auf dem er sich im Konzert zu produzieren pflegte.

Das Resultat ist nicht so, daß wir für die Wiedergabe der Bachschen Klaviermusik zum Klavizimbel zurückkehren werden, wie einige Enthusiasten annehmen wollten. Der abgerissene Ton wird uns nie sympathisch berühren.

Bis auf weiteres wird es also wohl dabei bleiben, daß Bach auf dem modernen Klavier gespielt wird. In absehbarer Zeit kommt man vielleicht dazu, Instrumente zu bauen, die die vollendete moderne Mechanik aufweisen, im Klang aber mehr den alten ähneln. Dies wäre dadurch zu erreichen, daß man auf die Erzielung der größtmöglichen Tonstärke verzichtet und sich mit kleinerem Resonanzboden, dünnerer Berippung und feinerer Besaitung begnügte. Was man an Tonvolumen verlöre, würde an Wärme und Schönheit gewonnen. Auf solchen Klavieren käme die feine Polyphonie der Werke des Thomaskantors auf das beste zur Darstellung.

Zuletzt aber ist das eine, was not tut ... der Geist, in dem gespielt wird.

Erläuterungen

Der Text stellte das Vorwort zu ›Auswahl der besten Klavierwerke‹ Bachs dar, herausgegeben in der Universal Edition Wien 1929 von H. Neumayr. Zum Titel bemerkte Schweitzer in seinem Handexemplar: »Du Dummkopf, weißt Du nicht, daß sie alle die besten sind.«

J. S. Bach (1932)

Das Leben Bachs verläuft einfach. Er ist geboren zu Eisenach am 21. März 1685 und stirbt am 28. Juli 1750. Er bringt es also auf 65 Jahre. Mit zehn Jahren verwaist, verbringt er dann fünf Jahre bei einem älteren Bruder, der Organist in Ohrdruf ist. Nachher findet er als Singknabe Aufnahme in die Lateinschule zu Lüneburg. Damals nämlich konnten musikalische, stimmbegabte Knaben umsonst die zur Universität vorbereitende Schule besuchen, indem sie sich in den Chor der Kirche aufnehmen ließen, zu der die Schule gehörte. In diesen Schulen erlernten sie dann auch ein Instrument, weil sie ja, wenn sie die Stimme verloren, als Instrumentisten im Orchester verwandt wurden. Das Orchester selbst bestand in der Hauptsache ja auch aus Schülern.

Mit achtzehn Jahren findet Bach denn eine Stellung als Violinist in dem Orchester des Prinzen zu Weimar. Diese Stelle gibt er auf, als er als Organist nach Arnstadt berufen wird. Von Arnstadt geht er bald nach Mühlhausen in Thüringen. Dann kehrt er als Konzertmeister in die Kapelle des Fürsten zu Weimar zurück, wo er zugleich das Amt des Hoforganisten versieht, und verbleibt in dieser Stellung etwa ein Jahrzehnt von 1708 bis 1717. Die Kapelle bestand aus 20 Mitgliedern.

Als der Posten des Kapellmeisters erledigt ist, erwartet Bach, daß er darauf berufen wird. Da dies nicht geschieht, verlangt er seine Entlassung. Er tut dies in einer etwas heftigen Weise, die dem Fürsten nicht gefällt. Darum läßt ihn der Fürst am 2. November 1717 arrestieren und bis zum 2. Dezember in Arrest halten. Von Ende 1717 bis zum Jahre 1723 lebt Bach dann sechs Jahre lang als Hofkapellmeister bei dem Fürsten zu Köthen. Da dieser Hof reformiert ist, wird dort die Kirchenmusik nicht gepflegt. Bach, dem sein Amt viel freie Zeit läßt, ist dort hauptsächlich mit Instrumentalkompositionen beschäftigt. In Köthen verliert er seine erste Frau und heiratet dann in zweiter Ehe Anna Magdalena Wülken.

Die Stellung in Köthen verläßt er, weil er daran denken muß, in eine größere Stadt zu kommen, um seinen heranwachsenden Knaben die erforderliche Erziehung geben zu können. Auch entbehrt er es auf die Dauer, daß er keine Orgel hat und mit Kirchenmusik nichts zu tun hat. So entschließt er sich Anfang des Jahres 1723, die Stelle des Kantors an der Thomaskirche zu

Leipzig anzunehmen, obwohl es ihm nicht leicht wurde, aus einem Hofkapellmeister, der in freundschaftlichem Verhältnis zu seinem Fürsten stand, ein von dem Magistrat einer Stadt abhängiger und dem Rektor einer Schule untergeordneter Kantor zu werden. Vorher hatte er vergeblich versucht, die Organistenstelle an der St. Jacobikirche in Hamburg zu erhalten.

In Leipzig wirkt nun Bach 27 Jahre lang bis zu seinem Tode. Sein Amt bringt es mit sich, daß er viel für Kirchenmusik zu schreiben hat. Hier in Leipzig sind die meisten Kantaten, sind die beiden Passionen und das ›Weihnachtsoratorium‹ entstanden.

Wie nun war der Mensch Bach? Nach dem wenigen, was uns über seine Art und seine Persönlichkeit berichtet wird, wissen wir, daß er im gewöhnlichen Verkehr ein bescheidener, liebenswürdiger Mensch war. Konnte er jemand einen Dienst leisten, so schlug er es nicht aus. Wenn seine Schüler sich um eine Anstellung bewarben, verwandte er sich für sie in der freundschaftlichsten Weise. Nie läßt er andere Künstler seine Überlegenheit fühlen. Auf die Frage, wie er es in der Kunst so weit habe bringen können, antwortet er gewöhnlich: »Ich habe fleißig sein müssen; wer eben so fleißig ist, wird es ebensoweit bringen können.« Das schönste Zeugnis seiner Bescheidenheit sind die Abschriften von Kompositionen zeitgenössischer Künstler, die er selber anfertigte. Unter diesen Kompositionen sind manche so unbedeutend, daß wir nicht verstehen können, wie er es über sich gewann, sie abzuschreiben. Aber es handelte sich um Werke von Meistern, die damals etwas galten. Darum respektiert er sie und sorgt für die Verbreitung ihrer Schöpfungen.

Bekannt war Bachs Gastfreiheit. Jeder Kunstliebhaber, wird uns berichtet, er mochte fremd oder einheimisch sein, konnte sein Haus besuchen und war sicher, freundliche Aufnahme zu finden. Aus manchen Andeutungen, die uns überkommen sind, läßt sich entnehmen, daß der Sparsamkeitssinn Bachs stark ausgeprägt war. Bei manchen konnte dies den Anschein erwekken, daß er gewinnsüchtig und geizig sei. In seinem Benehmen seinen Vorgesetzten gegenüber tritt etwas wie Eigensinnigkeit und Streitsucht zutage. Man hat den Eindruck, daß Bach, der sonst so freundlich und liebenswürdig ist, denen gegenüber, die ihm zu befehlen haben, in einer vielleicht zu empfindlichen Weise auf die Wahrung seiner Rechte und seiner Unabhängigkeit bedacht ist. Dadurch hat er sich vielleicht so manche Unannehmlichkeiten zugezogen, die ihm das Leben zeitweise verbitterten und die vermeidbar gewesen wären.

In welchem Verhältnis stehen nun der Mensch Bach und der Künstler Bach zueinander? Sie gehen einfach nebeneinander einher. Der Künstler erlebt sich nicht in dem Menschen, und der Mensch verlangt keinen Anteil am Künstler. Bach verbringt sein Leben in dem geregelten Dasein eines geachteten Organisten und Kantors. Davon, daß er daneben eine einzigartig große schöpferische künstlerische Persönlichkeit ist, hat er kein Bewußtsein und findet es ganz in der Ordnung, daß ihm die anderen nur die Anerkennung entgegenbringen, mit der sie andere zeitgenössische Künstler bedenken. Weil Bach keine Ahnung von der überragenden Größe seiner Werke hat, liegt eine solche Stille und Weihe über seinem Schaffen.

Während andere Künstler darum kämpfen, daß ihre Werke die Anerkennung, die sie zu beanspruchen haben, auch wirklich finden und sich in solchem Kampfe verzehren, lebt Bach still und gelassen dahin und schafft aus innerem Triebe und aus Freude an dem Schaffen. Seine Kantaten und Passionen schreibt er für die Gottesdienste zu Leipzig. Es kommt ihm nicht in den Sinn, sie zu veröffentlichen, damit sie auch andernorts aufgeführt und der Nachwelt erhalten werden. Ihm genügt, daß sie ihre nächste unmittelbare Bestimmung, für die er sie geschaffen hat, erfüllen.

Ebensowenig denkt er daran, seine Instrumentalkompositionen, seine Präludien und Fugen für Orgel und die Präludien und Fugen des ›Wohltemperierten Klaviers‹ zu veröffentlichen. 1725, also über 40 Jahre alt, gibt Bach zum ersten Mal einige Kompositionen für Klavier heraus. Im Laufe der Jahre bringt er dann noch einige andere Kompositionen für Klavier und Orgel heraus. Was er veröffentlicht, ist aber nur ein ganz kleiner Bruchteil seiner Werke.

Weil Bach so wenig Sorge nimmt, seine Schöpfungen der Nachwelt zu erhalten, ist ein Teil davon nach seinem Tode in großer Gefahr verlorenzugehen. Ein Teil seiner Kompositionen, von denen nicht einmal Abschriften existieren, kommt nämlich bei der Erbteilung an seinen Sohn Friedemann, der ein hervorragender Künstler ist, aber ein unstetes Leben führt und diese wertvollen Manuskripte verschleudert. Zum Glück geraten sie in gute Hände und kommen nach und nach, hauptsächlich durch die Bemühungen Kirnbergers, eines treuen Schülers Bachs, wieder zum Vorschein. Heute sind sie auf der Berliner Bibliothek aufbewahrt.

Was ist nun in dieser Existenz Bachs günstig für sein Schaffen und was ungünstig? Günstig ist dafür in erster Linie, daß er ein ruhiges Leben führt und in Ruhe arbeiten kann. Man vergleiche seine Existenz mit der Händels! Wie ist Händel in seinem Schaffen durch das unruhige Leben, das er führt, gehemmt. Was bedeutet es, daß Bach in Weimar und in Köthen so reiche Muße zum Komponieren hat. Und wie schön fügt es sich, daß die Ämter, die er bekleidet, ihm natürliche Gelegenheit und Anlaß geben, sich auf allen

Gebieten der Kunst schöpferisch zu betätigen, nur daß er nicht dazu geführt wird, für die Oper zu schreiben, wozu er sich auch nicht berufen fühlte. Kaum irgendein Beispiel läßt sich finden, daß ein Künstler durch die Umstände seines Lebens dahingebracht wird, sich so vollständig und zugleich in solcher Ruhe schöpferisch auszugeben wie gerade Bach. Für unsere Zeit ist Bach nicht nur der gewaltige Heros musikalischen Könnens, sondern er predigt auch den schaffenden Geistern Stille und Sammlung.

Ungünstig für das Schaffen Bachs ist zunächst einmal, daß er nicht die organisatorische Begabung besitzt, derer er in den schweren Verhältnissen an der Thomasschule bedurft hätte. Das Wirken Bachs in Leipzig fällt nämlich gerade in die Zeit, wo die Schüler der Musik nicht mehr in der bisherigen Weise dienen wollen. Eigentlich sollten nach dem Herkommen in die Thomasschule die Schüler in erster Linie nach ihrem musikalischen Können und nach der Schönheit ihrer Stimme und der Geeignetheit zum Mitwirken bei dem Chorgesang für die Kirche Aufnahme finden. Aber von dieser Gepflogenheit kommt man zu Bachs Zeit ab. Die Rektoren der Schule verlangen jetzt, daß die Schule in erster Linie für die Studien und nicht für die Musik da sei, und so werden die Schüler dann mehr nach ihrer allgemeinen Begabung und nicht mehr nach ihrer Geeignetheit für die von der Schule für die Kirche zu liefernde Musik aufgenommen. Nun stellt aber die konzertierende Gottesmusik, wie sie sich zu Anfang des 18. Jahrhunderts ausbildet, noch größere Anforderungen an das vokale und instrumentale Können der Schüler als die frühere. So kommt Bach durch die an sich berechtigte Schulreform, wie sie damals im Gange ist, in eine geradezu verzweifelte Lage, wie auch schon sein Vorgänger Kuhnau.

Das Jahr 1729 ist für uns ein glückliches, weil damals die ›Matthäuspassion‹ zum ersten Male aufgeführt wurde. Für Bach aber ist es ein unglückliches, weil der Rat zu Ostern dieses Jahres noch mehr als bisher bei der Aufnahme der Schüler sich über das Gutachten des Kantors über ihre musikalischen Fähigkeiten hinwegsetzt und solche aufnimmt, die er als ganz unmusikalisch bezeichnet hat. Damit bricht ein schwerer Konflikt aus. Es ist uns schwer, uns vorzustellen, mit welch geringen Mitteln Bach seine uns heute so schwer vorkommenden Werke aufführen mußte. Was hatte er als Orchester? Acht Stadtpfeifer, von denen einige so alt waren, daß sie ihr Amt nicht mehr richtig versehen konnten. Den Rest des Orchesters muß er so zusammenbringen, daß er ältere Schüler, die nach Verlust der Singstimme ein Instrument erlernt haben, als Instrumentalisten verwendet. Auch Studenten, die ein Instrument spielten, mußte er zu gewinnen suchen. Wer sang in den Kantaten und Passionen die so schweren Soli? Sängerknaben aus dem Chor, mit denen Bach die Partie, so gut es eben gehen wollte, einstudierte. Wie stark war der Chor Bachs? In einem vom 23. August 1730 datierten Memorial an den Magistrat konstatiert Bach, daß unter den sämtlichen in Betracht kommenden Schülern sich siebzehn zur Musik zu gebrauchende, zwanzig noch nicht zu gebrauchende und siebzehn untüchtige befinden. Wenn es gut ging, bestand der Chor, mit dem Bach die Kantate aufführte, also aus einem vierfach besetzten Quartett.

Verhängnisvoll ist nun, daß Bach nicht das organisatorische Geschick besitzt, unter diesen desolaten Verhältnissen noch möglichst viel zu erreichen. Sein Vorgänger Kuhnau hatte es viel besser als er verstanden, die musikalisch ausgebildeten Studenten zur Mitwirkung bei der Kirchenmusik heranzuziehen. Tatsächlich ist Bach im Herbste 1730 so entmutigt, daß er allen Ernstes daran denkt, die Stellung in Leipzig aufzugeben. Zum Glück kommt dann ein neuer Rektor an die Thomasschule, der Verständnis für seine schwere Lage hat und auch der Musik zugetan ist. Dieser nimmt ihn dann gegen den Magistrat in Schutz und stellt sein in der Schule verlorengegangenes Ansehen nach Möglichkeit wieder her. Aber zeitlebens hat Bach unter den Verhältnissen an der Thomasschule gelitten.

Als ungünstiger Umstand für das Schaffen Bachs ist noch der anzuführen, daß er eine Kunstgattung vertritt, von der sich die Zeit abzuwenden beginnt. »Zurück zur Natur und Einfachheit« ist die Parole, die gegen die Mitte des 18. Jahrhunderts auf dem gesamten Gebiete der Kunst und insbesondere auf dem der Musik ausgegeben wird. Man fängt an, die Kunst, in der die Stimmen in vollendeter Polyphonie nebeneinanderhergehen, als veraltete Kunst zu betrachten und kein Interesse mehr für Fugen zu haben. Man strebt nach einer freieren, unmittelbarer wirkenden, vor allem gefühlsmäßig betonten Kunst. Einer der bekanntesten Kunstkritiker jener Zeit mit Namen Scheibe, der in der Kunst, wie er meint, nach den wahren Regeln der Kunst urteilt, lobt Bach als Klavierspieler und Orgelspieler, wirft ihm aber vor, daß in seinen Kompositionen Schwülstigkeit und Verworrenheit walte und daß in ihnen die Schönheit durch allzu große Kunst verdunkelt werde. Dieser Kritiker fühlt sich, und bis zu einem gewissen Grade mit Recht, als literarischer Vorkämpfer einer neuen Musik. Er erklärt der Arie und den gelehrten Formeln den Krieg, ohne gewahr zu werden, welch gewaltigen Inhalt die ihm als zu gekünstelt vorkommende Musik Bachs in sich birgt. Damit spricht er nur aus, was die Zeit empfindet.

Bach selber ist sich bewußt, daß die Kunst nach neuen Bahnen sucht. Er verliert die Beziehungen zur musikalischen Umwelt. Aber in diesem Einsamwerden gewinnt er an Innerlichkeit. In diesem Einsamgewordensein schafft er die ›Kunst der Fuge‹, dieses gewaltige Werk, in dem er ein Meisterstück der Kunst des fugierten Satzes liefert, das zugleich einen so gewaltigen geistigen Gehalt hat.

Es ist also nicht so, daß Bach erst nach seinem Tode in Vergessenheit gerät. Er ist es schon bei seinem Tode. Darüber können die Lobeserhebungen, die bei seinem Abscheiden in Prosa und Versen hie und da gedruckt werden, nicht hinwegtäuschen.

Wie aber kam es nun, daß Bach wieder etwas zu gelten anfing? Durch den Umschwung in dem künstlerischen Empfinden. Zunächst einmal, um mit dem Äußerlichen zu beginnen, wissen wir das Formale an seinen Schöpfungen wieder zu schätzen. Die Musik des freien Stils, die nach seinem Tode aufkam, hat sich bis in ihre äußersten Konsequenzen ausgelebt. Sie brachte herrliche Werke hervor und soll und wird dies auch weiter tun. Wir wissen ihre Vorzüge zu würdigen. Aber sie ist für uns nicht mehr die Kunst, die über jeder anderen steht und mit der verglichen die Kunst, die die strenge Form beobachtet, als veraltet und veräußerlicht anzusehen ist.

In den letzten Jahrzehnten des neunzehnten Jahrhunderts wurde auf der einen Seite für Wagner, auf der andern für Bach gekämpft. ›Hie klassisch, hie modern‹ ertönte der Schlachtruf. Die engherzigen Urteile, die auf beiden Seiten gefällt wurden, berühren uns heute merkwürdig. Wie sind über die Alternative hinausgekommen und haben die Überzeugung, daß es sich um zwei große Gattungen der Tonkunst handelt, von denen die eine in ihrer Art gerade so berechtigt ist wie die andere. Die Zukunft der Kunst liegt darin, daß sich beide gegenseitig beeinflussen. Weil wir die letzte Entfaltung der Musik der freien Formen erlebt haben, kennen wir auch ihre Grenzen. Wir wissen, daß das Dramatische und rein Gefühlsmäßige zuletzt nicht alle Bedürfnisse des musikalischen Sinnes befriedigen kann. In dem musikalischen Sinn ist ein Vorstellungsvermögen von Form und Linie und Maß gegeben, das in der Beethovenschen und nach-Beethovenschen Kunst zu wenig Berücksichtigung findet und in der allermodernsten Musik vielfach verleugnet wird. Darum überkommt uns ein Sehnen nach der Musik der edlen und vollendeten Form. Wir sind für ein Tongewebe aus obligaten Stimmen empfänglich geworden, wie vielleicht kein Geschlecht vor uns es war. Wir durchwanderten das zerrissene und zerklüftete Land der modernen Kunst und haben Hunger und Durst nach erhabener Gesetzmäßigkeit.

In der vollendeten Bewegung eines Bachschen Stückes kommt eine Unruhe in uns zur Ruhe. Das wunderbare der vollendeten Polyphonie ist, daß sich die reichen und überraschenden Einzelheiten wie von selbst zu einem großen und einheitlichen Plane zusammenfinden. Ein Bachsches

Stück ist ein Triumphlied auf jene höchste Freiheit, die aus der inneren Überwindung beengender Notwendigkeiten geboren wird und sich in jedem Augenblick und jedem Ereignis erneuert. Wer dies einmal erfaßt hat, hat an dieser vollendeten Polyphonie mehr als ästhetische Befriedigung. Sie wirkt Erlösung in ihm und predigt im Gleichnis, daß auch wir also unseren Weg finden und in Schicksal und Notwendigkeit nicht beengt, sondern im höchsten Sinne frei werden sollen.

So wäre uns die Tonkunst Bachs schon allein ihrer formellen Eigenschaften wegen eine Erbauung. Das Wunderbare aber ist, daß sie zugleich den reichsten geistigen Gehalt aufweist. Wenn zum Klassiker gehört, daß er sich in den Grenzen der sogenannten reinen Musik hält, so ist Bach keiner. Seine Tonkunst ist vom Drange beherrscht, sowohl für die Schilderung wie für das Gefühl bis an die äußerste Grenze der Darstellungsfähigkeit zu gehen.

Der Thomaskantor erfaßt jede Gelegenheit der Schilderung, die in einem zu vertonenden Text gegeben ist. Er läßt den Sturm brausen, die Winde säuseln, die Wogen sich heben und senken, die Wolken sich durcheinanderschieben, die Glocken fröhlich oder traurig klingen, die Engel sich auf den Wolken wiegen, die Menschen »erhöht und erniedrigt werden«, die Sterbenden ins Grab sinken und die Auferstehenden aus der Gruft erstehen. Aber in allem weiß er Maß zu halten. Seine Tonmalerei ist sinnig, aber nicht sinnlich. Er deutet an und weist der Phantasie des Hörers den Weg. So ist er durch und durch modern. Aber seine Wirkungen bleiben immer musikalisch und werden nie aufdringlich.

Nicht anders verhält es sich mit der Darstellung von Gedanken und Gefühlen. Der Meister erfaßt die Worte, die er vertonen soll, in ihrer tiefsten Bedeutung. Er erlebt sie auf das intensivste und schafft dann eine Musik, in der der empfundene Affekt in ergreifender Weise zum Ausdruck kommt.

Wer mit den Elementen der Tonsprache Bachs bekannt und vertraut ist, erkennt auch in Stücken, die von keinem Text begleitet sind, die Bestimmtheit des Gedankens, der ihm vorschwebte. Der letzte und tiefste Unterschied zwischen Bach und den Modernen besteht darin, daß für diese die Musik in der Leidenschaft wurzelt, während sie bei ihm die Erregungen in das Erhabene hinüberleitet. Seine Kunst spricht aus, wie ein großer reiner Geist die Dinge erlebt und wie sich die Welt für diejenigen ausnimmt, die zur lichten Höhe emporgestiegen sind. Die Gedanken und Gefühle, die in Bachs Tönen Form gewinnen, haben das Irdische und Allzuirdische, das ihnen anhaftete, abgelegt und eine Art Läuterung durchgemacht. Mag der Meister sich in den Extremen des Schmerzes oder der Freude bewegen, so merkt man ihm doch an, daß er nicht darin herumgeworfen wird, sondern das Leidenschaftliche schon überwunden hat.

Bach ist einer der größten Mystiker, die je unter Menschen aufgestanden sind. Er hat den inneren Frieden gefunden. Seine Seele ist Stille geworden in dem unendlichen Geiste Gottes. Darum liegt etwas unaussprechlich Weihevolles über seiner Musik. Sie erregt nicht, sondern beruhigt. Wer vernimmt, was in ihr erklingt, wird dem Irdischen entrückt.

Wer vermöchte jemals zu ergründen, wie es möglich ist, daß diese Musik unsere Seelen so friedvoll und stille macht ... Hier muß jede Analyse haltmachen. Aber erfahren wird es jeder, der sie nicht nur mit dem Ohr, sondern auch mit der Seele hört, daß er hier auf heiligem Boden wandelt und in Bach einen Freund und Tröster besitzt, der ihm hilft, den Weg der Stille und des Friedens zu finden.

Erläuterungen

Schweitzer verfaßte diesen Text als Radiovortrag in Amsterdam am 22. Mai 1932. Aus dieser Tatsache ist wohl der hier vergleichsweise einfache Sprachstil zu erklären. Der Text ist bisher in schriftlicher Form unveröffentlicht.
(Nachlaß AS, sac 69, Zentralbibliothek Zürich)

J. S. Bach und sein Werk (1936)*

Betrachten wir den Menschen Bach und sein Werk, zunächst die menschliche und die künstlerische Persönlichkeit. Die Persönlichkeit verschwindet hinter dem Werk, man erkennt sie kaum. Man sagt, er sei sehr sparsam gewesen. Aber wahrscheinlich haben die, die ihm Geiz vorwerfen, Unrecht. Er war in Geldsachen genau. Ein Geist der Unabhängigkeit, der ihm seinen Vorgesetzten gegenüber Schwierigkeiten bereitete. Ein gewisser Stolz, der nicht immer am Platze war. Als junger Mann in Arnstadt überschritt er beträchtlich den ihn gewährten Urlaub, um in Lübeck den großen Meister Buxtehude zu hören. Als er bei seiner Rückkehr aufgefordert wurde, eine Erklärung vor dem Konsistorium abzugeben (wir besitzen noch das Protokoll), zeigte er sich sehr unhöflich. Genauso ließ er es an Freundlichkeit gegenüber dem Rat der Stadt Leipzig in gewissen an diesen gerichteten Eingaben fehlen, in denen er die elementarsten Untergebenheitsformeln gegenüber seinen Vorgesetzten unterließ.

Bach war ohne Zweifel auch ein streitsüchtiger Mensch. Was er – oft zu Unrecht – für sein Recht hielt, verteidigte er mit Vehemenz. Ein Jähzorniger, blind in seinem Zorn. Auf diese Weise stritt er jahrelang mit dem Rektor der Thomasschule über die Prinzipienfrage, ob die Benennung des Chorpräfekten – das ist einer der Schuler der obersten Klasse, der den Chor leitete, wenn der Kantor verhindert war – zum Kompetenzbereich des Kantors oder des Rektors gehörte, wo doch die Lage völlig klar war, daß nämlich der Kantor vorzuschlagen und der Rektor zuzustimmen hatte. Durch diesen Jähzorn schuf er sich viel Trübsal und machte seine Situation an St. Thomas sehr schwierig, in gewissen Momenten fast unhaltbar.

Die Meinungsverschiedenheiten zwischen Bach und dem Rat der Stadt bestanden seit 1730, der Streit mit dem Rektor – er hieß Ernesti und war seit 1734 in Amt – fügte sich 1736 hinzu. Bach war sich seines Wertes bewußt und suchte Unterstützung beim Dresdner Hof. Er schickte das Kyrie und das

---

*Die ersten 4 von 59 Seiten des Manuskripts in französischer Sprache bestehen aus stichwortartigen Lebensdaten und werden hier nicht mit abgedruckt. Das hier abgedruckte Manuskript ist in einigen Passagen in unvollständigen Sätzen gehalten, die so wiedergegeben werden.

Gloria der ›h-moll-Messe‹[1] und erhielt den Titel des Hofkompositeurs. 1738 kam der König nach Leipzig, nahm bei dieser Gelegenheit Partei für Bach im Konflikt mit seinen Vorgesetzten, gewährte ihm seine Unterstützung und regelte die Angelegenheit. Die Sache war gerettet; Bach mußte in Ruhe gelassen werden.

Das sind die Schattenseiten der Persönlichkeit, die Unzulänglichkeiten Bachs. Aber diese Unzulänglichkeiten verschwinden neben den guten Eigenschaften. Abseits dieser Empfindlichkeit gegenüber denen, von denen er abhing, war Bach von Grund auf gut. Er verwendete sich für seinen Schüler, um ihnen zu helfen, eine Anstellung zu finden.

Es gibt keinen Zug von Engherzigkeit bei ihm. Es war ihm nicht daran gelegen, sich vor anderen hervorzutun. Er war nicht intrigant, suchte nicht nach Ruhm und hatte kein Bedürfnis, anerkannt zu sein. Er besaß eine tiefe Bescheidenheit.

In keinster Weise war er eitel. Er begnügte sich damit, anerkannt zu sein, und die Wertschätzung, die man ihm gab, war eher bescheiden. Man war der Ansicht, daß Herr Bach ein bemerkenswerter Organist und Cembalist sei, aber man war weit entfernt, ihn als Komponisten zu schätzen. Man zählte ihn nicht zu den ersten; Telemann, Mattheson und andere seiner Zeitgenossen wurden ihm vorgezogen. Aber Bach protestierte nicht, sondern begnügte sich mit der Anerkennung als Virtuose.

Liszt und Busoni und andere haben darunter gelitten, nur als ausführende und nicht auch als schöpferische Meister anerkannt zu sein. Wagner hat leidenschaftlich für den Erfolg seiner Werke gekämpft. Das alles gab es bei Bach nicht. Er schuf sein Werk und fand es ganz natürlich, daß man darauf nicht mehr Wert legte als auf die Werke von zwei oder drei Dutzend ehrenwerter Komponisten seiner Zeit. Daß seine Werke den anderen überlegen seien, wagte er nicht zu denken.

Von allen schöpferischen Genies war Bach der ahnungsloseste. Er hatte keine Ahnung von der Überlegenheit seiner Schöpfungen gegenüber denen seiner Zeitgenossen. Wir besitzen von seiner Hand Kopien von Musikstükken, bei denen wir uns wundern, daß Bach sie hat kopieren können, ohne in seinem Unterfangen bei jedem Takt durch die Kritik gehemmt zu werden, die sie bei ihm auslösen mußten.

Bach schätzte seine Vorgänger und versuchte, von ihnen zu lernen. Niemals äußerte er ein Wort der Kritik gegen die Werke der Zeitgenossen, wie

[1] Randbemerkung: Gesuch um den Titel des Hofkompositeurs 1733.

mittelmäßig sie auch gewesen sein mochten. Beweis dieser naiven Bescheidenheit, die aus dieser Ahnungslosigkeit seines Wertes hervorging, ist die Tatsache, daß Bach gar keine Anstrengungen unternahm, seine Werke bekannt zu machen. Er war 41 Jahre alt, als er sich 1726 zum ersten Mal entschloß, einige Kompositionen für Cembalo zu veröffentlichen, die er selbst stach. In der Folge (1735, 1739) publizierte er noch weitere und dazu einige Orgelkompositionen. Er starb, während man die ›Kunst der Fuge‹ stach.

Aber was er zur Veröffentlichung bestimmte, war nur ein kleiner Teil seiner Werke. Andere Komponisten seiner Zeit haben ihre Passionen und ganze Kantatenzyklen publiziert. Bach dachte nicht daran, die ›Matthäus-‹ oder ›Johannespassion‹ oder Kantaten zu publizieren. Als etwas ganz Selbstverständliches ließ er geschehen, daß seine Werke nur in St. Thomas aufgeführt wurden und außerhalb davon unbekannt blieben.

Er kümmerte sich so wenig darum, seine Werke bekannt zu machen, daß sie Gefahr liefen, für immer in Vergessenheit zu geraten. Von den Kompositionen für Cembalo und Orgel haben seine Schüler für sich selbst Kopien gemacht. Aber von den Kantaten und Passionen existieren nur die Autographe. Bei Bachs Tod wurden die Autographe unter den beiden ältesten Söhnen Emanuel und Friedemann geteilt. Friedemann, der ein unstetes Leben führte, lieh sie aus, verkaufte und verlor sie. Wir verdanken es Kirnberger, einem ergebenen Schüler Bachs in Berlin, und der Prinzessin Amalie von Preußen, der Schwester Friedrichs des Großen, daß diese Hälfte der Werke Bachs nicht ganz verloren ist. Sie haben nach den Manuskripten gesucht, sie gesammelt und in der Bibliothek des Joachimsthalter Gymnasiums in Berlin aufbewahrt. Und diese vor dem Verlust geretteten Manuskripte stellen heute den Reichtum der Berliner Bibliothek dar.

Das menschliche Dasein Bachs nimmt am künstlerischen Dasein nicht teil. Es verschwindet dahinter eben wegen dieser Ahnungslosigkeit. Ein Mann, der das ehrenwerte Dasein eines Kapellmeisters an den kleinen Höfen Deutschlands und in der Stadt Leipzig führte, ein Musiker, der nur ein guter Handwerker in seinem Beruf sein wollte, schuf ewige Werke, ohne sich ihres Wertes bewußt zu werden. In seiner Bescheidenheit sagte er, wie man uns überliefert, daß diejenigen, die so fleißig lernten wie er, es genauso weit bringen würden. Er schuf, weil die Ämter, die er innehatte, von ihm verlangten, Kompositionen zu liefern, und er war bemüht, sein Bestes zu tun. Er hatte nicht wie Wagner das Bewußtsein, für die Ewigkeit zu schaffen. Er schuf, und das war seine innerste Triebkraft, weil er überzeugt war, damit Gott zu dienen. »Deo soli Gloria« (Gott allein die Ehre) und »Jesus Juva« (Jesus, hilf), diese Worte finden sich unter dem Titel seiner Werke eingetragen. Er wollte Gott dienen durch die bescheidenen Gaben, die er von ihm empfangen hatte: Das war sein Denken.

Derjenige, der diese Werke geschrieben hat, wollte nur ein frommer Handwerker sein.

Und diese Atmosphäre der Reinheit und Einfachheit, dieses Fehlen jeglicher Eitelkeit und menschlichen Wetteifers macht den unaussprechlichen Zauber des Schaffens Bachs aus. Selten hat man wie bei ihm den Eindruck, daß der Mensch nur das Instrument des universellen Schöpfergeistes war, daß er keine Ansprüche aus sich heraus stellte. Eine solche Verklärtheit geht von ihnen aus. Das ist der Geist, in dem seine Werke geschaffen wurden. Ihre Losgelöstheit von der Welt, in der Bach schuf.

Noch ein anderer Zug seiner künstlerischen Persönlichkeit: Unbefangen war Bach auch in der Hinsicht, daß er keine neuen musikalischen Formen schuf, sondern ganz einfach diejenigen übernahm, die er vorfand. Man betrachte Beethoven und Wagner, die nach neuen Formen suchten, um ihre musikalischen Gedanken auszudrücken. Sie waren auch schöpferisch hinsichtlich neuer Formen, für die sie kämpften. Nichts dergleichen bei Bach: Er bediente sich der Formen, die er vorfand, er, der Schöpfer par excellence.

Und abermals war er naiv zum Nachteil seiner Werke, ohne es zu merken. Dafür zwei Beispiele: Als er anfing, Kantaten zu schaffen, setzten sich die Texte der Kantaten noch aus Bibelversen und Choralstrophen zusammen, was wunderbare Texte waren. Man denke an die Texte der ersten Bachschen Kantaten wie ›Gottes Zeit ist die allerbeste Zeit‹. Was gibt es Bewundernswerteres als diese Verknüpfung von Bibelversen. Und der Komponist ist frei, er kann mit Hilfe der Bibel, die er auswendig kennt, sich selbst seinen Text zusammenstellen. Aber dann kam man dazu, sich für die Kantaten der frei gereimten Texte irgendeines schlechten geistlichen Dichters zu bedienen. Man gab die Bibeltexte auf. Was machte Bach, das große Genie? Protestierte er? Nein – er folgte der Mode, er machte es wie jedermann. Und so schrieb er die schöne Musik seiner Kantaten und Passionen auf platte, oft armselige Texte und zwingt uns, von den Texten abzusehen und sie zu vergessen, was wir selbst beim besten Willen und mit Hilfe der Gewohnheit oft nicht fertig bringen.

Ein anderes Beispiel: In den ersten Kantaten Bachs findet man keine Da-Capo-Arie, das ist die steife Form, wo der erste Teil vorschriftsmäßig am Ende wieder erscheint, wo das Orchester vorschriftsmäßig eine Einleitung spielt, die genauso vorschriftsmäßig als Nachspiel wieder erscheint und wo – als die größte Unzulänglichkeit – die Instrumente und die Stimme ein gemeinsames Thema haben, was besagt, daß die Stimme zu ihrem Nachteil wie ein Instrument behandelt wird. Diese banale, nachteilige Form, die ich mit einem Strauß Nelken vergleiche, die auf Drahtstiele gezogen und mit weißem Papier umwickelt sind, verwendete Bach in seinen ersten Kantaten nicht. In diesen schrieb er für den Gesang in natürlicher Weise: Er bediente sich des Arioso, das heißt der einfachen melodischen und dramatischen Deklamation des Textes über einer Instrumentalbegleitung, die diese Deklamation falls nötig unterstützt und illustriert. Aber dann kam die aus Italien stammende stupide Da-Capo-Arie in Mode. Und was machte Bach, dieses große Genie der musikalischen Textdeklamation? Er folgte der Mode, er übernahm diese neue musikalische Form, die sowohl der wahren musikalischen Textdeklamation als auch seiner Musik und seinem Wesen zuwider ist. Und so sind wir gezwungen, in der Kirchenmusik des Meisters von St. Thomas Da-Capo-Arie zu ertragen ...

Diese durch ihren Erfindungsreichtum und ihren Klang ewige Musik trägt auf bedrückende Weise den Stempel ihrer Zeit.

Aber wenn Bach ganz einfach die schon bestehenden Formen übernahm und nicht einmal genug Einsicht besaß, um diejenigen zu vermeiden, die seinem schöpferischen Genie zuwider waren, so war sein Talent doch groß genug, diese Formen derart zu beherrschen, um sich in ihnen aufs beste auszudrücken, um aus ihnen allen den größten Nutzen zu ziehen, selbst aus der stereotypen Formel der Da-Capo-Arie. Und diejenigen Formen, die seinem Schaffensgeist entgegenkamen, erhielten bei ihm die letzte Vollendung, die sie erreichen konnten. Das ist der Fall beim Rezitativ, der Sonate und dem Instrumentalkonzert, alle von den Italienern geschaffen, und bei der Fuge. Das Rezitativ wird bei Bach zur natürlichen und vollendeten musikalischen Deklamation, die Formen der Sonate und des Concertos entfalten sich bei ihm in ihrem ganzen Reichtum, und die Fuge nimmt bei ihm eine architektonische Struktur an wie niemals zuvor; sie wird zu einem Gebäude aus musikalischen Linien. All diese Formen, in denen sich das Thema nach den natürlichen Regeln einer strengen und logischen musikalischen Struktur entwickelt – diese seit Jahrhunderten vorbereiteten, aber unvollkommen gebliebenen Formen –, sie scheinen diesen großen Meister der Gotik in Musik erwartet zu haben, um ihre Vollendung zu erhalten. Was vorangeht, selbst bei den großen Meistern der vorangegangenen Generationen, macht nur den Eindruck von Versuchen im Hinblick auf das Endgültige, das bei Bach erscheint[2]. Bei ihm kommt zum Durchbruch, was sich vorbereitet hatte. Er ist ein Ende.

---

2 Randbemerkung: Der Wille in der Linie.

Hier zeigen sich also zwei Wesenszüge der künstlerischen Persönlichkeit Bachs: 1. ein naiver Schaffensgeist, 2. er sucht nicht nach neuen musikalischen Formen, sondern ist deren Vollender.

Diesen beiden fügt sich ein dritter hinzu: Das Fehlen jeglichen Interesses an Theorien musikalischer Ästhetik. Bach arbeitete als Handwerker und unterrichtete als Handwerker. Er suchte nicht, wie man zu seiner Zeit begann, die immanenten Gesetze der Kunst zu begreifen und aufzustellen, sondern suchte schlicht, zur rechten Meisterschaft zu gelangen.

Was ihn interessierte, war vor allem die Frage der Vervollkommnung der Instrumente, in erster Linie der Orgel. Die Orgel seiner Zeit war noch unvollkommen in dem Sinne, daß sie nicht monumental war. Das Hauptklavier unterschied sich noch nicht von den Nebenklavieren. Die Klaviere lösten sich ganz einfach ab[3]. Die Fuge Bachs verlangt aber ein anderes Instrument, um ihre Architektonik einer Hauptebene und mehrerer Nebenebenen präzise herauszuarbeiten. Und diese Orgel kam aus dem Elsaß, vom Orgelbauer Silbermann, der sie entwarf und in den Straßburger Kirchen um die Mitte des 18. Jahrhunderts realisierte. Eine dieser Orgeln ist uns erhalten geblieben: die Orgel von St. Thomas, das Werk Silbermanns. Sie haben Gelegenheit, am kommenden Dienstagabend darauf Bach gespielt zu hören, auf einer der ersten Orgeln, die der Architektur der Fuge Bachs entsprach. Und Sie werden klar die Hauptsätze und die Nebensätze unterscheiden können, das große Gebäude und die Flügel, die es flankieren. Die musikalische Welt schuldet dem Thomaskapitel großen Dank, daß es sich von dem Wert dieses alten, damals baufälligen Instruments überzeugen ließ und es nicht durch ein neues und modernes ersetzte, sondern es getreu restaurieren ließ. Ein Zweig des Hauses Silbermann schuf in Deutschland Orgeln dieser vervollkommneten Art, namentlich ein prächtiges Instrument in Dresden, von dem Bach begeistert war. Die großen Orgeln Cavaillé-Colls in Notre Dame und in St. Sulpice in Paris, die vor zwei Generationen geschaffen wurden, sind nichts anderes als die Weiterentwicklung und Vervollkommnung der Silbermann-Orgel, deren Anlage sie übernahmen, mit modernen Mitteln. Die Tasten lassen die Pfeifen (durch mechanische Traktur) erklingen[4].

Ein weiteres Problem der Tasteninstrumente: Wie werden die Saiten von der Tastatur angeschlagen? Zu Bachs Zeiten gab es zwei Arten dieser Instru-

---

3 Schweitzer benutzte immer den Begriff ›Klavier‹ anstatt ›Manual‹ – ein Relikt aus dem Französischen.

4 Näheres zur Restaurierung dieser Orgel in den Erläuterungen zum Text ›Erinnerungen an Marie-Joseph Erb‹ (1946).

mente: das Klavichord und das Cembalo. Das Klavichord ist ein primitives Instrument. Eine mit der Taste verbundene Tangente schlägt die Saite an. Der Klang des Instruments ist dünn, aber es hat den großen Vorteil, daß der Finger durch die Art des Anschlags den Ton gestalten kann. Das Instrument erlaubte, was Bach die ›cantable Art‹ des Spielens nannte. Das andere Instrument ist in bezug auf Klang und Volumen wesentlich vollkommener. Das Cembalo entlockt der Saite einen reicheren und volleren Klang. Aber diese Saite wird nicht angeschlagen, sondern durch eine Art von Stachel gezupft, der durch die Taste und ihren Mechanismus in Bewegung gesetzt wird. Aber der Nachteil ist hier, daß der Ton, weil die Saite gezupft wird, unveränderlich bleibt. Der Anschlag kann ihn nicht beeinflussen. Und deshalb war Bach sich klar bewußt, daß die Unvollkommenheit des armseligen alten Klavichords geringer ist als die des Cembalos. Wir wissen, daß er seine Werke gern auf jenem Instrument spielte, weil es ihm erlaubte, die Saite singen zu lassen[5]. Und er interessierte sich für alle Versuche der Vervollkommnung eines Instruments, bei dem die Saite angeschlagen und nicht angezupft wird. Und als der in Deutschland ansässige Silbermann[6] sich daran machte, ein Instrument zu konstruieren, wo der Hammer die die Saite anschlagende Tangente ersetzt, ermutigte er ihn, weil er sich bewußt war, daß in dieser Richtung die Zukunft zu suchen sei. Dennoch befriedigten ihn die Hammerklaviere nicht, weil sie noch nicht erlaubten, die Saite hinreichend singen zu lassen. Die Mechanik des Hammers war zu primitiv. Und erst 1823 fand das Problem seine Lösung durch die Erfindung der doppelten Auslösung durch Sebastian Erard. Diese vervollkommnete Mechanik, die ich Ihnen nicht zu erklaren versuche, erlaubt schließlich dem Finger, den Anschlag der Saite nach Wunsch zu gestalten und diese singen zu lassen. Erard war Elsässer. Und so ist es das Elsaß, das die Orgel geschaffen hat, die den Orgelwerken des Meisters entspricht, und das Klavier, das die Saiten betätigt, wie es seinen Werken für Saitenklavier entspricht. Unser modernes Hammerklavier mit der Mechanik der doppelten Auslösung ist das Instrument, von dem Bach träumte.

5 Randbemerkung: Die Darstellung der musikalischen Linie. In der Musik bricht die Gotik mit Verspätung an. – Vgl. weiter unten.

6 Randbemerkung in deutsch: Andreas Silbermann, geb. 1678 in Sachsen, † 1734 zu Straßburg. Gottfried, sein Bruder, geboren in Sachsen 1683, in der Lehre bei seinem Bruder in Straßburg, 1710 in Heimat zurück. Baut Schloßkirche in Dresden und Hammerklaviere. Sohn von Andreas Silbermann Johann Andreas (1712–1783) zu Straßburg.

Davon gehe ich nicht ab! Denn heute gibt es gewisse Cliquen, die uns weismachen wollen, daß das Cembalo der Musik Bachs entspricht und daß man uns seine Werke – das ›Wohltemperierte Klavier‹, die großen Partiten, die ›Chromatische Fantasie‹ – auf dem Cembalo hören lassen muß, damit wir sie so hören, wie er sie aufgefaßt habe. Die Wahrheit ist eine andere! Auf dem Cembalo hören wir die Werke so, wie er sie tatsächlich hörte, aber nicht so, wie er sie sich vorstellte. Sicher ist es für uns interessant, noch einmal mit dem Cembalo Bekanntschaft zu machen und auch Bachs Werke auf dem Instrument zu hören, das zu seiner Zeit in Gebrauch war. Aber das ist nicht die authentische Interpretation. Und wenn man gegenwärtig das Cembalo zur Begleitung verwendet, zur Realisierung der Begleitung der Rezitative und Arien der Kantaten und Passionen, so ist das ebenso wenig die authentische Interpretation. Das gute, halb-moderne Klavier (ich rede nicht von den für unsere riesigen Konzertsäle konstruierten klingenden Giganten) : das ist das wahre Instrument, um auf dem Klavier die Werke Bachs zum Singen zu bringen[7].

Bis jetzt habe ich vom Leben Bachs gesprochen, von seiner menschlichen Persönlichkeit, seiner künstlerischen Persönlichkeit und den Beziehungen zwischen diesen Persönlichkeiten und seinem Werk. Nun die Frage: Worin waren die Umstände seiner Existenz günstig für das Werk, das er zu schaffen hatte, und worin waren sie ungünstig.

Sie waren günstig vor allem darin, daß sie ihm erlaubten zu arbeiten. Bach kannte keine materiellen Sorgen. Seit seinem 19. Lebensjahr war er in einer Stellung, die ihm ermöglichte, sich selbst zu ernähren. Sein Leben kannte nicht die Kämpfe, mit denen dasjenige Händels ausgefüllt war. Es ging seinen Gang in friedlicher Ruhe. Alles war günstig für die Arbeit. Nehmen Sie die Jahre 1709–1723: 14 Jahre lang war Bach im Dienste zweier Fürsten, mit einem Dienst, der ihm viel Freizeit ließ. Und er war nicht in der Situation unserer jungen Komponisten, die komponieren und sich fragen, wer sie spielen und wann man sie spielen wird. Keine Notwendigkeit, Schritte zu unternehmen ... Jedes Werk, das er schafft, wird sofort gespielt. Er läßt sich selbst spielen, hat ein Orchester zu seiner Verfügung.

Diese kleinen Höfe in Deutschland boten also außergewöhnlich günstige und vorteilhafte Umstände für das Leben schöpferischer Musiker. Das wird niemals wiederkommen. In unserer Zeit hätte Bach nicht so schaffen kön-

---

[7] Schweitzer versteht darunter, wie er im Bach-Buch ausführt, das Tafelklavier von anno 1830.

nen wie in der, in die ein gutes Schicksal ihn hineingeboren hat. Gesichertes Leben – Zeit zum Komponieren – Möglichkeiten sich spielen zu lassen.

Günstig waren die Umstände seines Lebens auch deshalb, weil sie ihn dazu führten, sich ganz auszuschöpfen, in allen Werkgattungen zu schaffen, zu denen er Anlagen in sich trug. Goethe sagt, daß alle Kunstwerke Gelegenheitswerke sind in dem Sinne, daß es die Gelegenheiten sind, die das schöpferische Genie dazu führen, dieses oder jenes Werk zu schaffen. Das zeigt sich im Leben Bachs. Die Gelegenheiten legten ihm die Werke ganz einfach auf. In Weimar forderten sie von ihm Orgelwerke – er schuf sie. In Köthen verlangte der Fürstendienst von ihm Instrumentalwerke und Klavierwerke, und der Fürst war sein Freund. Er schuf sie. In Leipzig verlangten sie von ihm Kantaten für den Chor von St. Thomas und St. Nikolai. Er schuf sie. Durch die Umstände seines Lebens wurde er also dazu geführt, sich vollständig auszuschöpfen, und davor bewahrt, sich vergebens zu erschöpfen. Niemals war Bach in einer Situation, die ihn dazu gezwungen hätte, für das Theater zu arbeiten, wie Händel, und Werke zu schaffen, deren Form, so wie sie in jener unvollkommenen Epoche bestand, es eben unmöglich machte, Vollendetes zu schaffen.

Nun zu den in gewisser Weise ungünstigen Umständen. Es gab sie nur in Leipzig, und es handelt sich um die Situation der Thomas-Schule. Die Thomas-Schule war eine Schule, die auf die Universität vorbereiten sollte, also eine Art höhere Schule. Die Schüler, die eine Stimme besaßen, wurden (nach einer musikalischen Prüfung) kostenlos als Interne aufgenommen unter der Bedingung, in dem Chor mitzuwirken, der die beiden Kirchen St. Thomas und St. Nikolai versorgte. Von dieser Art gab es etwa 60 Plätze. Was die Instrumentalisten anbetrifft, so gab es 8 von der Stadt bezahlte Instrumentalisten, die dem Kantor zur Verfügung standen.

Für die alte, im wesentlichen vokale Musik konnten diese Mittel beinahe ausreichen. Aber schon gegen 1720 sah sich unter Bachs Vorgänger der Kantor gezwungen, Werke im neuen konzertanten Stil zu liefern, das heißt Kantaten und Passionen, die ein ansehnliches Orchester und Solisten erforderten. Jedoch dachte die Stadtverwaltung nicht daran, Kredite für das dafür notwendige Orchester zu gewähren. Sie verlangte, daß der Kantor Musik nach der neuen Mode mache, schöne Musik mit großem Orchester und großen Arien, aber sie überließen ihm die Sorge, sich um die Mittel dafür zu kümmern. Also mußte der Kantor Solisten für die großen Arien, vor denen heute unsere besten Solisten zurückschrecken, unter den Chorschülern finden, genauso wie auch seine Instrumentalisten. Er war also gezwungen, sie zu unterrichten, ein oder mehrere Instrumente zu spielen. Also hatte er im Grunde nur ein Laienorchester zur Verfügung[8].

Der Vorgänger Bachs, Kuhnau, wußte sich zu helfen. Er stand sich gut mit den Studenten wie auch mit der Stadtverwaltung und den Autoritäten der Universität. Unter den Studenten (die vorher durch die Singschule gegangen waren) fand er gute Instrumentalisten. Als Gegenleistung für Ihre Dienste verschaffte er ihnen Stipendien, die aus den Stiftungen für die Universität und die Thomas-Schule flossen.

Aber Bach, der nicht die Wendigkeit seines Vorgängers besaß und der nach einigen Jahren Aufenthalt in Leipzig zum Konsistorium, der Stadtverwaltung und den Autoritäten der Universität in einem gespannten Verhältnis stand, gelang es nicht, sich auf diese Weise zu helfen und Freiwillige zu finden. Ihm wurden keine Geldmittel zur Verteilung zur Verfügung gestellt. Und seine Musik stellte hinsichtlich des Aufführungsapparates noch viel größere Anforderungen als diejenige Kuhnaus. Man denke nur an das Orchester, das die ›Matthäuspassion‹ erfordert!

Aber er hatte nicht nur Schwierigkeiten mit den Mitteln. Was die Schwierigkeiten noch vergrößert, war, daß die Schule sich vom Dienst an der Musik zu befreien begann. Früher war die Schule die Dienerin der Musik gewesen. Was man von den Schülern verlangte, um aufgenommen zu werden, das waren schöne Stimmen und musikalische Kenntnisse. Wichtig war während ihres Aufenthaltes in der Schule der Dienst im Chor. Das Lernen war von zweitrangigem Interesse. Die Schüler standen dem Kantor zur Verfügung.

Aber zu Bachs Zeit begann sich das zu ändern. Die Schule verselbständigte sich. Sie begann, sich nicht mehr für die Musik zu interessieren. Nun wurde das Lernen für wichtiger gehalten. Man wollte die Internen nach Maß ihrer geistigen, nicht ihrer musikalischen Fähigkeiten aufnehmen, und der Unterricht wurde für wichtiger gehalten als die musikalische Betätigung. Es gab eine Tendenz, die Schule grundlegend zu reformieren, das Niveau der Ausbildung zu heben; und genau die Rektoren der Thomas-Schule waren die Vorkämpfer dieser Reform. Und mit eben diesen Schwierigkeiten hatte Bach zu tun und schlug sich ungeschickt herum. Ihm wurde vorgeworfen (und mit Recht), daß die Musikaufführung in St. Thomas und St. Nikolai nicht auf der Höhe sei. Und er warf den Behörden vor, daß sie ihm die notwendigen Mittel für gute Aufführungen nicht zur Verfügung stellten.

Die ganze Misere, mit der Bach sich herumschlug, wird in einem Memorial deutlich, das er im August 1730 an den Rat der Stadt richtete, also ein

[8] Randbemerkung: Aufführungen unterhalb des Mittelmäßigen.

Jahr nach der ersten Aufführung der ›Matthäuspassion‹. Er macht die Herren darauf aufmerksam, daß man sich derzeitig bei der Aufnahme der Internen nicht mehr um deren musikalische Fähigkeiten kümmere. Unter den derzeitigen Schülern an der Schule, so sagt er ihnen, seien 17 zur Musik zu gebrauchen, 20, die noch nicht die nötigen Fähigkeiten hätten, und 17 ganz unfähige. Folglich verfügte Bach 1729, als er die ›Matthäuspassion‹ aufführte, für seine Chöre, Solisten und Orchester über etwa 20 Schüler und 8 städtische Instrumentalisten, und diese Instrumentalisten waren zudem noch Greise, worauf er in seiner Denkschrift aufmerksam macht. Ebenso merkt er an, daß man ihm Subventionen beschnitten habe, die dem Kantor früher zur Beschaffung von Freiwilligen zur Verfügung gestanden hätten. Zu dieser Zeit, 1730, suchte er eine andere Anstellung, wie wir aus einem Brief an einen alten Klassenkameraden namens Erdmann aus Lüneburg wissen. Er war vollkommen entmutigt. Glücklicherweise wurde an die Schule ein neuer Rektor, mit Namen Gessner, berufen, der ihm seine Unterstützung gab und sich beim Rat der Stadt für ihn verwendete. Unglücklicherweise wurde dieser schon 1734 an die Universität Göttingen berufen. Der neue Rektor, namens Ernesti, hatte kein Verständnis für die Lage des Kantors, und bald stellte sich der Streit über Kompetenzfragen ein, von dem ich Ihnen erzählt habe. Nun war Bach ohne jegliche Unterstützung gegenüber dem Rat der Stadt. Der neue Rektor unternahm alles, um dem armen Kantor seine Aufgabe zu erschweren. Er rügte die Schüler, die musikalischen Eifer zeigten und Instrumente übten, und ließ sie erfahren, daß sie in erster Linie zum Lernen an der Schule seien.

Von 1735 bis zu seinem Tod verfügte Bach sicherlich nicht mehr über die Mittel, die zur angemessenen Aufführung seiner Werke notwendig gewesen wären. Oft muß er sehr entmutigt gewesen sein. Aber in allem handelte es sich nur um Schwierigkeiten in seinem Dienst und seinen Ämtern. Seine schöpferische Tätigkeit war davon nur indirekt berührt. Sein Gewissen eines rechtschaffenen Handwerkers in Musik und seine Frömmigkeit verlangten von ihm, schöne Werke für die Leipziger Gottesdienste zu schaffen... Er fuhr darin fort, sie würdig aufzuführen trotz der Schwierigkeiten, die ihm dabei begegneten.

Man hat den Eindruck, daß Bach sich in dieser letzten Periode seiner Tätigkeit in Leipzig mehr und mehr zu sich selbst zurückzog, kaum noch am musikalischen Leben teilnahm, sondern Trost im Schaffen für sich selbst suchte. In den letzten Jahren seines Lebens war er insbesondere damit beschäftigt, seine Werke durchzusehen und ihnen die definitive Gestalt zu geben. In der Tat sind uns alle Werke Bachs vollendet überkommen.

Es gibt noch einen anderen ungünstigen Umstand für die Tätigkeit Bachs. Schon zu seiner Zeit beschritt die Kunst neue Wege. Die moderne Musik in freien Formen bereitete sich vor. Man wollte sich von der Musik mit obligaten Stimmen im strengen Kontrapunkt befreien, in der ein Instrument eine Linie ausführt, die vom Anfang bis zum Ende des Stückes ihren Gang geht. Man wurde des fugierten Stils, der Polyphonie und der Da-Capo-Arie überdrüssig. Man strebte nach einer elementareren, einfacher ausdrucksvollen, einfacher melodischen Musik. Man ahnte das Kommen eines neuen, des symphonischen Stils.

Und Bach, der große Handwerker, wußte sich nicht weiterzuentwickeln. Er blieb einer Musikgattung treu, die im Begriff war, schon zur Vergangenheit zu gehören. Man betrachte Verdi, wie er fähig war, sich zu verändern und der Musik seiner Zeit zu folgen, und dennoch immer der Gleiche zu bleiben. Bach konnte das nicht und wollte das nicht. Er fühlte, daß es sein Schicksal sei, das Ende zu sein, die Vollendung einer Entwicklung, nicht ein Anfang.

Und die Zeitgenossen wurden sich bewußt, daß er hinter der Entwicklung zurückblieb. Ein Kunstkritiker seiner Zeit, der nicht der erste beste war, mit Namen Scheibe warf ihm das in seiner Schrift über die Musik 1737 vor. (›Der kritische Musicus‹; aus Hamburg). Er machte ihn darauf aufmerksam, daß er einem gekünstelten und gelehrten Stil verpflichtet bleibe, der der wahren Natur der Musik und der wahren dramatischen Kunst zuwider sei. Er machte ihn darauf aufmerksam, daß er der italienischen Musik anhänge, die man nicht wolle. Er anerkannte, daß Bach in seinen Sonaten und Konzerten ein Komponist von Wert sei. Er lobte selbst das ›Italienische Konzert‹ für Cembalo. Aber als Komponist von Kantaten und Passionen stehe er nach seinem Empfinden weit unter Telemann und Graun, weil diese sich an der neuen Kunst orientierten.

Und er fürchtete nicht, Bach zu verletzen, indem er hinzufügte, daß, wenn Bach die neuen Tendenzen nicht verstehe, ihm die notwendige umfassende Bildung fehle. Er sei nicht genug gebildet, um über die Regeln der wahren Kunst zu urteilen, um eine Theorie zu verstehen. Deshalb halte er sich an die traditionelle Kunst, die im Begriff sei, aus der Mode zu kommen.

Diese Kritik hat Bach zutiefst verletzt. Scheibe stellte fest, was ich auch feststelle: Bach ist ein musikalischer Handwerker. Aber er sagte es mit einer anderen Betonung. Er sah nicht die Größe dieses Handwerks. Er wurde sich nicht bewußt, daß sich in Bach diese alte Musik vollendet und ewig wird.

Bach blieb sich selbst treu. Zu der Zeit, wo die Fuge aufhörte zu gefallen und verstanden zu werden, komponierte er die ›Kunst der Fuge‹, eine Reihe von Fugen über dasselbe Thema. Im Grunde nahm er sich nur eine Sache vor: den Kennern zu zeigen, was man aus einem Thema herausholen kann, wenn man die Kunst des Fugenstils beherrscht. Aber diese Folge von Fugen wird zu noch mehr: zu einer mystischen Dichtung. Denn diese Musik ist erfüllt von jenem großen inneren Frieden, zu dem der gealterte Handwerker gelangt ist. Ohne es zu wissen, ohne es zu suchen, hat Bach dahinein seine Seele gelegt.

Er selbst bestimmte das Werk nicht zur Aufführung. Er schrieb es, damit es von den Kennern gelesen werden, die fähig sind, es in der Vorstellung zu hören. Es ist darin Goethes ›Faust‹ ähnlich, welches ein Theaterstück ist, das nicht nach Realisierung auf der Bühne strebt, sondern sich an die Vorstellung wendet. Der Leser möge es sich in der Einbildungskraft vor Augen führen.

Jedoch beginnt man heute, auf die Initiative eines jungen Genius Wolfgang Graeser, der uns im Alter von 23 (?) Jahren entrissen wurde[9], es in einer Transkription für Orchester aufzuführen (außer einigen, die schon von Bach für Cembalo geschrieben wurden). Und durch seinen geistigen Gehalt macht das Werk großen Eindruck auch auf Laien, die gar nichts vom Aufbau einer Fuge verstehen und dennoch so unter dem Zauber dieser wunderbaren Bewegung klingender Linien stehen und bewegt sind von der Ahnung des Unendlichen und Ewigen, die sich darin offenbart.

Erlauben Sie mir nebenbei zu sagen, daß nach meiner Meinung Graeser und die anderen in der Art, dieses Werk zu orchestrieren, es an Einfachheit haben fehlen lassen. Sie verwenden Trompeten und Posaunen, um das Thema hervortreten zu lassen, und versuchen, ihm Kolorit zu geben. Genau das ist aber eine Veräußerlichung des Werkes. Man läßt diese oder jene Linie auf Kosten der anderen, die verdeckt werden, hervortreten. Besser ist es, diese wunderbare und feine Zeichnung durch Streichinstrumente ausführen zu lassen, die allein die Geschmeidigkeit besitzen, diese Linien wiederzugeben, und zurückhaltend die Holzbläser eintreten zu lassen, um, zusammen mit den Streichern, diese oder jene Stimme hervorzuheben und das eine oder andere Thema, den einen oder anderen Kanon heraustreten zu lassen. Man soll nicht versuchen, diese Musik mit der Farbgebung eines Gemäldes wiederzugeben: es handelt sich um einen Stich.

Bach geriet also nicht erst nach seinem Tod in Vergessenheit. Schon zu Lebzeiten, in der letzten Zeit seiner Tätigkeit, gehörte er einer Kunstrichtung

---

9 Wolfgang Graeser starb 1928 einundzwanzigjährig durch Freitod; seine Orchestrierung der ›Kunst der Fuge‹ wurde zuerst 1927 durch Karl Straube aufgeführt.

an, von der man sich abwendete und die begann, der Vergangenheit anzugehören. Und sie sollte für ein halbes Jahrhundert der Vergangenheit angehören. Sein Name war indessen aber nicht vergessen. Es gab einen Bach-Kult unter einigen Organisten, die in ihm den großen Meister des Instruments verehrten und die Kopien der Orgel- und Klavierwerke Bachs anfertigten.

Bachs Sohn Emanuel, der Kapellmeister in Hamburg war, führte nur wenige Werke seines Vaters auf; er hatte nicht die Mittel dazu. Und wir wissen, daß, trotz seiner Bewunderung für den Vater, er – einer der Schöpfer der modernen Klaviersonate – das Werk seines Vaters als der Vergangenheit angehörig erachtete, das man nicht wiedererwecken solle.

In Leipzig konnten die Thomaskantoren Bachs Werke nicht aufführen, selbst wenn sie gewollt hätten. Sie besaßen fast nichts von seiner Vokalmusik. Seine Kantaten existierten nur in einem Exemplar und waren durch Erbschaft in den Besitz seiner Söhne gelangt. In St. Thomas hatte man nur die Stimmen der Motetten und einige andere Werke, die die Witwe Bachs, die in Geldnot war, dem Rat der Stadt verkauft hatte. Man führte also die Motetten auf, die kein Orchester verlangten. Und auf der Durchreise in Leipzig machte Mozart durch den Thomanerchor Bekanntschaft mit der Motette ›Singet dem Herrn ein neues Lied‹. Voll Bewunderung bat er, die Partitur zu sehen. Sie existierte nicht. Man hatte sich nicht die Mühe gemacht, nach den Stimmen, die man besaß, eine neue Partitur zu erstellen. Und Mozart mußte, um Kenntnis von der Gestalt zu bekommen, die Stimmen eine unter die andere legen.

Zu Beginn des 19. Jahrhunderts begann man von vorn. Das Verdienst dazu kommt hauptsächlich drei Persönlichkeiten zu. Dem Kapellmeister der Singakademie Zelter, dem Freund Goethes, der Bach zu kennen vermochte, weil er Zugang zu den kostbaren Manuskripten der Kompositionen des Meisters hatte, die Kirnberger und die Prinzessin Amalie in der Bibliothek des Joachimsthaler Gymnasiums zusammengetragen hatten.

Durch Zelter lernte der junge Mendelssohn-Bartholdy Bach kennen und unternahm 1829 – hundert Jahre nach der Erschaffung der ›Matthäuspassion‹ –, dieses Werk in Berlin aufführen zu lassen. Und die Zuhörer waren gezwungen festzustellen, daß trotz der alten Formeln, in die diese Musik eingebunden ist, sie dennoch lebendig sei und zu ergreifen vermöge. Es waren vor allem die so dramatischen Chöre, die man bewunderte.

Die dritte Persönlichkeit, der das Verdienst zukommt, Bach wieder bekannt gemacht zu haben, ist der Professor für Musikgeschichte an der Universität Göttingen Forkel, der 1802 eine kleine Biographie über Bach veröffentlichte. Darin ist uns aufbewahrt, was er durch mündliche Überlieferung von Bach wußte, was er teilweise von Emanuel Bach, Bachs Sohn, den er gekannt hatte, erfuhr und worin er eine Liste der wichtigsten Kompositionen Bachs mitteilte. Die Welt erfuhr aufs neue, daß Bach nicht nur der Komponist einiger Klavier- und Orgelwerke sei, sondern daß er auch Hunderte von Kantaten geschaffen hat.

Ich nenne neben Forkel den Kapellmeister in Breslau, Mosewius, und Rochlitz, die ihre Feder in den Dienst Bachs stellten. Mosewius verdanken wir die erste Studie über Bachs Kantaten. Wenn in den ersten Jahrzehnten des 19. Jahrhunderts Bach nach und nach wieder verstanden wurde, so ist das einem grundlegenden Umschwung des Zeitgeistes zu verdanken. Diesen Umschwung bezeichnen wir mit dem Namen Romantik. Die Romantik war nicht nur eine literarische Bewegung, sondern etwas Grundlegenderes, ein Umschwung des Geistes. Sie muß verstanden werden als eine Reaktion gegen den Geist des 18. Jahrhunderts, den Geist des Rationalismus. Das Charakteristische des Geistes des Rationalismus war, daß er den Blick auf eine Zukunft richtete, die in allen Bereichen zu gestalten sei, und daß er sich selbst und den Theorien des Fortschritts, die er aufstellte, vertraute. Er legte überhaupt keinen Wert auf die Vergangenheit. Diese war in seiner Vorstellung etwas Unvollendetes, das durch etwas Vollendeteres ersetzt werden sollte, dank des Wirkens der immer aufgeklärteren Vernunft.

Die Romantik besaß nicht mehr die Gleichgültigkeit gegenüber der Vergangenheit und das so feste Vertrauen in die Vernunft. Sie bewunderte die Vergangenheit und versuchte, sie zu verstehen. Sie versuchte von neuem, den Wert der religiösen Dogmen zu verstehen, von denen der Rationalismus sich befreit hatte. Sie suchte wieder, den Wert und die Schönheiten der in der Vergangenheit geschaffenen Kunst zu erfassen.

Und genau dieses grundsätzliche Interesse an der Vergangenheit und der Kunst der Vergangenheit kam Bach zugute. Vor allem waren es die Texte der Kantaten und Passionen, die davon profitierten. Diese Texte waren dem Publikum seit etwa zwei Generationen fremd geworden, weil sie sich auf die dogmatische Religion bezogen, die man zugunsten eines vernunftorientierten Christentums aufgegeben hatte, das sich vor allem auf die Idee der Moral gründete, eine Gefühlsreligion, sozusagen die Religion, wie sie bei Kant erscheint und die auch ihre Größe hat. Nur findet sie sich nicht in den Texten Bachs und kann sich dort nicht wiedererkennen.

Nun hörten Bachs Texte also auf, dem Publikum fremd zu erscheinen. Die Kantaten und Passionen konnten wieder gesungen werden.

Des weiteren kam die Romantik Bach zugute, weil von ihr die Gotik, die Kunst der alten Kathedralen rehabilitiert wurde. Während der zweiten

Hälfte des 18. Jahrhunderts und zu Beginn des 19. Jahrhunderts war man dazu gelangt, den gotischen Stil als schwer, überladen, künstlich und barbarisch anzusehen, und man suchte, sich von ihm zu lösen. Es ist vorgekommen, daß man zu dieser Zeit in Deutschland, in der Schweiz und im Elsaß diese gotischen Kirchen niederriß, um sie durch andere, die in einem neuen, natürlicheren und einfacheren Stil erbaut wurden, zu ersetzen. Man hatte kein Gespür mehr für das große Geheimnis der Gotik. Das heißt für dieses Geheimnis, daß jedes Detail aus der gleichen Bewegung der Linie emporsteigt und daß dieses ganze reiche Detail schließlich keine Berechtigung für sich selbst hat, sondern nur dazu dient, die großen und im Grunde so einfachen Linien hervortreten zu lassen. Nun gewann man wieder Sinn für dieses Geheimnis, man begann wieder, an diesem wunderbaren Spiel der Linien Gefallen zu finden, dieses Spiel der Linien, in dem jede unabhängig scheint und dennoch im Einklang mit den anderen ist. In dieser Zeit begann man, die alten gotischen Kathedralen zu restaurieren und zu vollenden. Man eröffnete in Deutschland eine Subskription, um den Kölner Dom zu vollenden.

Die Rehabilitierung der Gotik mußte notwendigerweise diejenige der Musik Bachs nach sich ziehen. Die Kunst Bachs ist nichts anderes als die Vollendung der gotischen Kunst in der Musik. Die Musik, diese Architektur in Klanglinien, mußte wie die Architektur aus stofflichen Linien zur Gotik gelangen. Was sich in den Generationen vor Bach vorbereitete, das ist die gotische Kunst; was bei ihm die Vollendung erfährt, das ist die gotische Kunst der musikalischen Linie. Eine Fuge Bachs ist ein Bauwerk vergleichbar einer Kathedrale. Diese wunderbare Bewegung der Linien wird von Gesetzen bestimmt, wonach das Detail dazu dient, den Gesamtplan zur Geltung zu bringen. Es liegt darin auch das Geheimnis des Motivs, aus dem das Detail und der Gesamtplan gleichzeitig geboren werden. Die große Fuge in g-moll, die ich am nächsten Dienstag auf der Orgel von St. Thomas spielen werde, ist eines der schönsten Beispiele dieser gotischen Kunst in Musik.

Die Entfaltung der gotischen Kunst in musikalischer Architektonik vollzog sich viel später als diejenige in steinerner Architektur, und dies aus ganz materiellen Gründen. Es fehlten die Instrumente, mit denen man dieses Spiel musikalischer Linien hervorbringen konnte. Die Instrumente waren lange Zeit zu unvollkommen. Das erste vollkommene Instrument, das zur Verfügung stand, war der Chor aus menschlichen Stimmen. Und eben in der Chormusik entwickelte sich zuerst der Stil dieses Spiels musikalischer Linien, zuerst in den Niederlanden, dann in Italien, dann in den anderen Ländern. Aber erst auf der Orgel und im Orchester mit perfektionierten Instrumenten konnte sich die musikalische Linie von den Gesetzen befreien, die durch die eingeschränkten Möglichkeiten der menschlichen Stimme gegeben waren. Nur nach und nach kam die musikalische Architektur zur vollen Blüte und zum Entwurf sehr großer und kühner Bauwerke. Nun, der große Architekt der musikalischen Gotik, der verwirklichte, was sich vor ihm vorbereitet hatte, das ist Bach. Er ist der Erfinder dieser Bauwerke in Klanglinien, so erstaunlich kühn, so groß, so einfach, so harmonisch in ihrer Linie. Und deshalb mußte die Rehabilitierung der Gotik notwendigerweise die Rehabilitierung Bachs herbeiführen. Auf diese Weise fand Bach also wieder Verständnis bei den neuen Generationen.

Wir, die wir die Entfaltung des symphonischen, freien Stils seit Beethoven bis in unsere Tage erlebt haben, wissen, daß es zwei ebenbürtige Gattungen von Musik gibt, die man nicht gegeneinander aufwiegen darf, sondern einfach als gegeben hinnehmen muß: den Stil der strengen musikalischen Architektonik, die Gotik, und den freien und symphonischen Stil.

Beide sind ebenbürtig. Es kann nicht die Frage sein, ob einer dem anderen überlegen oder unterlegen ist. Beide haben ihre Daseinsberechtigung. Beide sind durch Meisterwerke bestätigt, vor denen wir uns verneigen. Wir versuchen nicht mehr, sie in Vergleich zu setzen, sondern lassen beide in gleicher Weise gelten. Und wir sind heute dazu gekommen, der architektonischen Kunst einen gewissen Vorzug zu geben, die durch die Linie selbst wirkt, die auf Kolorit verzichten kann und die keinen großen Aufführungsapparat verlangt, sondern ihre Wirkung mit einfacheren Mitteln erreicht. Aber Bach ist nicht nur ein Meister der musikalischen Architektonik, sondern auch des musikalischen Ausdrucks. Und daß er genauso groß durch das ausdrucksvolle Wesen seiner Musik ist wie in der Beherrschung des musikalischen Linienspiels, das zu verstehen brauchte viel Zeit.

Trotz der Bewunderung begegnete man der Musik Bachs mit Vorurteilen, was verhinderte, daß man sie sogleich so erkannte, wie sie war. Wie konnte das kommen? Der Kampf gegen Wagner, der die musikalische Welt in der zweiten Hälfte des 19. Jahrhunderts leidenschaftlich beschäftigte, ist teilweise daran Schuld. Im Kampf gegen Wagner bildete man sich einen Begriff von der wahren Musik, der reinen Musik, einen Musikbegriff, den man der Musik Wagners gegenüberstellte, die den Anspruch erhob, sich mit allen Künsten zu verbinden und diese an ihr teilnehmen zu lassen. Die Musik Wagners wurde von den Puristen als ein Irrtum beurteilt, weil sie schildern wollte. Sie wollte die Handlung wiedergeben, die sich auf der Szene abspielte, sie wollte Visionen hervorbringen. Dieser Musik, die die Grenzen der rein musikalischen Möglichkeiten überschreiten wollte, setzte man den Begriff der wahren, reinen Musik entgegen. Man behauptete, daß die Musik als solche darauf verzichten müsse, sich auf das Gebiet der anderen Künste zu wagen und deren Aufgabe verrichten zu wollen. Sie müssen sich damit begnügen, ein wohl geordnetes Spiel von Klanglinien zu sein, angenehm unterhaltend, harmonisch, und durch dieses Spiel in uns mannigfaltige Gefühle erwecken. Aber es sei ihr verboten, auf Abenteuer zu gehen. Sie solle vor allem schön sein. Diesen Begriff der reinen Musik hatte man anhand der Musik Mozarts geschaffen, obwohl er auch darauf nicht ganz paßt. Und da Bach der Repräsentant der alten Zeit war und als Klassiker angesehen wurde und da er die Kunst der musikalischen Architektonik verkörperte, wurde ganz einfach verfügt, daß er ein Vertreter dieser reinen Musik sei. Und das Unglück wollte es, daß der große Biograph Bachs, Philipp Spitta, der als erster das Leben und Schaffen Bachs von Grund auf nach den Quellen erforschte, die man an den Orten finden konnte, wo er gelebt hatte, und der als erster eine Chronologie der Werke Bachs aufstellte, ein Anhänger der Theorie der reinen Musik und ein Gegner Wagners war. (Der erste Teil seiner Monumentalbiographie erschien 1873, der zweite 1880.) Und anstatt die Musik Bachs unparteiisch zu analysieren, sich ganz einfach von dem Eindruck leiten zu lassen, betrachtete er sie nur so, daß sie mit diesem Begriff der reinen Musik übereinstimmte. Er machte zum Grundsatz, daß die Kirchenmusik Bachs nicht dramatisch sein dürfe und bestritt deshalb den dramatischen Charakter der Musik Bachs. Er machte zum Grundsatz, daß die Musik nicht deskriptiv sein dürfe, also könne Bachs Musik nicht deskriptiv sein. Er konnte jedoch nicht ableugnen, daß es deskriptive Seiten in den Partituren Bachs gibt, daß er durch die Töne die Vision des Fallens der Blätter wiederzugeben versuchte, die Bewegung der Wellen eines Sees, die Bewegung der Wasser eines Flusses, daß man bei ihm das Läuten der Glocken hört. Aber alle diese Beispiele beeindruckten ihn nicht. Er meinte, das seien kleine Belustigungen, zu denen sich der Meister habe hinreißen lassen, der aber im Grunde völlig davon überzeugt sei, daß die Musik nicht das Deskriptive zu suchen habe.

Aber die Musiker, die die Partituren unvoreingenommen studierten, seitdem sie diese dank des Fortschreitens der Veröffentlichung der gesammelten Werke zu besitzen begannen – vorausgesetzt, daß man die Mittel hatte, sich diese sehr teuren großen, grauen Bände zu beschaffen –, diese Musiker wurden sich, vor allem bei der Aufführung der Kantaten, bewußt, wie kühn Bach vorging, wenn er etwas in Musik darstellen wollte. Als Ernst Münch, der verstorbene Gründer der Bach-Konzerte in St. Wilhelm, und ich, der bei diesen Konzerten das Privileg hatte, eine Reihe von Jahren lang – seit 1895, wenn ich mich nicht irre – die Orgel zu spielen, wir lasen die Partituren zusammen, und als wir in den Proben unter dem Eindruck dieser Musik standen, wurde es für uns immer klarer, daß die Suche nach dem Ausdrucksvollen zum Wesen der Bachschen Musik gehört.

Und als mein Lehrer Charles-Marie Widor, dem ich dank meiner Kenntnisse der Choraltexte eine Reihe musikalischer Rätsel, die er der Choralvorspielen Bachs gefunden hatte, hatte lösen können, mich um eine Studie über Bach für das französische Publikum bat, machte ich im Grunde nichts anderes als sie so zu analysieren und darzustellen, wie sie war, was mich dazu führte zu beweisen, daß Bach Dichter und Maler in seiner Musik sein wollte.

Wenn Bach einen Text in Musik setzt, will er ihn so vollständig wie möglich mit den Mitteln der musikalischen Darstellung wiedergeben, sowohl bezüglich der Bilder, die sich darin finden, als auch der Gefühle, die er enthält. Und was ihn vor allem anregt und für die Musik inspiriert, das ist das bildliche Element. Wenn der Text ein Bild enthält, ist es dieses Bild, das er sich bemüht, musikalisch wiederzugeben. Wenn der Text von zögernden Schritten spricht, sieht man zögernde Schritte in der Musik – oder wankende Schritte oder sichere Schritte. Und so geschieht es mit allem, was im Text etwas zur musikalischen Darstellung hergibt. Und selbst wenn das Bild im Text völlig nebensächlich ist, inspiriert es Bachs Musik. Bach hält sich daran und verzichtet auf das, was der Text der Musik an ausdrückbaren Gefühlen anbietet.

Sehr oft bleibt die Musik Bachs solange rätselhaft, wie man das Bild, aus der sie geboren ist, nicht erkannt hat. Ich nenne Ihnen dazu zwei Beispiele: Es wurde die schöne Kantate ›Wachet auf, ruft uns die Stimme‹ geprobt, die das Gleichnis der klugen und der törichten Jungfrauen behandelt, die mit ihren Lampen auf die Ankunft des Bräutigams warten. Um die Strophe zu übersetzen, in dem davon gesprochen wird, daß man in Zion den Gesang des Wächters hört, der die Ankunft des Hochzeitszuges ankündigt, hört man in der Musik folgendes: eine Art von Ritornell, das nichts Feierliches an sich hat, sondern sich eher an Profanmusik anlehnt. Die Violinen lassen es zur Begleitung der Kontrabässe hören. Die Musik klingt eigenartig primitiv. Und im Verlaufe dieses Satzes, aber überhaupt nicht darauf abgestimmt, singt der Tenor den Choral. Der Choral, das versteht sich von selbst, das ist die Stimme des Wächters auf der Zinne, der die Ankunft des Bräutigams ankündigt. Aber was bedeutet das Ritornell, in das sich der Choral einmischt? Das ist die Musik des Hochzeitszuges, die man gleichzeitig hört (als ob sie gar nichts mit dem anderen zu tun hätte). Er sah diese Züge, denen eine Geige und ein Kontrabaß vorangingen, in den Dörfern seiner Zeit, und er hatte die Musik im Ohr. Und so läßt er die Musik des Hochzeitszuges im

Gleichnis hören. Man beachte den Baß: Er bringt einen Bogenstrich pro Schritt! Welch ein Realismus!

Ein anderes Beispiel: die Sinfonia des ›Weihnachtsoratoriums‹, in dem Teil des Oratoriums, wo der Text uns unter die Hirten auf dem Feld von Bethlehem versetzt. Wir probten sie in St. Wilhelm, das muß vor mehr als 30 Jahren gewesen sein, und wir versuchten, sie gemäß der Pastorale des ›Messias‹ von Händel zu interpretieren, das heißt daraus eine Hirtenmusik im Pianissimo zu machen. Aber die Musik Bachs stellte uns vor ein Problem. Sie wollte sich dazu nicht hergeben. Die so energischen Siciliano-Rhythmen vertrugen es nicht, im Piano gespielt zu werden. Das Ganze wurde verschwommen, langweilig. So fing ich an, auf dem Heimweg am Staden entlang an einem schönen Winterabend über das Problem nachzudenken. Zuallererst fiel mir die Wechselfolge auf: Streicher mit Flöten einerseits und Oboen andererseits, wie zwei Orchester. Dann erinnerte ich mich daran, daß mir dieser Siciliano-Rhythmus schon etliche Male beim Lesen von Bach-Kantaten aufgefallen war, dort, wo von Engeln die Rede war. Ich sagte mir, daß es da bei Bach eine Ideenassoziation gibt, einen Symbolismus, die Engel, wie sie auf den Wolken des Himmels schweben.

Und plötzlich ging mir das Licht auf. Wir hatten uns durch die Pastorale von Händel in die Irre führen lassen. Bei ihm sind es die Hirten allein, die die Musik ausführen. Aber Bach sieht die Szene, wie sie war: Sie schließt auch die Engel mit ein. Er hat die Vision eines Konzertes, das von den Engeln und den Hirten zugleich abwechselnd gespielt wird. In der nächsten Probe ließen wir die Violinen im Forte spielen, wie es der energische Rhythmus verlangt, diese gewaltige Musik der Engel. Bach stellt sich die Engel in der Art von Rubens vor. Und jetzt sahen wir, daß wir es richtig machten. Es ergab den Kontrast zu der schüchternen Musik der Hirten, die mit ihren Schalmeien auf die Musik antworten, die vom Himmel kommt.

Ein weiteres Beispiel einer musikalischen Vision: der erste Chor der ›Matthäuspassion‹. Das ist nicht eine feierliche Einleitung in das Werk, sondern die Darstellung des Tumultes in den Straßen von Jerusalem, hervorgerufen durch die Verkündung, daß der Herr nun zur Hinrichtung geführt wird; diese Verkündigung übernimmt der Choral ›O Lamm Gottes‹.

Der Librettist lieferte Bach den Text für ein Solo (die Tochter Zion) mit Chor, wie für die Einleitung des zweiten Teiles, wo sie sich auch an ihre Schwestern wendet. Aber bei der Einleitung des ersten Teiles hält sich Bach nicht an die Absicht seines Librettisten. Er sieht die Menschenmenge in Jerusalem, während man Jesus ans Kreuz führt, er hört den Lärm dieser Menge, ihre Schreie, ihre Rufe: und es ist dieser Lärm, den er beschreibt, ihre Fragen, ihre Antworten. Über ihrem Geschrei läßt sich der große Passionschoral ›Lamm Gottes‹ vernehmen. Und deshalb überträgt er den Text, der nach Absicht des Librettisten von der Solostimme der Tochter Zion gesungen werden sollte, einem Chor. Es sind die Massen, die sich in den Straßen gegenseitig anrufen. Aber er hat die Einzahl des Textes bewahrt: ›Kommt ihr Töchter, helft mir klagen‹. Er läßt den Chor einen Text im Singular singen, nicht im Plural. Der Visionär hat dem Text Gewalt angetan. Erst wenn man die Vision verstanden hat, die Bach wiedergeben will, dann weiß man, wie die Musik auszuführen ist. Man gibt alle Versuche auf, das Orchester im Piano beginnen zu lassen, dann ein Crescendo in diese berühmte Einleitung einzuführen und mit einem Decrescendo vor dem Eintritt des Chores zu schließen: Man wird stattdessen die Musik ausdrücken lassen, was sie ausdrückt: den Lärm, die Scharen, die sich hin- und herstoßen, die Schreie, die aus der Menge aufsteigen, die Schritte, die über das Pflaster stampfen (man höre auf die Bewegung des Basses!) – so wird der Hörer bei dieser Einleitung von Entsetzen erfaßt sein.

Nehmen wir jetzt das damit in Verbindung stehende Bild: die Einleitung des zweiten Teiles. Auch hier wendet sich die Tochter Zion an ihre Schwestern, und zwar nachdem Jesus im Garten Gethsemane gefangengenommen worden ist. Die Tochter Zion klagt: »Wo ist mein Jesus hin?« Die Schwestern antworten ihr und vereinigen sich mit ihr und versuchen sie zu trösten, indem sie sie mit sich nehmen, um den verlorenen Meister zu suchen. Hören Sie die Musik. Als allererstes mache ich Sie auf den Rhythmus der Solostimme aufmerksam: auf ihre Stockungen, auf ihre Synkopen. Und ich mache Sie auf die ruhigen Rhythmen aufmerksam, wenn der Chor eintritt. Was bedeutet das? Bach sieht die Tochter Zion im Garten Gethsemane unter den Bäumen umherirren und den Meister suchen. Das wird durch die Schritte, die sie macht, symbolisiert: sie geht in eine Richtung, hält an, dreht sich um, geht wieder in eine andere Richtung, hält von neuem an ... Und nun der zweite Rhythmus, die ruhigen Schritte: die Schwestern kommen, um sie zu führen ... Neues Solo, sie reißt sich los, irrt wieder umher – neuer Eintritt des Chores ... Und diese Schritte muß man im Orchester hören, wenn die Musik die Vision hervorrufen soll, die Bach mit den Tönen übertragen will.

Da wir bei den Schrittrhythmen sind: Nehmen wir in der Passion die Arie, die auf das Rezitativ der Zerknirschung des Judas folgt, wo dieser in den Tempel kommt und die Silberstücke, die er erhalten hat, den Hohenpriestern vor die Füße wirft. In dieser Arie ›Gebt mir meinen Jesus wieder‹ ist von Judas die Rede, der die Silberstücke in den Tempel wirft. Das beschreibt die Musik. Sie malt zuerst die Schritte des Judas, der in den Tempel eintritt und anhält … und dann sind es die hingeworfenen Silberstücke, die über die Steinplatten des Tempels rollen.

Ein weiteres Beispiel: Das Rezitativ hat erzählt, daß Simon von Cyrene gezwungen wurde, das Kreuz zu nehmen, um es zu tragen. Das Arioso und die Arie, dessen Text eine Meditation über das Kreuz ist, das der Christ tragen muß, malen den Gang unter dem Kreuz. Zuerst den strauchelnden Gang – dann den freudigen Gang: »Komm, süßes Kreuz«.

Noch ein Beispiel: Jesus ist am Kreuz. Er wird sterben. Wieder ein Arioso und eine Arie, die die Szene meditieren – und die Musik gibt die Szene wieder. Im Arioso ›Ach Golgatha‹ läßt Bach die Todesglocken ertönen, wie in der Trauerode. In der Arie unter dem Kreuz ›Sehet, Jesus hat die Hand, uns zu fassen, ausgespannt‹ gibt es zwei Motive. Zuerst die Fortdauer des Glokkengeläutes, jedoch ist das nicht mehr die Todesglocke, sondern das freudige Glockenläuten der Erlösung. Und in diesem Läuten symbolisiert eine aufwärtsführende Bewegung Jesus, wie er seine Hand ausstreckt und die Menschheit zu sich zieht.

Ein weiteres Beispiel: Meditation über das Schweigen Jesu vor seinem Richter. Arie ›Geduld, wenn mich falsche Zeugen stechen‹. Die Musik symbolisiert zuerst das Wort Geduld und dann die Bewegung der stechenden Zungen.

In der Arie ›Erbarme dich, mein Gott‹ hört man die Seufzer. Es handelt sich um die Arie mit der berühmten Partie für Violine solo. Gewöhnlich bemühen sich die Solisten, sie so elegant wie möglich zu spielen. Natürlich ist dann die Wirkung zerstört. Man muß sie mit Vehemenz spielen – die Violine seufzen lassen – dann ist es im Geiste Bachs. Gewöhnlich ist auch das Tempo zu langsam.

Aus diesen Beispielen, die ich Ihnen gegeben habe, wird also das deskriptive Element in der Musik Bachs ersichtlich. Wenn Bach Gelegenheit oder Vorwand zur musikalischen Abbildung findet, nutzt er sie aus. Das ist es, was ihn vor allem anderen interessiert. Aber niemals finden Sie bei ihm jene ungeschickten Versuche, etwas in der Musik auszudrücken, was sie nicht klar ausdrücken kann. Er vermeidet die Versuche der musikalischen Erzählung, der Programmusik, diejenige, die nur mit Hilfe eines Kommentares verstanden werden kann. Bachs Musik ist immer aus sich selbst verständlich.

Das Deskriptive liegt bei ihm im Thema und nicht in der musikalischen Entwicklung. Das Thema ist deskriptiv, aber die Entwicklung des Stückes vollzieht sich allein nach den Gesetzen der musikalischen Entwicklung. Und das Deskriptive nimmt so stark an seiner musikalischen Erfindung teil, daß er, so gut wie er es vermag, auch Gefühle durch deskriptive Symbole überträgt. Er wendet sich an die bildliche Vorstellung seines Hörers. Er drückt sich durch die Zeichnung aus, durch Rhythmen[10].

Eine große Rolle spielen bei ihm die Schrittmotive. Der zuversichtliche Glaube wird durch sichere Schritte ausgedrückt, der schwache Glaube durch wankende Schritte. Die Trauer und der Schmerz durch Seufzer, der Tod durch das Schlagen der Todesglocke.

Es gibt bei Bach den Rhythmus der überschwenglichen Freude  , den wir im ›Laudamus te‹ der ›h-moll-Messe‹ antreffen, in den Kantaten, in den Choralvorspielen, zum Beispiel, um das Nunc dimittis darzustellen, und im Choral ›Wer nur den lieben Gott läßt walten‹. Der Rhythmus der träumerischen, mystischen Freude 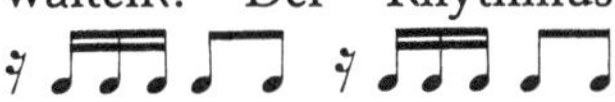 dient dazu, die Freude des ewigen Lebens in ›Alle Menschen müssen sterben‹ und ›Jesu, meine Freude‹ zu malen. Die Glückseligkeit und Zufriedenheit der Seele: Wiegen- und Siziliano-Rhythmen[11].

Und er sucht nicht zu variieren. Niemals hat er Angst, sich zu wiederholen. Diese Formeln und Symbole kommen in seinem Werk immer wieder vor. Bei Bach gibt es wirklich Elemente einer musikalischen Sprache, die schon in seinen Jugendwerken ausgebildet ist.

Aber natürlich verzichtet er auf das Deskriptive, wenn der Text ihm dazu keine Gelegenheit bietet. Dann beschränkt er sich darauf, in seine Musik ein Gefühl hineinzulegen, das der Hörer dort wiederfinden soll, ausdrucksvoll, ohne deskriptiv zu sein. Und hier berühren wir das große Geheimnis der musikalischen Wirkung an sich. Die Musik überträgt einen Seelenzustand und läßt mich diesen Seelenzustand nacherleben. Sie übermittelt einen Seelenzustand. Das ist die Macht der Bachschen Musik, das Geheimnis, das in ihr liegt.

Welche Stimmung herrscht in seiner Musik vor? Die friedvolle Ruhe und Heiterkeit, nicht die Leidenschaft und nicht die Erregtheit. Dieser große Realist der musikalischen Darstellung ruft solche Gefühle hervor. Beethoven und er haben nichts miteinander gemein. Mit Beethoven erleben wir die Kämpfe, die sich in der menschlichen Seele abspielen, die Verzweiflung, die Glückseligkeit. Seine Musik überträgt alles, was sich im menschlichen Herzen abspielen kann, alles, was es an Leid und Freude erlebt.

---

10 Randbemerkung: Abbilden von Gefühlen und Ideen durch entsprechende Bewegungen. Vollzieht sich durch Assoziationen.

11 Randbemerkung: Quälender Schmerz: Chromatisches Motiv. – Schmerz – alle Nuancen des Schmerzes: Schluchzer, Seufzer; der edle Schmerz.

Bei Bach spricht durch die Musik eine Seele zu uns, die die Welt schon überwunden hat. Es gibt nichts Leidenschaftliches in ihr, wie realistisch sie auch sein mag. Die Leidenschaft und die Freude tragen schon den Stempel der Verklärtheit. Die Musik will uns erheben, in eine andere Welt versetzen. Bach steht über den Kämpfen, seine Musik ist von Verklärtheit geprägt, auch die weltliche Musik. Diesen inneren Frieden finden Sie auch in den Präludien und Fugen des ›Wohltemperierten Klaviers‹.

Durch die Musik Bachs spricht ein Mystiker zu uns, der, seine Aufgaben in der Welt voll erfüllend, dennoch nicht mehr in dieser Welt steht, der zum Frieden gelangt ist, den Frieden in sich trägt, der ihn über diese Welt erhebt. Er steht im Einklang mit dem Unendlichen, seine Musik will uns erheben, uns aus dieser Welt hinausgelangen lassen.

Bach ist der große Mystiker, der sich in der mystischen Sprache der Musik ausdrückt. Ein Prediger. Durch ihn werden wir über diese Welt erhoben. So versteht man ihn wirklich. Die Verklärtheit ist die Seele seiner Musik. Und das Kind, das die zwei- und dreistimmigen Inventionen übt, das noch mit den technischen Schwierigkeiten dieser Musik kämpft, es wird, ohne sich dessen bewußt zu werden, von dieser mystischen Verklärtheit berührt. Mit Bach tritt es in Verbindung mit dem Unendlichen.

So ist Bach also der große Meister der musikalischen Architektonik, der Maler in Musik, der Dichter – und der Mystiker.

Nun noch einige Worte über die Art der Wiedergabe der Bachschen Musik.

1. Sie ist Architektur, Bauwerke in Klanglinien. Man muß diese Gebäude errichten. Macht daraus keine Wasserfälle, in denen er ertrinkt.
2. Das Tempo ist immer mindestens um ein Drittel zu schnell.
3. Man muß die Klanglinie leben lassen – die Phrasierung, die Bindungen –, sie lebendig werden lassen. Zeigen, wie sie sich ineinander fügen, wohin sie streben. Bach ist nicht Cembalist. Das Klavier ist gefährlich. Gewöhnt uns daran, nur die Noten aufeinander folgen zu lassen. Gefährlich für die Komponisten[12]. Die Stimme – der Bogen. Bach ist vor allem Violinist. Seine Themen und Linien sind von der Violine inspiriert. Spielen Sie die Werke Bachs, als wenn Sie sie mit einem Bogen ausführen würden. Vergessen Sie das Klavier. Das ›Wohltemperierte Klavier‹ für Streichquartett! Mozart hat Fugen des ›Wohltemperierten Klaviers‹ für Streichquartett transkribiert.
4. Phrasieren bedeutet akzentuieren. Nur durch die Akzente gelingt es Ihnen, den Perioden Leben zu geben. Und hier eine Besonderheit, auf die ich

[12] Randbemerkung: Berlioz war glücklich, nicht Klavier spielen zu können.

Sie aufmerksam machen muß: In den Themen und Motiven liegt der Akzent niemals auf der schweren Taktzeit. Die Akzente des Themas verschmelzen nicht mit denen des Taktes! Dieses ist das Charakteristischste bei den Komponisten Felix Mendelssohn, Mozart und Chopin: immer verschmelzen Thema und Takt. Der Rhythmus des Themas ist aus dem des Taktes geboren. Bachs Musik ist gegentaktig. Das Thema hat seinen eigenen Rhythmus. Die große Kunst, Verse zu sprechen, ist es, vergessen zu lassen, daß es Verse sind. So muß man bei Bach den Takt vergessen lassen. Welch ein Leben erwächst aus diesen Linien, wenn man der Phrasierung und dem Akzent Geltung verschafft.

5. Veränderung des Tempos. Beschleunigungen, Verlangsamen? Oder auf die starre, klassische Art spielen, nach Metronom? Das ist falsch. Kein einförmiges Tempo, aber auch keine Veränderungen, wie in der modernen Musik, die die Einheit der Bewegung [bei Bach] zerstören würde. Unmerkliche Veränderungen im Detail. Anspannen, Entspannen.

6. Die Nuancen. Nicht die Nuancen verzieren, würzen. Die Ausgabe des ›Wohltemperierten Klaviers‹ von Czerny ist überladen mit Nuancen. Sie zerstören den Plan und die Linie. Nur die Nuancen, die die Musik verlangt:

a) um den Gesamtplan zur Geltung zu bringen, Gegensätze, Abstufungen. Nicht gefühlsbetonte Musik, Bach auf dem Akkordeon spielen.

b) Nuancen der Deklamation im Bereich des Forte und des Piano. Nichts Willkürliches.

7. Der Geist. Alles bisherige ist nur das Äußerliche. Den Geist reden lassen, niemals nur unterhalten. Und den Geist können Sie nur sprechen lassen, wenn Sie vom Geist erfüllt worden sind, durch die Seele, die in der Musik ist, durch den inneren Frieden. Andernfalls geben Sie nur die Noten mit mehr oder weniger Geschick wieder ...[13].

Erläuterungen

Der Text ist ein Vortrag, den Schweitzer am 30. Mai 1936 in Lausanne und am 5. Juni 1936 in der Gesellschaft der Freunde des Konservatoriums in Straßburg in französischer Sprache hielt. Er ist bisher unveröffentlicht.
(Nachlaß AS, sac 69, Zentralbibliothek Zürich)
Übersetzung aus dem Französischen: Stefan Hanheide/Gustav Woytt

---

13 Randbemerkung: Wenn Sie in eine Stadt kommen und ein Plakat finden: ›Matthäuspassion‹, 250 Sänger, dann gibt es nur eines: Retten Sie sich!

Persönlichkeiten und Institutionen des Musiklebens

Eugen Münch (1898)

Eugen Münch wurde am 3. April 1857 in Dorlisheim geboren, wo sein Vater das Schulmeister- und Organistenamt versah. Ein Jahr darauf siedelten seine Eltern nach Niederbronn um. In dieser kleinen, hübschen, elsässischen Stadt verbrachte Eugen Münch seine Jugendjahre. Nach dem Verlust einer älteren Schwester, die in ihrem 9. Lebensjahre ihren Eltern durch Krankheit genommen wurde, verschonte der Tod dieses Haus während langer Jahre, wo sechs Kinder unter dem strengen Regiment eines Vaters aufwuchsen, den alle schätzten, die ihn kennengelernt hatten. Schon sehr früh zeigte sich bei Eugen eine deutliche Neigung zur Musik, der Vater selbst leitete die musikalische Ausbildung seiner Kinder, und er legte das Fundament für die künstlerische Laufbahn seines ältesten Sohnes, indem er ihn in die Welt Bachs einführte. Eugen Münch liebte später zu bemerken, daß das ›Wohltemperierte Klavier‹ von Bach sein tägliches Brot von Kindesbeinen auf gewesen sei. Sonntags, wenn sein Vater im Gottesdienst die Orgel spielte, hielt er sich an seiner Seite, bald war er imstande, ihn zu vertreten. Mit 16 Jahren trat er in das Lehrerseminar zu Straßburg ein, nachdem er sein Abschlußexamen bestanden hatte, blieb er 7 Jahre als Helfer und Kollege seines Vaters in Niederbronn. 1883 verwirklichte sich ein Traum: er ging mit seinem Bruder Ernst nach Berlin, um dort Musik zu studieren. Prof. Haupt, der Orgellehrer der dortigen Musikhochschule, hatte ein lebhaftes Interesse an diesen beiden jungen Elsässern, die er zu seinen besten Schülern zählte. Und als er sie aus dem Blick verloren hatte, versäumte er nie, sich nach ihnen zu erkundigen.

Nach seiner Rückkehr nach Niederbronn nahm Eugen Münch seine Tätigkeit als Volksschullehrer wieder auf und gründete dort einen Kirchenchor, der allerdings nach seinem Weggang nur wenige Monate Bestand hatte. 1885 wurde er zum Organisten der protestantischen Kirche zu Mülhausen berufen, und in dieser Stadt sollte er von nun an die Entwicklung seiner künstlerischen Karriere verfolgen und sein Heim gründen: im Februar 1886 heiratete er Fräulein Beckenhaupt aus Weissenburg. Das junge Paar erfuhr einen tiefen Schmerz durch den Tod seines ersten Kindes, eines kleinen Mädchens. Erst mit der Geburt ihres Sohnes Ernst hellte sich das Schicksal wieder auf; sechs Kinder wurden nacheinander geboren und erfüllten das

Haus mit Fröhlichkeit. 1889 verlor Eugen Münch schmerzlicherweise seinen Vater. Ein Herzleiden raffte ihn hinweg, ohne daß er noch miterleben konnte, wie sein ältester Sohn die letzten Stufen seiner Karriere erreichte, deren Anfänge ihn außerordentlich beglückt hatten.

Als Münch nach Mülhausen kam, war er hauptsächlich Organist, und durch das schöne Instrument, das ihm anvertraut war, offenbarte sich zuallererst unserem Publikum sein Talent. Zu jener Zeit war er noch nicht der große Orgelspieler, als den wir ihn in seinen letzten Jahren kannten, er kam vom Konservatorium, er war noch Schüler. In Mülhausen fand er unter allen anderen vorstellbaren diejenige Orgel, die am besten seiner Persönlichkeit entsprach, man kann sagen, daß dieses Instrument seine Ausbildung zum Orgelspieler zu Ende gebracht hat und ihn zu jener Höhe führte, auf der wir ihn bewunderten. Der bemerkenswerte Klang und die Zartheit der Tongebung bei dieser Orgel luden ihn ein zur Verfeinerung der Registrierung, wo er Hervorragendes leistete. Die Schwierigkeiten, die das Instrument infolge eines Fehlers in der Mechanik einem genauen und sauberen Vortrag entgegensetzte, geboten ihm jene Ruhe und Stille, die seinem Spiel einen großartigen und majestätischen Charakter verliehen. Das Instrument forderte von ihm Zartheit und Ruhe, und seine Veranlagung entsprach dem. Und trotzdem, diese Harmonie zwischen dem Charakter des Instruments und der Persönlichkeit seines Spielers allein hätte noch keinen großen Künstler zustande gebracht, wenn nicht Eugen Münch die Verbissenheit und die unermüdliche Energie besessen hätte, welche Voraussetzung jeglichen künstlerischen Erfolges sind. Mehr als alle anderen Instrumente fordert die Orgel von denen, die sich ihr nähern, die Haltung von Dienern, bevor sie diese später als Meister anerkennt und ihnen gehorcht.

Durch unermüdliche Arbeit hatte sich Eugen Münch eine bemerkenswerte Technik angeeignet. Seine Hände und seine Füße gehorchten ihm in bewundernswürdiger Weise. Gleichzeitig verfügte er über einen Anschlag, der weitaus bekanntere Organisten hätte neidisch machen können. Sein Anschlag war von außerordentlicher Weichheit, ihn nachzumachen war unmöglich. Diese Spieleigenschaft hat sämtliche Organisten, die ihn hörten, erstaunt, und sie gab seinem Spiel eine ganz eigentümliche Note. Eines Tages behauptete er lachend, daß ein guter Organist beim Fortissimospiel sogar dahinkommen müsse, durch seinen Anschlag beim Hörer die Illusion von Crescendo und Decrescendo zu erzeugen. Diese Worte machen deutlich, welche Bedeutung er dem Anschlag für das Orgelspiel beimaß. Trotzdem entging den Laien diese Eigenschaft; eine andere faszinierte sie um so mehr, weil sie dem Ohr leichter zugänglich war: ich will von der Registrierung sprechen. Durch unablässiges Arbeiten war er dahin gelangt, alle Klangkombinationen, die sein reiches Instrument ermöglichte, herauszufinden. Während einer gewissen Zeit hatte er auf der Orgel ein Blatt Papier, auf dem er alle Versuchskombinationen, von der einfachsten bis hin zur exotischen, notierte. Selbst Kühnheiten, die beim ersten Hinsehen unmöglich schienen, gelangen ihm dank seiner Erfahrung bewundernswürdig. Für jedes Thema in einer Bach-Fuge suchte er pausenlos nach demjenigen Klangcharakter, der ihm entsprach. Aber er gab sich nicht etwa schon damit zufrieden, den zu den einzelnen Abschnitten gehörigen Klang herauszufinden, sondern, was er vorrangig im Sinn hatte, war die Harmonie unter allen Klangvariationen, damit das Gesamtwerk den Eindruck vollkommener Geschlossenheit vermittle. Solche Arbeit kannte für ihn niemals ein Ende.

Er verbesserte, notierte, radierte ohne Unterbrechung, um sofort wieder von vorne anzufangen. Wenn man einen Blick in seine Hefte wirft, kann man sich eine Vorstellung von dieser Arbeit machen. Oft finden sich fünf oder sechs Registrierungen für das gleiche Stück notiert, und jede Registration ist das Ergebnis langen Nachdenkens und zahlreicher Versuche. Jahrelang hat er an der Registrierung der Toccata von Bach gearbeitet, zweimal hat er dieses Meisterwerk in Orgelkonzerten gespielt, desgleichen die Passacaglia c-moll. Im kleinen Kreis konnte er das gleiche Stück zehnmal hintereinander spielen, es immer wieder umgestaltend, wechselnd und verbessernd, um es ein weiteres Mal vorzunehmen. Die Wirkungen, die er mit seiner Registrierung erzeugte, wenn er Soloinstrumente begleitete, waren überraschend. (Ich denke an seine Orgelkonzerte mit Adolphe Stiehle.)

Eines Tages, während einer solchen Veranstaltung, in der sich der wundervolle Geigenton Stiehles mit dem außerordentlichen Spiel Münchs mischte, konnte einer der Anwesenden nicht anders als sagen: »Welch glückliche Vermählung!« Es war genau das. Und trotz der Qualitäten seines Anschlags und seiner Registrierung wäre Eugen Münch nicht jener wundervolle Orgelspieler gewesen, wenn er nicht noch seinem Vortrag jenen klaren und einfachen Phrasierungsstil beigefügt hätte, der erst den Zusammenhalt jener beiden Eigenschaften herstellte, die wir gerade unterstrichen haben. Was die Phrasierung anbelangt, so war er unfehlbar. Einfachheit, Wahrheit und guter Geschmack bildeten darin die Elemente. Niemals hat er sie zugunsten von Registrierungseffekten geopfert. Vor allem suchte er die großen Linien hervortreten zu lassen, das, was er »Plastik des Orgelspiels« nannte.

Er liebte es, diese Arbeit mit der des Bildhauers zu vergleichen, der aus einem Marmorblock die harmonischen Formen menschlicher Schönheit ins

Licht treten läßt. Diese Eigenschaft machte ihn als Organisten großartig, und verbunden mit seinem Talent als Begleiter rief es überraschende Wirkungen hervor.

Das letzte Mal, da er in Straßburg spielte – er versah die Orgel bei der Aufführung der Bachschen ›h-moll-Messe‹ –, hat seine Art, die plastische Struktur des ersten Chores hervortreten zu lassen, alle diejenigen in Erstaunen versetzt, die den wirklichen Wert dieser künstlerischen Tat zu schätzen wußten; es war wie eine Offenbarung! Sein Spiel war schön und einfach, oder besser: es war schön, weil es einfach war. Alle Mätzchen, welche die Entwicklung der Schönheit der Form eines Werkes hätten behindern können, waren ihm unsympathisch. Klangfarben, die sie verdunkelten, waren nicht zugelassen. »Man muß geizig sein mit dem Fortissimo auf der Orgel«, sagte er eines Tages. »Die Hörer müssen das Fortissimo fühlen, bevor es kommt, sie müssen es erwarten, ihm auflauern, ja, es sogar hören, bevor es sie niederschmettert!«

Welcher Scharfsinn, und doch: welche Wahrheit des Fühlens!

Kompliziertheit und Einfaches, Kunst und Natürlichkeit vereinigten sich auf glückhafte Weise in diesem Genie von einem Organisten. Sie gaben seinem Vortrag stets jenen Charakter klassischer Schönheit, den alle in seinem Spiel bewunderten. Er wußte alles zu nutzen und verabscheute lediglich Pedanterie; diese aber um so gründlicher.

Dies waren die Spieleigenschaften des Orgelvirtuosen. Mit allen Kollegen konnte er sich messen, viele von ihnen ließ er hinter sich. Oft habe ich mich gefragt, warum Münch nicht reiste, warum er sich nicht mit Orgelkonzerten in großen Städten einen Namen zu machen suchte, der sich auch außerhalb der Grenzen unseres Elsasses einprägte. Wenn man ihm eine diesbezügliche Frage gestellt hätte, so würde er sicherlich geantwortet haben: »Ich will kein Virtuose sein, ich will Organist sein.« Diejenigen, die ihn nur bei Konzerten gehört haben, haben niemals den wirklichen Organisten Münch kennengelernt. Aber die, die ihn alle Sonntage im Gottesdienst hörten, haben ihn verstanden. Die Orgel in einem Konzertsaal ließ ihn kalt, die Orgel für ein Konzert in der Kirche fand er interessant, das Orgelspiel im Gottesdienst aber – das war sein Leben und seine Beglückung. Dort goß er seine ganze Seele aus, indem er das Beste gab, was er als Mensch und Künstler besaß. Mit ausgesuchtem Geschmack wußte er Stücke auszuwählen, die dem Charakter des jeweiligen Gottesdienstes entsprachen. Niemals hat er sich dahzu hinreißen lassen, etwas zu spielen, was nicht in den Rahmen protestantischer Orgelmusik gepaßt hätte. Trotzdem war er nicht kleinlich. Ich habe ihn im Gottesdienst langsame Sätze aus Beethoven-Sonaten spielen hören und Couranten aus Klaviersuiten von Bach. Aber auf der Orgel nahm die Leidenschaft der Adagios von Beethoven durch seine Wiedergabe einen strengen und religiösen Charakter an, die Heiterkeit Bachscher Courantes aber eine majestätische Würde.

Seine Vorbereitung auf seine Tätigkeit innerhalb des Gottesdienstes bestand darin, die Choralvorspiele des 5. Bandes von Bach zu spielen. Ihrer bediente er sich mit Vorliebe im Gottesdienst, und viele, deren musikalisches Verständnis sich nicht auf Anhieb der frommen Schönheit dieser Stücke öffnete, haben sie durch wiederholtes Hören in einem Zustand der Andacht lieben gelernt. Und dank der Auslegung, die Münch ihnen zu geben wußte, haben sie den Geist begriffen, den der große Meister von Leipzig in sie gelegt hat.

Eines Tages sagte er: »Wenn ich alle Art von Musik überhabe, so finde ich doch immer wieder den Hauch der Kunst, den ich vergeblich suchte, sobald ich auf die Choralvorspiele zurückkomme.« Diesen Atem religiöser Kunst verstand er einem andächtigen Publikum zu übermitteln. Das Bewußtsein, zur Verschönerung des Gottesdienstes beizutragen, religiöse Vorstellungen in Musik zu übertragen, »auf der Orgel zu predigen«, wie er zu sagen pflegte, dies alles bereitete dem Organisten eine tiefere Befriedigung, als es große Zeitungsartikel und der Beifall eines Konzertpublikums für den Virtuosen je hätten sein können. Er war Virtuose, um – seines Titels würdig – Organist sein zu können. Ein Konzertpublikum vergißt schnell. Eine Gemeinschaft aber, errichtet von ihrem Organisten, bewahrt ein unauslöschliches Andenken, es ist, als wäre ein Hauch seines Wesens am Instrument verblieben und hätte es geadelt.

Wenn man sagen kann, daß die Mülhausener Orgel die Heranbildung ihres Organisten gefördert hat, so liegt nicht weniger Wahrheit darin, daß der »Chant sacré« [Name des Mülhauser Chores] den Musiker, den Chorleiter geformt hat. Zwischen ihm und dem »Chant sacré« gab es so etwas wie wechselseitigen Unterricht. Ohne diese Gemeinschaft hätte er nie die Gelegenheit gehabt, Bachs ›Matthäuspassion‹ oder das ›Requiem‹ von Berlioz zu dirigieren. Er wäre der bemerkenswerte Organist geblieben, aber er hätte nicht jener Universalmusiker werden können, der er in Wirklichkeit war. Ohne ihn hätte das musikalische Mülhausen nicht jenes Kunstzentrum gehabt, wo sich die Schönheit sakraler, klassischer und moderner Musik einem Publikum offenbarte, das gewohnt war, anderswo solcherart Erbauung zu suchen. Diese Entwicklung war das Ergebnis ernsthaften Bemühens während langer Jahre sowohl von seiten des Chorleiters als auch von seiten der Mitglieder der »Société« [Chorgemeinschaft]. Welcher Unterschied zwischen jenem Tag, an welchem Münch von einem bescheidenen Chor in der Ecke links von der Orgel den Bach-Choral ›Jesu meine Freude‹ singen ließ, und jenem Augenblick, wo er, von vornehmem Stolz beflügelt, mit entschiedener Geste den Einsatz für das ›Requiem‹ von Berlioz gab, und das vor einem Chor, der völlig den Anforderungen der schwierigen Aufgabe genügte.

Es wäre falsch zu sagen, Eugen Münch habe besondere Voraussetzungen als Chorleiter oder als Orchesterdirigent gehabt. Im Gegenteil: er hatte vielleicht mehr Schwierigkeiten zu überwinden als mancher andere. Diese Art musikalischer Praxis war ihm vollkommen fremd, als er nach Mülhausen kam. Wenn er es geschafft hat, jener tüchtige Chorleiter zu sein, als den die Aufführungen der ›Matthäuspassion‹ von Bach oder des ›Requiems‹ von Berlioz ihn uns gezeigt haben, so hat er dieses Ziel nur durch immenses Arbeiten erreicht. Er kannte die Partituren, die er dirigieren wollte, auswendig. Sogar während seiner letzten Krankheit, als die ›Matthäuspassion‹ von Bach und das ›Requiem‹ von Berlioz seinen Geist in Anspruch nahmen, machte sein Gedächtnis weder bei einem Einsatz noch bei einem Rezitativ den geringsten Fehler. Zwei Fähigkeiten – unter anderen – besaß er, die sich ihm bei seiner Entwicklung zum Chorleiter als große Hilfe erwiesen: seine Bescheidenheit und seine Geduld. Er verlangte nicht zu viel vom Chor und setzte ihm auch nicht sofort allzu schwere Aufgaben vor, er ließ vielmehr langsam und stetig voranschreiten, um sicher am idealen Ziel anzulangen, das er sich gesteckt hatte: die Aufführung der Meisterwerke sakraler Musik. Wie viele Male, bevor er die ›Matthäuspassion‹ bringen konnte, ist er am Klavier die wunderbare Partitur durchgegangen, wie viele Male hat er – wie im Traume – das langsame Zeitmaß des Eingangschores geschlagen; dann klappte er die Noten wieder zu – noch nicht, zu früh!

Für ein anderes Monumentalwerk Bachs, das er eines Tages aufzuführen träumte – die ›h-moll-Messe‹, müssen wir traurig sagen: zu spät!

Die Aufführung der ›Matthäuspassion‹ machte einen der schönsten Tage seines Lebens aus. Am Abend nach dem Konzert waren wir bei ihm versammelt. Sein Gesicht strahlte wie das eines glücklichen Kindes. Dann wandte er sich plötzlich seinem Bruder zu und sagte: »Wenn doch mein Vater noch unter uns wäre, um meine Freude zu teilen!« Sicherlich hätte nur sein Vater diese seine Beglückung völlig verstehen können.

Ein Augenblick des Ausruhens, des Genießens, dann weiter vorwärts!

Oft genug war dieser Marsch nach vorn hart und freudlos. Der Übungssaal gab nicht immer einen Ort der Wonne für ihn ab, denn häufig kamen die Mitglieder, aus denen sich der Chor zusammensetzte, unausgebildet zu ihm, und er mußte sich mit Geduld wappnen und Arbeit, die er schon erledigt glaubte, von vorn beginnen. Falsche Töne, miserable Intonation – wie litten seine Ohren nach den Anstrengungen des Tages darunter!

Seine Bemerkungen hatten oft einen nervösen Unterton, etwas Flehendes, das seine Qualen verriet, vor allem während des letzten Winters, wo er in einen Zustand von Niedergeschlagenheit geraten war, den nur die Menschen seiner engeren Umgebung zu beurteilen vermochten. Durch Geduld erreichte er es, dem Chor, der aus völlig verschieden gearteten Leuten bestand, einen Zusammenhalt zu geben. Die Mitglieder kamen auch nicht um des »Chant sacré« willen: man aß in aller Eile, man bot dem schlechten Wetter die Stirn – für Herrn Münch! Er war sich dessen bewußt und dankbar dafür, obgleich seine Worte seine Gefühle nicht so wiedergeben konnten, wie er es eigentlich beabsichtigt hatte – er was kein Redner, vor dem Chor schon gar nicht. Seine Auslassungen anläßlich der ersten Probe in der Saison oder nach einem Konzert waren Rezitative, unterbrochen von auf dem Harmonium angeschlagenen Akkorden. Wenngleich er also kein Redner war, hatte er doch eine ganz eigentümliche Begabung, sich mit wenigen Worten verständlich zu machen und seine Ideen so zu beschreiben, wie sie in ihm lebten.

»Meine Damen, weinen Sie«, hatte er eines Tages in der Probe zu Mozarts ›Requiem‹ gesagt, als der Chor für das ›Lacrimosa‹ nicht die Intonation fand, die ihm vorschwebte. Er sagte das mit einer derartigen Überzeugungskraft, daß man davon eingenommen war. Seine ironischen Nachahmungen, die er häufig anwandte, waren zwar nicht immer schmeichelhaft, trotzdem verzieh man ihm, weil das schließliche Ergebnis alle zufriedenstellte.

Die Konzerte des »Chant sacré« waren alle erfolgreich, weil nichts dem Zufall überlassen und alles gründlich vorbereitet wurde. Jedes Konzert brachte einen Schritt nach vorn. Wie bei seinem Orgelspiel, so verliehen bei den Choraufführungen Zartheit der Tongebung und Plastizität der Phrasierung den Werken, die er dirigierte, einen ganz besonderen Zauber. Man spürte, wie die Persönlichkeit des Chorleiters den Chor selbst durchdrungen hatte. Es war eine bemerkenswerte Einheit, die den Aufführungen ihr unverwechselbares Siegel aufdrückte. So hatte z.B. das ›Halleluja‹ aus dem ›Messias‹ unter ihm mehr Vornehmheit als niederschmetternde Größe. Der immer wieder neue Erfolg schaffte ein von Tag zu Tag enger werdendes Band zwischen dem Chor und seinem Leiter. Die Société sah in ihm nicht nur den Direktor, sondern auch den Künstler, dessen Bedürfnisse sie kannte und verstand. Sie wußte, daß man nicht andauernd nur produzieren kann, ohne von Zeit zu Zeit eine Anregung von außen zu empfangen, die neue Ideen bringt und den Horizont erweitert. Man verschaffte ihm den Genuß, Neues zu hören und zu sehen und aus der künstlerischen Isolation herauszukommen, in der er sich in Mülhausen befand, indem man ihn nach Bayreuth schickte.

Die Société glaubte sicherlich, ihm einen großen Gefallen damit zu tun. Aber es ist ganz unmöglich, daß sie sich je eine Vorstellung davon machen konnte, mit welch überschäumender Freude ihn diese Reise erfüllt hat, weil er nicht der Mensch war, der seine innersten Gefühle kundzutun verstand.

Diese Reise nach Bayreuth wurde zum Glanzpunkt seiner letzten Jahre. Er reiste mit gründlicher Kenntnis der Partituren dorthin. Und dort hat er erhabene Augenblicke erleben dürfen. Orchester, Sänger, ›Parsifal‹, ›Götterdämmerung‹ – er träumte und sprach oft davon. Man kann keinen Blick auf seine Briefe aus Bayreuth werfen, ohne bewegt zu sein von dem Glücksgefühl, das sie verströmen.

Ich habe ihn kurz darauf im Münstertal gesehen. Wir hatten uns an den Wegrand gesetzt, es war ein herrlicher Septembertag. Der Dunst, der die Berglinien verschwimmen ließ, kündigte bereits den Herbst an. Wir tauschten Erinnerungen an Bayreuth aus: »Oh, die letzten Seiten der ›Götterdämmerung‹, wo die Themen der ganzen Tetralogie zusammendrängen und in den Abgrund stürzen, wo die Welt in Trümmer sinkt!« sagte er. »Und ›Parsifal‹, diese Musik, diese Klangorgie, sie treibt einen an, erhebt einen, führt immer höher, immer höher, man fühlt die Erde nicht mehr, sie verschwindet... ich muß unbedingt dahin zurück, um es wieder zu sehen, um es erneut zu hören!«

Ein Jahr danach, am gleichen Tag, verkündet das Trauergeläute der Glokken von Niederbronn, daß die Seele eines Künstlers sich emporgeschwungen hat, höher, immer höher ... sie hatte die Erde hinter sich gelassen.

Diese Reise nach Bayreuth leitete eine neue Epoche im künstlerischen Schaffen von Eugen Münch ein. Er kehrte mit dem Vorsatz zurück, sein Talent nicht nur den Meisterwerken sakraler Musik zu widmen, sondern ebenso denen der Profanmusik. In Bayreuth wurden ihm die engen Bindungen bewußt, die zwischen weltlicher und geistlicher Musik bestehen. Er spürte zutiefst, wieviel an religiösem Charakter die Meisterwerke musikalischer Tragödien durch den Wert der Schönheit ihrer Musik in sich tragen. Schon machte er Andeutungen, eines Tages die Neunte Symphonie von Beethoven in Mülhausen zu geben. Darum ist es kein Zufall, wenn er sich vergangenen Winter hauptsächlich mit Beethoven und Berlioz beschäftigt hat, jenen beiden Vertretern der Profanmusik, die den Stil dieser Musik auf die Sakralmusik übertragen haben, der eine im ›Requiem‹, der andere in der ›Missa solemnis‹. Formen und Wirkungen sind von der weltlichen Musik ausgeliehen, der Inhalt und ihr großartiger Charakter weisen sie als religiös aus.

Die Ansprache, die Münch bei der ersten Probe des »Chant sacré« nach seiner Rückkehr hielt, ließ klar die neue Richtung, die seine Arbeit fürderhin nehmen sollte, erkennen: er nahm zu jener Zeit auch die Leitung der »Sainte Cécile«, deren Mitglieder ihm eine große Hilfe bei der Aufführung des ›Requiems‹ von Berlioz bedeuteten, wieder auf.

In seinem Kopf hatte sich dieser Wechsel, besser diese Entwicklung, schon lange vorher angebahnt, nämlich von dem Tage an, an dem er begonnen hatte, Musikästhetik zu studieren. Zuallererst hatte es ihm Lessing angetan. Er studierte ihn mit Vergnügen und kam oft auf ihn zurück. Die Spuren, die das Studium dieses großen Kunsttheoretikers hinterlassen hatten, waren von gewaltigem Einfluß auf seine Entwicklung. Hier nämlich ahnte er die Einheit der Gesetze der Schönheit und der Wahrheit. Später, in seinen letzten Jahren, waren es ganz besonders die theoretischen Arbeiten der Französischen Schule, die ihn beschäftigten. Er las viel davon, und der Genuß dieser Lektüre versöhnte ihn mit der modernen Kunst in Frankreich, deren zeitgenössische musikalische Schöpfungen ihm wenig sympathisch waren. Das Studium der Wagnerschen Werke vor seiner Reise nach Bayreuth zog ihn noch tiefer in diese Arbeit hinein. Es bereitete ihm viel Freude, rein musikalische Fragen zu durchforschen und sie auf eine breitere Grundlage zu stellen, nämlich auf die der Kunst im allgemeinen. Hier wiederum traf er sich mit Beethoven, der versucht hatte, die Gesamtheit der literarischen und intellektuellen Strömungen seiner Zeit musikalisch zu erfassen.

Die Partitur der ›Missa solemnis‹ trieb ihn an, verfolgte ihn – er studierte dieses Werk nicht, er durchlebte es. Sein letzter Wunsch, es vollständig und mit Orchester zu dirigieren, und sei es auch nur als Probe, wurde Wirklichkeit. Dies gestaltete sich für ihn zu einem Genuß schlechthin. Er hörte das Werk nicht so, wie Chor und Orchester es ausführten, er machte keine Rechnung über die Fehler während dieser Probe auf, er hörte die Messe von Beethoven in ihrer ganzen Vollkommenheit. Beim Schließen der Partitur nach der letzten Probe sagte er, durch und durch glücklich: »Es war nicht vollkommen schön, aber ich habe das Werk gehört. Jetzt kenne ich es.« – Dies war seine letzte Freude auf dem Felde der Kunst.

Wenn Münch auch auf die Gesamtheit des Kunstlebens von Mülhausen nicht den Einfluß ausgeübt hat, den er erträumte, und wenn er nicht nur für die Seinen, sondern auch für das Ziel, das in Mülhausen zu erreichen noch ausstand, zu früh von uns gegangen ist, so bleibt doch unverlierbar, was er in dieser Sphäre geschaffen hat. Eines Tages wird, was er gepflanzt hat, seine Früchte tragen. Wie merkwürdig! Auf eine der letzten Seiten der ›Missa‹ von Beethoven hat er mit Bleistift folgendes Zitat geschrieben: »Genug, wenn Welle Welle trieb und ohne Namen Wirkung blieb.«

Dieses also war die öffentliche Seite seines künstlerischen Wirkens. Sie war glückhaft. Große Enttäuschungen und das Gefühl zu arbeiten, ohne irgendeinen Erfolg zu sehen, blieben ihm erspart.

Neben der idealen Seite seines Künstlerdaseins sah er sich – wie fast alle seine Kollegen – gezwungen, auch die prosaische eines Musikerlebens zu kultivieren: Er gab Unterricht, und das den ganzen Tag. Sein pädagogisches Talent – geformt im Lehrerseminar zu Straßburg – sicherte ihm eine unbestreitbare Überlegenheit beim musikalischen Unterricht. Lachend meinte er dazu, um guten Musikunterricht geben zu können, müsse man erst von Beruf und aus Berufung ›Schulmeister‹ gewesen sein.

Seine ruhige und wohlwollende Art, Bemerkungen zu machen, verscheuchte sehr schnell Verlegenheit und Schüchternheit bei seinen Schülern und schwächte die Ironie ab, mit der er seine Kritik zu würzen pflegte. Diese Kritik war streng. Um so mehr Wert besaß dann aber auch ein lobendes Wort aus seinem Munde. Die Stunden waren durchweg interessant. In der Regel spielte er selbst den Schülern die Stücke vor, die er ihnen zum Studium aufgab, und er fügte seine Bewertung sowie historische und künstlerische Bemerkungen an, welche das Verständnis erleichterten und zum Nachdenken einlud. Auf diese Art wurde einem das Stück vertraut, ehe man es überhaupt studiert hatte. Manchmal erzählte er, welchen Eindruck ihm diese oder jene Komposition – besonders unter den Präludium aus dem ›Wohltemperierten Klavier‹ von Bach – gemacht hatten, als er sie zum ersten Male spielte. Sein Unterricht trug den Stempel seiner Persönlichkeit. Er hatte nicht im Sinn, Pianisten oder Cellisten heranzubilden, er wollte vielmehr aus seinen Schülern Musiker machen, die in der Lage wären, die schönen Werke aller Musikgattungen zu lieben, zu verstehen und mit Geschmack vorzutragen.

Trotzdem vernachlässigte er die technische Ausbildung bei ihnen nicht. Jede Stunde begann mit 15 Minuten Fingerübungen. Aber die geistige und künstlerische Entwicklung eilte den technischen Fortschritten voraus. Oft gab er einem Schüler Stücke zu spielen, die dessen Kräfte überforderten, und er gestattete ihm dann, die Sachen beiseite zu legen, bevor noch alle Einzelheiten bis zur Perfektion getrieben waren. »Sie nehmen das später wieder vor ...« Es war eine große Erleichterung für den jeweiligen Schüler. Dadurch vermied Münch Ermüdung und Desinteresse und gab ihm mit jedem neuen

Stück auch neuen Mut. Das Ende jeder Stunde war der Zerstreuung gewidmet: man spielte eine Symphonie zu 4 Händen vom Blatt, man blätterte eine Partitur durch – welch schöne Erinnerungen.

Einige Male in seiner letzten Zeit – freilich selten genug – nahm er sein Cello vor und ließ sich begleiten, um seine Schüler zur Kunst des Begleitens anzuregen, die er in bemerkenswerter Weise beherrschte. Man brach schweren Herzens auf ...

In seiner letzten Zeit war er dermaßen überlastet, daß die musikalische Erziehung seiner Kinder schwierig geworden war. Er mußte die frühen Morgenstunden nehmen, um ihnen Unterricht zu geben. Nur ihre ersten Versuche hat er sehen können. Seine Kinder werden nicht einmal eine Erinnerung an den Zauber des Musikunterrichts bei ihrem Vater haben. Sie werden nicht jene kostbaren Viertelstundengespräche auf der Bank seines Orgelklaviers genossen haben, welche die fortgeschrittenen Schüler niemals vergessen werden.

Trotz einer Unbekümmertheit, der er sich manchmal überließ, wurde er niemals zu vertraulich gegenüber seinen Schülern – dies war eine seiner auffallendsten Charaktereigenschaften. Wirkliche Vertraulichkeit außerhalb seines Familienkreises kannte er nicht, wenigstens hat er sie nicht gesucht. In Mülhausen hatte er viele Freunde, keine ›Kameraden‹. Die Mitglieder der »Sainte Cécile«, die er zu Beginn und am Ende seiner Laufbahn leitete, schätzten ihn sehr. Er seinerseits wußte die Sympathie und die Aufmerksamkeiten, welche Mitglieder dieser Gesellschaft ihm bezeugten, ebenfalls zu schätzen. Aber eine offenherzige Kumpanei zwischen Direktor und Sängern, wie wir sie in anderen Vereinigungen finden, gab es nicht. Münch war dafür nicht geschaffen.

Bis zu einem gewissen Punkt taute er in der Unterhaltung auf. Dann aber war es, als ob ihn etwas hindere, seine Ideen und seine innersten Ansichten preiszugeben, wie als ob er Angst hätte, sich zu zeigen, wie er war. Es fehlte ihm gewiß nicht an Interesse für die angeschnittenen Fragen. Man konnte mit ihm über alles reden – ausgenommen über Politik. Das Vergnügen, Tagesfragen mit Freunden durchzudiskutieren, hat er nie gekannt. Lediglich, wenn er mit alten Klassenkameraden zusammentraf, war er völlig gelöst. In seinen letzten Jahren engte er den Kreis seiner Intimfreunde immer mehr ein. Außer denjenigen Schülern, die er schon ganz jung kennengelernt hatte, duzte er niemanden. Dieser Charakterzug, dieses Unvermögen, sich zu geben, sein Inneres preiszugeben, war bedauerlich. Unserem Freund fehlte ein Austausch von Ideen, dessen Notwendigkeit er so oft spürte.

Er befand sich in einer Isolation, die ihn dazu verleitete, schlecht über diejenigen zu urteilen, die ihren Platz außerhalb seiner näheren Umgebung hatten und bei denen er riskierte, mißverstanden zu werden. Muß man dieser Isolation die dunklen Gedanken zuschreiben, die ihn zeitweise überkamen, besonders im letzten Winter, und die wie eine Vorahnung seines vorzeitigen Endes erschienen? Um ihren Grund zu erfahren, muß man in seine Jugendzeit zurückgehen. Er hatte sich eine Erkältung zugezogen, von der er ein Ohrenleiden zurückbehielt. Jede Krankheit, selbst jede Unruhe hatte Auswirkungen auf diesen schwachen Punkt seiner Konstitution. Die seelischen Qualen aber, die aus dem körperlichen Leiden resultierten, bedrückten ihn mehr. Zwar ließ er sich von einem Spezialisten behandeln, jedoch umsonst! Jedes Jahr kamen die Schmerzen wieder und verstärkten sich zunehmend. Die Vorstellung, das Gehör zu verlieren, seine Orgel nicht mehr hören und seine »Société« nicht mehr dirigieren zu können, verfolgte ihn. Besonders während des letzten Winters nahmen seine Schmerzen besorgniserregende Ausmaße an. Diese unheimliche Vorahnung richtete seine Aufmerksamkeit auf Beethoven: im Aufschrei seiner Musik erkannte er seinen eigenen Schmerz wieder. Hätte er vielleicht ebenfalls das traurige Schicksal des großen Komponisten teilen müssen, hätte er – mit Tränen in den Augen – auch den Taktstock beiseite legen müssen, wenn ein vorzeitiger Tod ihn nicht hinweggerafft hätte? Wäre diese Vorstellung vielleicht ein schwacher Trost für diejenigen, die ihn beweinen?

Er sprach wenig von seinen Befürchtungen. Der Inhalt der Anspielungen, die er während der Proben für die Beethoven-Messe machte, blieb denen unverständlich, die nicht wußten, worum es sich handelte. Oft genug suchte und fand er Vergessen in seiner Arbeit und im Familienleben. Umgeben von den Seinen, seine Kinder auf den Knien, so fühlte er sich glücklich. Sein Familienleben atmete eine Ruhe und eine wohltuende Einfachheit, erhoben durch die Musik. Weihnachten 1891 schenkte ihm der »Chant sacré« ein schönes Gemälde ›Morgenandacht in der Familie Bach‹. Er zeigte es jedem, der ihn besuchte, und bekundete seine Freude, die nicht nur im künstlerischen Wurf des Bildes begründet war, sondern auch in der auffallenden Ähnlichkeit zwischen seinem Familienideal und der vom Künstler dargestellten Szene.

In Mülhausen gaben der Ernst und die Arbeit dem Familienleben eine strenge Note. Was für ein schöner Augenblick war immer der Aufbruch in die Ferien! Den ganzen Sommer über sprach man davon, und dann kam der Tag, wo die Bahn eine glückliche Familie nach Weissenburg und dann nach Niederbronn transportierte. Dieses Familienleben hatte seinen ganz speziellen Zauber. Die Tage vergingen gewöhnlich in Fröhlichkeit und vollkommener Sorglosigkeit. Der ernsthafte Vater war in Mülhausen geblieben, während seiner eigenen Ferien wurde er zum heiteren Gefährten bei den Vergnügungen und Spaziergängen seiner Kinder. Dank seines Photoapparates hat er einige liebenswerte Szenen festgehalten. Die Kinder im Grünen oder vor den Kinderwagen gespannt und manches andere. Eines Tages werden seine Kinder diese Bilder betrachten; in ihre Erinnerung noch unbewußten Glückes wird sich ein schmerzliches Gefühl von Trauer mischen.

Die zweite Hälfte der Ferien verbrachte man in Niederbronn. In den schönen Wäldern der Umgebung kam Münch jedesmal wieder zu Kräften. Inmitten seiner Brüder und Schwestern konnte er sich entspannen. Umgeben von seinen Jugenderinnerungen war er von einer Heiterkeit, die man sonst in Mülhausen an ihm nicht kannte.

Auch diesen Sommer hofften wir, daß er völlig wiederhergestellt zurückkehren würde. Er selbst hatte dieses Vertrauen in die Zukunft nicht. Beim Weggang aus Mülhausen fühlte er sich sehr müde. Das letzte Mal, da er die Orgel spielte – es war an einem Sonntagnachmittag –, konnte er den Dienst kaum noch durchhalten, so erschöpft war er. In Weissenburg schien er sich wieder zu erholen. Er fand sogar zu seiner Heiterkeit zurück, als er mit seinem Bruder einen Sonntag in Straßburg verbrachte. Nach Weissenburg zurückgekehrt, meldete sich die fürchterliche Krankheit, die ihn hinwegraffen sollte, langsam durch eine unerklärliche Müdigkeit an. Wie gewöhnlich verließ er Weissenburg Ende August, um den zweiten Teil der Ferien im Hause seiner Mutter zu verbringen. Dort kam er am Samstag, den 20. August, an. Sogar die Kinder seines Bruders bemerkten die Veränderung in seinen Zügen und machten diesbezügliche Andeutungen gegenüber ihrem Vater. Sonntags darauf versuchte Münch, mit einer seiner Schwestern einen Spaziergang zu unternehmen. Er trug sein Töchterchen auf dem Arm, aber die Last wurde ihm zu schwer. Er mußte umkehren. – Dies war das letzte Mal, daß er die Berge von Niederbronn gesehen hat. Am Abend holte man den Arzt – es war zu spät! Münch legte sich nieder, um nicht wieder aufzustehen, sondern, umgeben von den Seinen, in seinem geliebten Niederbronn zu sterben. Die Krankheit machte rasche Fortschritte, und das Fieber packte ihn. Er aber blieb sanft und geduldig. Selbst der kleinste Dienst, den man ihm erwies, rührte ihn. Der Arzt erkannte sehr bald den gefährlichen Charakter, den der Verlauf der Typhuserkrankung angenommen hatte. Er ordnete an, Frau und Kinder, die von dem gleichen Übel befallen waren, von ihm abzusondern. Das hatte einen rührenden Wechsel von Worten und Nachrichten von einem Zimmer zum andern zur Folge. Münch selbst hatte resigniert. Nur aus seinen Augen ließen sich Qualen und Besorgtheit ablesen. Am Mittwoch vor seinem Tode war er einen Abend bei völlig klarem Verstand. Er versammelte seine Familie um das Bett und suchte mit den Augen, ob alle anwesend wären. Eine seiner Schwestern fehlte – man mußte sie holen. Dann erhob er sich etwas in seinem Bett und fing wie im Traume zu sprechen an, in kurzen Sätzen, die von langem Schweigen unterbrochen waren: »Mein Leben war kurz, aber schön durch die Kunst, die ich gepflegt habe. Im Himmel wird es schöner sein.« Dieses Wort gab der bewegenden Unterhaltung ihren Charakter. Er verabschiedete sich von jedem einzelnen Mitglied seiner Familie. Für jeden fand er ein Wort voll echter Liebe und Zuneigung. Aber seine Frau und seine Kinder noch einmal zu sehen, war ihm nicht mehr beschieden.

»Ich vertraue Euch«, sagte er, »meine Frau und meine Kinder an. Erzieht sie einfach, damit jedes von ihnen im Leben die Anstellung finde, die seinen natürlichen Anlagen entspricht.« Der »Chant sacré« beschäftigte ihn viel. Es war das Werk, das er ins Leben gerufen und dem er seine besten Kräfte gewidmet hatte. »Ihr könnt meine Kinder großziehen«, sagte er zu denen, die um ihn waren, »aber was ich mit der größten Besorgnis verlasse, das ist mein ›Chant sacré‹. Grüßt sie alle von mir. Es gibt in Mülhausen niemanden, der mein Werk meinen Vorstellungen gemäß fortsetzen könnte.« Dann fiel er in die Umnachtung zurück. Die Kunst verklärte seine letzten Augenblicke. Dabei trat die Profanmusik in den Schatten des Vergessens zurück, er kannte nur noch geistliche Musik. Sogar die Beethoven-Messe beschäftigte ihn in seinem Delirium nicht mehr. Er dirigierte das ›Requiem‹ von Berlioz und die ›Matthäuspassion‹; die Rezitative, die er selbst dann noch sang, als die angetrocknete Kehle schon keinen Ton mehr gab, hatte er Note für Note gegenwärtig. Er wünschte, Choräle zu hören. »Holt mir die Kinder, daß sie mir einen Choral singen!« Schwester und Bruder mußten ›Wenn ich einmal soll scheiden‹ anstimmen. Das beruhigte ihn. Und immer wieder dachte er an den Chor. In seiner Umnachtung richtete er sich plötzlich auf und sagte, im Glauben, sich an die »Société« zu wenden: »Ich sage euch adieu. Wisset glücklich zu sein; ich kann nicht mehr ...« Eines Morgens, als die Kapelle eines Regiments, das in Niederbronn Manöver abhielt, vorbeikam, hörte er aufmerksam zu. »Wie schön das war«, sagte er, als sich die Klänge in der Ferne verloren. Als er dann den Zapfenstreich hörte, machte er die Bemerkung: »Dies ist das Signal, damit ich mich rüste!« Er verlangte das heilige Abendmahl, das sein jüngster Bruder, Vikar in Straßburg, ihm spendete. Er sprach auch noch viel von seiner Orgel. »Was wird aus meiner Orgel?« Diese Frage tauchte ununterbrochen wieder auf. Und er tröstete sich selbst: »Ich werde Organist im Himmel sein!« Sonntag, den 4. September, gegen

2 Uhr nachmittags, als die Glocken der Kirche läuteten, gab er seinen Geist auf.

Erläuterungen

Bei diesem Text handelt es sich um einen Nachruf des dreiundzwanzigjährigen Schweitzer auf seinen ersten musikalischen Lehrer. Er erschien 1898 anonym in der Druckerei Brinkmann in Mülhausen im Elsaß. Die Übersetzung besorgte E. Mitschischeck für den ›37. Rundbrief für den Freundeskreis von Albert Schweitzer (BRD)‹, 1973, die G. Woytt für unsere Ausgabe revidierte.

In seiner Autobiographie berichtet Schweitzer dazu:

> »Als Lehrer in der Musik hatte ich zu Mülhausen Eugen Münch, den jungen Organisten an der dortigen St.-Stephans-Kirche, der eben erst von der Berliner Hochschule für Musik gekommen war, wo ihn die damals erwachende Begeisterung für Bach ergriffen hatte. Ihm verdanke ich, daß ich frühzeitig mit den Werken des Thomaskantors bekannt wurde und vom fünfzehnten Jahre ab gediegenen Orgelunterricht genoß. Als er im Herbst 1898 in der Blüte der Jahre an Typhus starb, hielt ich sein Bild in einer kleinen französischen verfaßten Schrift fest. Sie wurde in Mülhausen veröffentlicht und ist das erste, was von mir im Druck erschien.« (S. 2 f.)

Auch in seinem Bach-Buch, sowohl im französischen als auch im deutschen, beginnt Schweitzer das Vorwort mit einer Erinnerung an seinen Lehrer in Mülhausen, wo er seine Gymnasialzeit verbrachte:

> »Ich war zehn Jahre alt, als ich die Bachschen Choralvorspiele kennenlernte. Eugen Münch, der Organist der Stephanskirche zu Mülhausen im Elsaß, nahm mich an den Samstagabenden mit auf die Orgel, wo er sich auf den sonntäglichen Gottesdienst vorbereitete. Mit tiefer Ergriffenheit folgte ich den geheimnisvollen Tönen des herrlichen alten – jetzt leider renovierten – Walckerschen Instrumentes, die sich in der dunkeln Kirche verloren.
>
> Die Erinnerung an diese ersten künstlerischen Eindrücke überkam mich, während ich an den Kapiteln über die Choralvorspiele schrieb. Manche Sätze standen fertig da, als hätten sich die Gedanken und Worte ohne mein Zutun zusammengefügt, und ich bemerkte dann, daß ich nur die Ausdrücke und Bilder wiederholte, mit denen mir mein erster Orgellehrer das Verständnis für Bach eröffnet hatte.
>
> Meinen Dank kann ich ihm nicht mehr aussprechen. In der Blüte seiner Jahre wurde er seiner Familie, seinen Freunden, seinem Lande entrissen.« (S. V)

Nicht nur in der Deutung der Choralvorspiele scheint Schweitzer sich, wie er selbst betont, an seinen Lehrer angelehnt zu haben, auch in der Beschreibung des Orgelspielers Münch weisen zahlreiche Charakteristika auf Schweitzers eigenes Orgelspiel und seine Auffassung davon hin. Da ist zunächst die Ruhe und Stille, die beider Orgelspiel auszeichnete, ihr großartiger, majestätischer Charakter; dann die langdauernde, sorgfältige Erarbeitung der Registrierung und die Genauigkeit in der

Phrasierung. Letztere sollte die großen Linien hervortreten lassen, was Münch mit dem Begriff »Plastik des Orgelspiels« bezeichnet habe, ein Begriff, der zu den ganz wesentlichen auch Schweitzers gehörte. Wenn Münch diese Arbeit mit einem Bildhauer vergleicht, Schweitzer – wie uns oft begegnet ist – die Orgelwerke Bachs als gotische Musik bezeichnet, dann ist auch hier die Parallele offensichtlich. Auch die ideellen Auffassungen des Orgelspiels zeigen Übereinstimmungen: so wollte auch Schweitzer, wie er von Münch sagt, Organist sein, nicht Virtuose, er wollte wie sein Lehrer auf der Orgel predigen. Nur, daß Schweitzer dieses im Gegensatz zu seinem Lehrer nicht im Gottesdienst tat, sondern im geistlichen Konzert, das dann jedoch wiederum starke gottesdienstliche – erbauende, besinnliche – Züge annahm. Es sei jedoch bemerkt, daß die hier von Schweitzer beschriebenen Eigenheiten des Organisten Eugen Münch nicht in allen Punkten denjenigen seines Lehrers, des Berliners Carl August Haupt (1810–1891), entsprachen[1].

Die Orgel der St.-Stephans-Kirche zu Mülhausen war 1866 von der Orgelbauwerkstatt E. F. Walcker & Cie., Ludwigsburg, erbaut worden und verfügte über 60 Register auf drei Manualen[2].

---

1 Zu Haupts Orgelspiel vgl. H.-J. Busch, Entwicklungslinien des Bach-Spiels im 19. und 20. Jahrhundert. In: Acta Organologica 17 (1984), S. 387–405.

2 Disposition in R. Quoika, Albert Schweitzers Begegnung mit der Orgel, Berlin 1954, S. 77.

Zur Geschichte des Kirchenchors zu St. Wilhelm (1905)

Der Kirchenchor zu St. Wilhelm [in Straßburg] wurde im Dezember 1884 von dem Organisten der Kirche, Herrn Ernst Münch, gegründet, der kurz zuvor von Berlin zurückgekehrt war. Die Gründung eines Chores bedeutete den ersten Schritt zur praktischen Verwirklichung der Anregungen, die er von seinen Lehrern empfangen hatte.

In seiner Eingabe an das Presbyterium gab er als den Zweck des neugegründeten Chores die Abhaltung von Musikgottesdiensten an. Bachs Werke sind für den Gottesdienst geschrieben. Da seine Kantaten und Passionen in unserer Gottesdienstform keinen Platz haben und den gottesdienstlichen Charakter unaustilgbar an sich tragen, so bleibt nur übrig, wenn sie in der Atmosphäre, in der sie entstanden sind, sich entfalten sollen, Gottesdienste aus Bachschen Musikwerken zu veranstalten.

Damit war das Programm des neuen Chores gezeichnet. Er ist ihm bis auf den heutigen Tag treu geblieben. Zugleich war damit auch seine Eigenart und Daseinsberechtigung neben den bestehenden Chören gegeben: dem Sternschen Oratorienverein »Chant sacré«, der zum ersten Mal in Straßburg die große geistliche Musik zu Ehren gebracht hatte, und den Kirchenchören zu Alt-Sankt-Peter unter Leitung von G.-A. Merkling und Jung-Sankt-Peter unter Leitung des Herrn Prof. von Jan.

Der neue Chor trat zum ersten Mal in der Passionszeit 1885 auf. Seine Anfänge waren bescheiden. Er zählte etwa 40 Mitglieder, die sich aus den Gemeinden der Wilhelmer Kirche, aber auch aus Straßburg und Umgebung zusammengefunden hatten. Zur Zeit sind es 100–120 Mitglieder.

Die Aufführungen der Chor- und Orchesterwerke fanden zunächst unter dem Glockenturm statt, da es auf der Orgelempore an Raum gebrach. So wurde im Jahre 1894 die ›Matthäuspassion‹ in getrennter Aufstellung ausgeführt: der große Chor stand unter dem Glockenturm, der respondierende kleine Chor mit seinen Solisten und seinem Orchester neben der großen Orgel. Aber auf die Dauer war diese Aufstellung unhaltbar, weil sei akustisch ungünstig war, der Chor dabei in den Rücken des Publikums sang und die Mitwirkung der Orgel eine beschränkte blieb. Im Jahre 1896 beschloß der Kirchenrat, der dem Chor immer das freundlichste Entgegenkommen gezeigt hatte und noch erweist, die große Orgel, ein Werk von Silbermann, durch die Orgelbauer Gebrüder Walker renovieren zu lassen und sie zugleich nach dem Hintergrund der Empore zurückzurücken, so daß vorn Platz würde für Chor und Orchester. Die Stadt schoß in hochherziger Weise zu den Mitteln bei, so daß seit 1898 der Chor von St. Wilhelm auf der Orgelempore einen in jeder Hinsicht geradezu idealen Platz besitzt, im Angesichte der Gemeinde unter den denkbar besten akustischen Verhältnissen. Weit gereiste Künstler haben erklärt, kaum je einen Raum gesehen zu haben, der so geschaffen sei zu kirchenmusikalischen Aufführungen wie die Kirche zu St. Wilhelm.

Die Aufführungen in der Wilhelmerkirche sind als Volksaufführungen gedacht und daher im Prinzip unentgeltlich. Bis in die Mitte der 90er Jahre war der Eintritt zu allen Plätzen frei und der Chor verfügte nur über die freiwilligen Gaben am Ausgang zur Deckung der Kosten. Das bedeutete aber einen Verzicht auf jegliche Zuziehung hervorragender Solisten, welches sich um so schwerer bemerkbar machte, je mehr sich die Leistungen des Chores vervollkommneten. Es erschien daher den Leitern des Chores, dem Präsidenten Küss, Generalsekretär am Direktorium der Kirche Augsburgischer Konfession, und dem Dirigenten als eine unabweisbare Notwendigkeit, in einem Teil des Schiffes Plätze zu einer Mark zu reservieren, um dem Chor eine feste Einnahme zu sichern. Diese Maßregel hat sich aufs beste bewährt und die Volkstümlichkeit der Aufführungen nicht beeinträchtigt. Trotzdem wurden für manche Aufführungen die Kosten nicht gedeckt. In der Not half der Statthalter, Fürst zu Hohenlohe-Langenburg, durch gütige Zuwendungen aus. Die Kosten einer Kantatenaufführung betragen jedesmal 600–700 Mark, die einer Passion 900–1 000 Mark.

Eine besondere Bedeutung für das kirchenmusikalische Leben in Elsaß-Lothringen hat der Chor zu St. Wilhelm dadurch, daß sein Leiter zugleich Lehrer der protestantischen Kirchenmusik am Konservatorium ist. Im Chor zu St. Wilhelm haben eine Anzahl tüchtiger jüngerer Organisten ihre Lehrzeit als Dirigenten und als Begleiter Bachscher Werke durchgemacht, auch sind in einer Reihe von elsässischen Städten Chöre gegründet worden, deren Leiter ihre Anregungen im Wilhelmerchor empfangen haben. Allen kirchenmusikalischen Unternehmungen lieh der Chor stets seine Hilfe. Von 1889–1899 beteiligten sich seine Mitglieder zahlreich an den Aufführungen des »Chant Sacrē«, der damals unter der Leitung von Herrn Münch stand und die C-dur-Messe von Beethoven, die ›Schöpfung‹ von Haydn, ›Samson‹ von Händel, ›Paulus‹ und ›Lobgesang‹ von Mendelssohn, ›Dēluge‹ von Saint-Saëns und ›Manasse‹ von Hegar zu Gehör brachte.

Im Verein mit dem akademischen Kirchenchor veranstaltete der Chor zu St. Wilhelm in Gegenwart der Komponisten die Uraufführung der ›Passion‹ und der ›Erntefeier‹ von Heinrich von Herzogenberg und des Oratoriums ›Durch Nacht zum Licht‹ von Rauchenecker. Er beteiligte sich auch an der Aufführung der 16stimmigen Messe von Grell, die alle Kirchenchöre der Stadt, 700 Sänger, unter der Leitung des Herrn Münch am 27. Juli 1902 zu St. Thomas veranstalteten.

Nun blickt der Chor zu St. Wilhelm auf ein halbes Menschenalter des Wirkens zurück. Von den Mitbegründern des Vereins sind nur noch wenige unter den Mitgliedern, und manche derer, die sich der ersten Erfolge mitgefreut und dem jungen Dirigenten ratend und ermutigend zur Seite standen, sind zur Ruhe eingegangen. Ein besonders schwerer Verlust traf den Chor in dem Tode des Herrn Organisten Eugen Münch aus Mülhausen, der für die größeren Aufführungen von Anfang an die Orgelpartie übernommen hatte. Er starb 1898. Sein Nachfolger als Organist des Chores wurde Herr Dr. Schweitzer, sein Schüler.

Von den ständigen Solisten des Wilhelmerchors seien hier genannt die Damen Frl. Perrin, Frau Adels v. Münchhausen, Frl. Ast, Frl. Kohlrausch, Frl. Marais, Frau Hirn-Wolf, Frau Altmann-Kuntz, Frl. Hedwig Mayer, Frau Geist, Frl. Hannig, Frl. Hackenschmidt und die Herren Georges Boeswillwald, Wolfgang Geist, Theodor Gerold, Rich. Fischer, Robert Kaufmann, Epitalbra, Fritz Haas, Karl Weckauff, Anton Sistermans, Kalweit, Adolf Walter.

Besonderer Dank gebührt den Mitgliedern des städtischen Orchesters, die sich mit künstlerischer Hingabe, manche seit dem ersten Bestehen des Chors, an den Bach-Aufführungen zu St. Wilhelm beteiligen.

Besonderer Dank gebührt auch dem Mitglied des Kirchenrates, Herrn Frick, der es übernommen hat, die Anordnungen zu den Aufführungen zu treffen und zu überwachen.

Der Kirchenchor veranstaltet jährlich vier bis fünf größere Aufführungen. In jeder Passionszeit wird eine Passion von Bach gegeben. Von den 200 Kantaten Bachs sind 60 aufgeführt worden, eine Zahl, die wohl in wenigen Städten erreicht sein dürfte. Neben Bachschen Werken gelangten zur Aufführung Psalmen von Schütz, von Mendelssohn, ›Der Tod Jesu‹ von Graun, die ›Reformationskantate‹ von Becker, ›Dettinger Te Deum‹ und ›Messias‹ von Händel, ›Requiem‹ von Mozart, ›Deutsches Requiem‹ von Brahms.

So ist es dem Chor vergönnt gewesen, durch ein ernsthaftes Streben das seinige zur Popularisierung der edelsten Kirchenmusik beizutragen. Eine andächtige Gemeinde füllt stets die Kirche bei seinen Aufführungen, die

Presse unterstützt das Unternehmen durch ihre warme Anerkennung, und der Leiter des Chores erfuhr ehrenvolle Auszeichnung durch seine Ernennung zum Musikdirektor und durch die Verleihung des Titels Professor.

Möge es ihm und seinen treuen Sängern auch fernerhin vergönnt sein, an der großen Aufgabe, durch reine Kunst veredelnd auf unser Geschlecht zu wirken, unablässig, unter steter Selbstkritik und in selbstlosem Streben weiterzuarbeiten.

Erläuterungen

Dieser geschichtliche Abriß über den Straßburger Chor, in dem Schweitzer während seiner Studienzeit als Orgelbegleiter mitwirkte, erschien zuerst im Konzertprogramm des Chores am 15. Januar 1905, wo anläßlich seines 20-jährigen Bestehens Bachs ›h-moll-Messe‹ zur Aufführung gelangte. Schon am 12. Januar 1905 war davon ein Abdruck in der ›Straßburger Post‹, der damals bedeutendsten Straßburger Tageszeitung erschienen. Schließlich wurde der Text ein weiteres Mal in der Festschrift zum 60jährigen Bestehen des Chores veröffentlicht (siehe unter Literatur).

In allen drei Fällen erschien der Text anonym. Die Autorenschaft Schweitzers ergibt sich aus mehreren Gründen: Zunächst führt Erwin R. Jacobi, der mit Schweitzer befreundete, 1979 verstorbene Zürcher Musikwissenschaftler, in mehreren seiner zahlreichen Aufsätze über Schweitzers musikalische Biographie Schweitzer als Autor dieses Textes an. Dann weisen einige stilistische Wendungen und orthographische Besonderheiten auf Schweitzer als Autor hin. Von letzteren sei die spezifische Schreibweise »Bach'sche Cantate« genannt, auf die er bei der Drucklegung des deutschen Bach-Buches besonderen Wert legte, wie aus seinen Briefen an Breitkopf & Härtel hervorgeht. Jedoch ließ sich der Verlag nicht dazu bringen, diese von der gewöhnlichen deutschen Orthographie abweichende Schreibweise zu übernehmen. Diese Schreibweise wurde in dem Abdruck in der ›Straßburger Post‹ nicht übernommen, taucht jedoch in der Festschrift 1947 auf, die auf den Urtext des Konzertprogrammes 1905 fußt (der uns leider nicht vorliegt). Schließlich zeigt auch der Schlußabschnitt, in dem von der ethischen Aufgabe der Musik die Rede ist, deutlich die Züge Schweitzers. Sollte trotz allem Schweitzer nicht der Autor dieses Textes sein, so erfahren wir daraus immerhin Einzelheiten über den Chor, in dem er grundlegende Erfahrungen im Umgang mit Bachschen Vokalwerken gewann.

Weitere Einzelheiten über Schweitzers Arbeit mit diesem Chor sind aus dem Text ›Erinnerungen an Ernst Münch‹ (1945) zu erfahren.

Neben diesen beiden Texten geben die Rezensionen der ›Straßburger Post‹ zusätzlichen Aufschluß über das Wesen und die Arbeit des Chores, wovon einiges hier kurz angesprochen werden soll. Schweitzers gesamter Zugang zu Bach wie auch seine Bach-Bücher wären ohne die Mitarbeit in diesem Chor in dieser Form nicht denkbar gewesen. Er wirkte zwischen 1893 und 1912 an 38 Bach-Konzerten des Chores und an 24 Konzerten mit Werken anderer Meister mit.

Der Chor verfügte über 100 bis 120 Mitglieder. Hinzu kamen bei manchen Aufführungen, so für den zweiten Sopran der ›h-moll-Messe‹ und einige Sopran-cantus-firmi, Knabenstimmen des protestantischen Gymnasiums, an dem Ernst Münch unterrichtete.

Nicht nur in diesem Punkt befand sich der Chor auf dem Weg zu einer historisch orientierten Aufführungspraxis, sondern auch mit der Einführung historischer Instrumente – so einer Oboe d'amore und einer D-Trompete in modernen Nachbauten – und einer für damalige Verhältnisse relativ kleinen Besetzung, was die Rezensenten zum Vorwurf machten.

Die Werke wurden fast immer ungekürzt wiedergegeben, die Passionen und die ›h-moll-Messe‹ auf zwei Abende verteilt. Im Rahmen der damaligen Auffassungen scheinen die Tempi im allgemeinen recht lebhaft gewesen zu sein, was Münch ebenfalls zum Vorwurf gemacht wurde. Die ›Matthäuspassion‹ brauchte bei ihm ohne Pausen etwa viereinhalb Stunden (am 30./31. März 1899). Karl Straubes ungekürzte Aufführung auf dem Leipziger Bach-Fest 1908 dauerte mehr als fünf Stunden, während heutige Aufführungen mit dreieinhalb Stunden und weniger auskommen. Verbunden mit der Lebhaftigkeit des Tempos war eine gewisse Drastik und Dramatik der Interpretation, was ebenso kritisiert wurde. Diese Auffassung bildet einen Grundzug der aufführungspraktischen Anregungen Schweitzers, wie er sie in den Texten über Bach gibt. Hohes Lob erntete Münchs nuancierte Interpretation der Choräle, von denen vier in der ›Matthäuspassion‹ a cappella gesungen wurden.

Schweitzers Aufgabe als Orgelbegleiter war weit umfangreicher als die heute übliche Continuobegleitung, vor allem was die Ausnutzung einer großen Orgel betraf. (Die 1898 vollendete Walcker-Orgel verfügte über 52 Register auf drei Manualen.)

Einen Eindruck des Orgelbegleiters Schweitzer geben drei Bemerkungen des Rezensenten Dr. G. Altmann aus der ›Straßburger Post‹:

> »Es kann nicht genug gerühmt werden, mit welcher Genauigkeit, Gewissenhaftigkeit und Liebe sich der ebenso bescheidene wie selbstlose Künstler seiner schwierigen und anstrengenden Aufgabe unterzieht, deren Bedeutsamkeit dem nicht sachverständigen Hörer zumeist gar nicht recht zu Bewußtsein kommt. [...] Und was Herr Schweitzer da einerseits in machtvoller Unterstützung der Chöre, andererseits in dezenter und doch nicht zu körperlicher Begleitung der Soli leistet, das ist des höchsten Lobes wert!« (30. Januar 1906)
>
> »Die überaus verständliche Weise, mit der Dr. Schweitzer an der Orgel das Werk, ich möchte sagen ›miterlebt‹, habe ich schon des öfteren hervorgehoben: Nur der Kenner kann ermessen, mit welcher Kunst der Individualisierung dieser ausgezeichnete Organist jeder Bewegung des Textes sich in Ausdruck und Färbung anzuschmiegen weiß.« (31. März 1907)

Seit dieser Zeit etwa nach 1900 wurde das Publikum durch Einführungstexte, die aus der Feder Schweitzers stammten, auf die Eigenheiten der aufzuführenden Werke aufmerksam gemacht. Sie erschienen teils als Beigabe zu den Programmen, teils in der Presse.

Literatur

Le Chœur de St-Guillaume de Strasbourg, herausgegeben von Erik Jung, Straßburg 1947.

Warum es so schwer ist, in Paris einen guten Chor zusammenzubringen (1909)

Eine sozial-musikalische Studie

Als meine Freunde und ich vor einigen Jahren darangingen, in Paris einen Bach-Verein zur Aufführung der Passionen und Kantaten zu gründen, warf man uns von allen Seiten ein, daß wir mit unserm Unternehmen über kurz oder lang notwendig Schiffbruch leiden müßten, weil es in Paris unmöglich sei, auf die Dauer einen guten Chor zusammenzuhalten. Auf unsere Antwort, daß sich auch hier wohl durchführen ließe, was anderswo bestände, gab es nur mitleidiges Achselzucken.

Tatsache ist, daß alle Chöre aus Freiwilligen der Gesellschaft sich in Paris keines allzu langen Daseins zu erfreuen hatten. Sie gingen gewöhnlich – wenn nicht schon früher – mit ihrem Stifter zugrunde. Zum größten Teil waren es nicht einmal rein Pariser Gründungen, sondern Unternehmungen der in der Hauptstadt ansässigen elsässischen Gesellschaft. So erklärt es sich, daß Paris den besten gemischten Chor in der Mitte der achtziger Jahre besaß, gerade zu der Zeit, als die elsässische Gesellschaft und ihr Anhang aus den Ostdepartements durch die Auswanderung aus dem Reichsland, die nach dem Jahre 1870 stattfand, die größte Bedeutung gewonnen hatte und in Politik und Geisteskultur eine geradezu führende Stellung einnahm. Damals blühte die vom Ingenieur Fuchs gegründete »Concordia«. Ihr verdankte Paris die erste Bekanntschaft mit den Passionen und Kantaten Bachs. Die hervorragendsten Musiker hatten Fühlung mit ihr und widmeten ihr ihre Kräfte. Mit einem Male aber brach die Herrlichkeit zusammen. Der Kreis, der hinter der Gesellschaft stand, war nicht bedeutend genug, um ihr auf die Dauer das nötige Leben zuzuführen. Sie vermochte nicht den Übergang aus dem Stadium der persönlichen Schöpfung in den der selbständig organisierten, objektiven Bestand besitzenden Vereinigung zu finden. Ihre reichen Musikalien werden seit Jahren zu einem Spottpreis feilgeboten, ohne daß sich ein Käufer findet, was beweist, daß kein leistungsfähiges Chorunternehmen die »Concordia« unterdes abgelöst hat.

Nur die Chöre, die ganz oder fast ausschließlich aus honorierten Berufssängern bestehen, haben sich gehalten. Die bedeutendsten gehören der Vereinigung der Konservatoriumskonzerte, der Colonneschen Gesellschaft und Vincent d'Indys »Schola cantorum« an. Die Männerstimmen sind diesen Chören zum Teil gemeinsam. Sie rekrutieren sich aus Kirchensängern, die zugleich dem Chor der großen Oper angehören.

Keiner dieser Chöre hat es zu einer richtigen Vollendung gebracht. Am meisten hat Colonne mit dem seinen in ›Fausts Verdammung‹ von Berlioz geleistet. Daß sie bestenfalls in der guten Mittelmäßigkeit steckenblieben, liegt nicht an dem stimmlichen Material. Dieses ist, besonders im Chor der Konservatoriumskonzerte, zuweilen geradezu ausgezeichnet. Aber es fehlt Zeit und Geld zum gründlichen Studium der Werke. Für jede Probe muß man 3–5 Francs pro Sänger rechnen; das macht bei einem Chor von 80–90 Köpfen etwa 400–500 Francs. Bei diesen Verhältnissen ist das gründliche Durcharbeiten eines Werkes unmöglich. Man muß unter Umständen den ›Messias‹ oder die ›Matthäuspassion‹ mit drei oder vier Proben herausbringen. Bei der Routine der Berufssänger ist es selbstverständlich, daß das Äußerliche klappt. Größere Entgleisungen gehören selbst beim flüchtigsten Studium zu den Seltenheiten. Aber es fehlt die Dynamik und die Vertiefung.

Die Disziplin ist nicht sehr stramm. Es ist mir immer aufgefallen, wie wenig, auch bei dem Chor der Konservatoriumskonzerte, die Direktion beachtet wird. Über drei Viertel der Mitsingenden schauen von Anfang bis zu Ende in ihre Noten, aus Undiszipliniertheit und weil die Partie nicht sitzt. Der Dirigent muß alle möglichen Konzessionen machen. Man probt gewöhnlich im Sitzen; oft haben Damen und Herren den Hut auf dem Kopf; reichliche Erholungspausen müssen eingestreut werden; die vereinbarte Zeit darf unter keinen Umständen überschritten werden.

Vor allem aber fehlt der Geist. Zu einem wirklichen Chor gehört ein durch ein gemeinsames Ziel geschaffenes Gefühl der Zusammengehörigkeit. Davon kann bei den Pariser Chören von Berufssängern keine Rede sein. Vor allem fehlt auch die innerliche Ergriffenheit und Begeisterung, die aus längerem, liebevollem Studium eines Werkes fließt und der Musik Wärme und Weihe verleiht. Vom Stolz und von der Freudigkeit, die so oft mittelmäßige Chordarbietungen auf künstlerische Höhe zu erheben vermögen, fehlt hier jede Spur. In der Kunst, wie überall da, wo das Reich des Geistes anfängt, gibt es eben Dinge, die nur der Freie zu leisten vermag.

Den Parisern fehlt die Einsicht, daß ihre Chöre nur relativ gut sind und auf diesem Wege das Ideal nicht zu erreichen ist, in keiner Weise. Wer aus Deutschland zurückkehrt, lobt neben den Eisenbahnen des Nachbarlandes seine Chöre. Wenn, was allzu selten geschieht, ein auswärtiger Chor sich in Paris hören läßt, lassen sich das Publikum und die Rezensenten zu einer oft kritiklosen Begeisterung hinreißen. Das Gefühl, daß dem musikalischen Leben der Hauptstadt durch das Fehlen guter Chöre etwas ungeheuer Wertvolles abgeht, ist allgemein verbreitet.

Das Bedürfnis wird empfunden; Begeisterung ist da; aber die Schwierigkeiten bleiben nach wie vor dieselben. Sie liegen in dem Pariser Leben begründet.

Ein junges Mädchen aus guten bürgerlichen, echt Pariser Kreisen kann eigentlich keinem Chor angehören. Sie darf nicht ohne Begleitung ausgehen. Das Leben ist dadurch ins Ungeheure kompliziert. Vom Tage an, wo ihre Tochter 14 Jahre alt wird, führt die Pariser Mutter kein Eigendasein mehr, sondern opfert sich für ihr Kind; sie rechnet und rechnet, wie sie Zeit finden könne, um es zu begleiten und ihm das häufige Ausgehen zu ermöglichen. Nur diejenigen, die in diesen Kreisen gelebt und in solche Haushalte Einblick gewonnen haben, wissen, welche Erschwerung des Daseins das hier streng festgehaltene Prinzip, daß eine unverheiratete Dame unter dreißig Jahren nicht allein ausgeht, bedeutet. Handelt es sich um abendliches Ausgehen, so häufen sich die Schwierigkeiten. Regelmäßig ermöglichen läßt es sich eigentlich nur in den Häusern, wo mindestens zwei Dienstboten vorhanden sind. Aber nach Pariser Anschauung soll ein Mädchen abends nur in Begleitung ihrer Eltern sichtbar werden. Daß sie sich allein in einer Gesellschaft befinde, ist eigentlich undenkbar und gehört zu den Greueln der Emanzipation, die der »Amerikanismus« mit sich bringt.

Damit ist gesagt, daß ein gemischter Chor in Paris auf die jüngeren Mädchen nicht zu zählen hat. Sie stehen noch unter dem Gesetze der Unselbständigkeit. In Betracht kommen nur solche Damen, die sich die Freiheit durch die Jahre oder die Heirat erworben haben. Aber auch hier bildet das abendliche Ausgehen eine solche Schwierigkeit, daß man die Proben auf die Nachmittagsstunden verlegen muß, es sei denn, daß sich der Chor aus solchen Kreisen rekrutiert, die die Ausgabe eines Wagens für jede Probe nicht zu scheuen brauchen. Das Pariser Trambahnnetz ist infolge der Topographie der Stadt schlecht entwickelt und wird es bleiben; eine Dame, die nicht in der Nähe einer Hauptverkehrsader wohnt, wird für den Abend immer auf einen Wagen angewiesen bleiben.

Eines der größten Hindernisse für die Bildung von Chören liegt, wo man es nicht vermuten würde: im stark entwickelten Familiensinn der Pariser. Ein ausgedehnter Verkehr, wie ihn die Bürgerschaft der deutschen Städte unter sich pflegt, ist hier unbekannt. Vom Vereinswesen ist keine Rede. Abhaltungen von dieser Seite kommen für den Besuch eines Chores bei weitem nicht in dem Maße in Betracht wie in Deutschland. Der Pariser lebt für seine Familie. Aber diese nimmt ihn ganz in Anspruch. Ein Abend in der Woche ist von vornherein für die Zusammenkunft der auseinanderwohnenden Familienmitglieder festgelegt. Im Winter sind Januar und Februar durch die Essen im weiteren Verwandtschaftskreise stark besetzt. Daß eine Chorprobe solchen Verpflichtungen vorangehen sollte, ist dem Pariser undenkbar. Es würde seinem moralischen Gefühl widersprechen. Wer also einen großen Familien- und Verwandtschaftskreis hat, darf von vornherein nicht daran denken, einem Chor beizutreten. Es stimmt dies mit der Beobachtung überein, die man in romanischen Kreisen alltäglich machen kann, daß der Sinn für öffentliche Unternehmungen in dem Maße schwächer entwickelt ist, als der Familienkult blüht.

Das kleine und mittlere Bürgertum kann also wenig Mitglieder für Chöre liefern. Die »Gesellschaft«, aus der sie sich – wenigstens was die Frauenstimmen betrifft – rekrutieren müssen, ist aber in höchstem Grade unzuverlässig. Sie ist von Anfang Juli bis Ende Oktober von Paris abwesend, so daß eigentlich nur sechs Monate für ein regelmäßiges Proben zur Verfügung stehen. Davon muß man wieder Januar und Februar zur Hälfte abziehen. Um diese Zeit darf der Dirigent an seine Damen nur minimale Anforderungen stellen; sie sind von den nachneujahrlichen Besuchen in Anspruch genommen, die die Pariserin mit musterhafter Gewissenhaftigkeit absolviert. Fallen die Empfangstage eines Teiles ihrer Bekannten auf Nachmittage, an denen Proben sind, so ist ihr Erscheinen im Chor geradezu unmöglich, da die Besuchszeit erst mit vorgerücktem Nachmittag anfängt. Ich weiß einen Fall, wo eine Dame, die früher in einem Chor gesungen hatte und dann mit dem Dirigenten zerfallen war, ihm das Leben dadurch sauer machte, daß sie den Nachmittag, an dem geprobt wurde, zu ihrem Empfangstag wählte. Bei den vielen Beziehungen, die sie zu den Chormitgliedern hatte, wurde dem Dirigenten die Vexation für die entscheidenden Proben einer im Februar stattfindenden Aufführung in unerfreulicher Weise fühlbar.

Neuerdings muß man noch mit den immer mehr in Mode kommenden großen Einladungen zum Tee rechnen.

Der Kreis, der zuverlässige Chormitglieder zu stellen vermag, ist also ein merkwürdig verengter. Dazu kommt noch die Notwendigkeit, die Proben auf die Nachmittagsstunden zu legen, wodurch man einer Menge von Abhaltungen ausgesetzt ist, die für den Abend nicht in Betracht kämen.

Für die Männerstimmen liegen die Verhältnisse womöglich noch ungünstiger. Die Herren, die sich regelmäßig für eine Probe an einem Nachmittag freimachen können, sind in der Minderzahl. Wer ein Amt hat oder im Geschäft ist, kann sich dies nur ausnahmsweise, vielleicht zu einer Hauptprobe, leisten. So sieht sich der Chorleiter gezwungen, mit den Damen nachmittags und mit den Herren abends zu proben, was für das Einstudieren der Werke von großem Nachteil ist. Bei dem getrennten Üben der Stimmen bieten die Proben viel weniger Interesse; die Mitglieder hören die Gesamtwirkung erst in den letzten Proben und haben sich bis dahin mit Stückwerk zufriedengeben müssen.

Es gehört also wirklich Begeisterung, Wille und Selbstverleugnung dazu, um Mitglied eines Pariser Chors zu werden. Wer eintritt, muß entschlossen sein, den Kampf mit den widrigen Verhältnissen aufzunehmen.

Dieser ist besonders schwierig, weil keine Tradition besteht, die den einzelnen trägt. Während es in Deutschland als selbstverständlich gilt, daß der sangestüchtige Mensch einer Chorvereinigung angehört, muß er in Frankreich seiner Familie sein Unternehmen erst überzeugend beibringen, wobei er auf alle möglichen Einwände stößt. In solchen Dingen ermißt man erst die Tragweite der Tradition für das geistige Leben und die Wichtigkeit der Tatsache, daß ein Gedanke sich zu seiner Zeit durchgesetzt hat und nun, ohne Diskussion von Klugen und Dummen, als vernünftig und selbstverständlich anerkannt wird. Je näher man zusieht, desto mehr erkennt man, daß die Vorzüge des musikalischen Lebens in Deutschland in letzter Linie alle darin begründet sind, daß im 18. und 19. Jahrhundert Traditionen und Institutionen geschaffen wurden, welche die Grundlage für die Regelung der musikalischen Organisation von heutzutage abgeben. Diese Traditionen erwuchsen auf dem künstlerischen Leben der freien Städte und der kleinen Residenzen. In Frankreich hatte das Königtum alle Städte des Landes zu Provinzstädten degradiert. Sie besaßen kein persönliches geistiges Leben, sondern waren auf die Anregungen angewiesen, die sie aus der Hauptstadt empfingen. In der Großstadt Paris war aber das Aufkommen von Traditionen, die den einzelnen in den Dienst des musikalischen Lebens stellten, von jeher unmöglich. Sie können nur in kleinen Verhältnissen entstehen. So erklärt es sich auch, daß keine französische Stadt ein Orchester besitzt, während die deutschen Kleinstädte sehr oft über wirklich tüchtige Kapellen verfügen, worüber die französischen Künstler immer so erstaunt sind.

Verhängnisvoll ist, daß die aus der Revolution hervorgegangene französische Schule den Gesang nicht pflegt. Schülerchöre sind eine Seltenheit. Auch die kirchlichen Privatschulen haben für die Kunst so gut wie nichts getan. Das Erziehungsideal des großen Republikaners Plato, für den die Kunst zur allgemeinen Bildung gehörte, ist in der modernsten der Republiken ohne allen Einfluß geblieben.

Die Liebe zum Chorgesang, die der Deutsche aus der Schule mitbringt, ist in Frankreich nicht zu finden. Der Gedanke, einem Chore anzugehören und in einer Gesamtheit aufzugehen, ist dem Franzosen von Haus aus fremd; er muß sich erst durch Überlegung hineinfinden.

In den bestehenden Chören bemerkt man, daß den Mitwirkenden das undefinierbare Etwas, das man »Chordisziplin« nennt, beinahe abgeht. Jeder bringt zu den Proben seine volle Persönlichkeit mit; er wird nicht »ein Chormitglied«, ein Register, das der Dirigent zieht, sondern bleibt Herr Soundso oder Frau Soundso und will als solcher angesehen werden. Der moderne Franzose hat eine instinktive Angst vor allem, was Disziplin heißt. Er sieht darin nur Unterwürfigkeit, die des freien Wesens unwürdig ist. Die höhere Auffassung, daß Disziplin das natürliche Aufgehen des Einzelnen in einer durch einen Zweck geeinten Gemeinschaft bedeutet, wodurch er dann wirkende Kraft wird, ist dem französischen Geist in allen Verhältnissen fremd. Er sieht in der Disziplin in erster Linie Aufgabe der Freiheit und der persönlichen Würde. Durch diese Mentalität ist die Bildung von Körperschaften – und nicht nur künstlerischer – sehr erschwert.

So vereinigen sich die mannigfachsten Schwierigkeiten, um die Gründung gemischter Chöre in Frankreich zu erschweren und ihr alle erdenkbaren Hindernisse in den Weg zu legen. An eine Chororganisation nach deutschem Muster ist vorerst nicht zu denken. Vor allem darf man nicht darauf ausgehen, große Chöre zusammenzubringen. Chöre bis zu hundert Mitgliedern sind für die Pariser Konzertsäle voll ausreichend. Der Trocadéro, der größere Dimensionen aufweist, ist seiner schlechten Akustik wegen für musikalische Aufführungen wenig geeignet.

Die Qualität ersetzt, was an Quantität abgeht. Diejenigen, die die Hindernisse mißachten und einem Chore beitreten, verfügen gewöhnlich über tüchtige und gut ausgebildete Stimmen.

Aussicht auf Bestand hat nur ein Chor, der sich aus einer bestimmten Gesellschaft rekrutiert. Wenn sich die Mitglieder nicht untereinander kennen oder durch gemeinsame Bekanntschaften verbunden sind, ist an einen Zusammenhalt nicht zu denken. Bei der Eigenart der französischen Mentalität ist die Idee der Körperschaft an sich unvermögend, Gemeinschaft zu schaffen.

In Betracht kommen vorläufig hauptsächlich die elsässischen Kreise und ihr Anhang aus den Ostdepartements, die etwas von deutschem Wesen berührt sind und ihm in gesellschaftlicher Hinsicht huldigen. Auch die französisch-schweizerische Gesellschaft liefert gute Elemente. Auf die »echten« Pariser ist vorläufig noch kaum ausgiebig zu zählen. Sie hören Chormusik leidenschaftlich gern; aber der Weg vom Genuß zur Mitwirkung ist ihnen noch nicht gewohnte Bahn.

Für Männerstimmen wird man zur Zeit noch auf ein Mitherbeiziehen von Berufssängern angewiesen bleiben, da es schwer fällt, Freiwillige in genügender Anzahl zu finden.

Paßt sich ein Dirigent in dieser Art den Verhältnissen an, so ist es möglich – vorausgesetzt, daß er in den in Frage kommenden Kreisen Beziehungen hat –, einen tüchtigen Chor zusammenzubringen. Er muß es aber verstehen, klein anzufangen und seine Sänger und Sängerinnen mit Entschiedenheit, aber unter Wahrung aller Formen, zur Disziplin zu erziehen. Der Leiter des Bach-Vereins hat das Ziel auf diesem Wege verfolgt und zuerst drei Jahre lang mit seinem Chor im Verborgenen gearbeitet, worauf die Presse, erstaunt über die Leistungen des kleinen Chores, das ihrige tat, um ihm die Wege zu ebnen.

Daß die Chormusik im Pariser Musikleben so auffällig zurücktritt, ist in mehr als einer Hinsicht zu bedauern. Zunächst bleibt dem Pariser eine herrliche Literatur verschlossen. Ich habe bis vor wenigen Jahren in der französischen Hauptstadt bedeutende Musiker kennengelernt, die Händels ›Messias‹, die Oratorien von Mendelssohn nie oder nur in ganz unbefriedigender Wiedergabe gehört hatten, von den Chorwerken eines Bach, Beethoven und Brahms gar nicht zu reden. Sogar Mozarts ›Requiem‹ ist fast unbekannt. In dem musikalischen Empfinden des Franzosen fehlen die Wirkungen der überwältigenden Jugendeindrücke, die der Deutsche von diesen Werken empfängt.

Die Komponisten werden durch die Verhältnisse notwendig dazu geführt, eine ganze Musikgattung zu vernachlässigen, trotzdem sie als Schüler des Konservatoriums auf Kantatenkomposition – sie wird für die Bewerbung für den Prix de Rome gefordert – dressiert sind.

Ganz merkwürdig berührte mich die Befangenheit, die hervorragende Pariser Dirigenten an den Tag legten, wenn sie in die Lage kamen, ein Werk mit Chor aufzuführen. Man merkte, daß es ihnen etwas ganz Fremdes war. Bei einer Hauptprobe für César Francks ›Béatitudes‹ mußte sich einer einmal besonders darauf einüben, dem Chor das Zeichen zum Aufstehen zu geben. Dirigenten, die die Choreinsätze so geben, wie es einem deutschen selbstverständlich ist, habe ich selten gefunden. Sehr oft wird das Einstudieren des Chores einem Repetitor überlassen; der Dirigent bekommt ihn erst für die Proben mit Orchester in die Hand.

Am meisten aber leidet unter dem Fehlen der Chöre die allgemeine musikalische Bildung. Nur durch Mitproben und Mitsingen wird der Sinn für

Polyphonie geweckt. Wer nie ein Kunstwerk als mittätig erlebte, es im Mittelpunkte stehend an sich vorüberziehen ließ und von innen heraus hörte, tritt niemals aus dem Zustande des musikalischen Empfindens in den der wirklichen künstlerischen Anschauung. Die erzieherische Wirkung des Chorgesangs, die man beim deutschen Publikum – wenigstens für den weitaus größten Teil – als selbstverständlich voraussetzen darf, geht dem französischen ab. Es empfindet vielleicht elementarer und lebhafter als das deutsche; aber es fehlt ihm die Urteilskraft, die nur durch künstlerische Betätigung erworben werden kann.

Neuerdings hat sich eine Gesellschaft gebildet – sie nennt sich »Société française des amis de la musique« –, deren Hauptbestreben darauf gerichtet ist, den Chorgesang in Frankreich einzubürgern. Unter den Gründern findet man fast lauter Persönlichkeiten, die das deutsche und das schweizerische Musikleben aus eigener Anschauung kennen und schätzen. Als eine der ersten Aufgaben dieser Gesellschaft führen die Statuten die Pflege des Chorgesangs in den Schulen an. Zugleich wird die Gründung eines Musterchors von Berufssängern in Paris in Aussicht genommen. Dieser Chor soll den Konzertvereinigungen zur Verfügung stehen und den Freiwilligenchören gute Ersatzelemente liefern.

Jules Ecorcheville, einer der tüchtigsten französischen Musikschriftsteller, leitet die Geschäfte der Gesellschaft; die Ausbildung des Musterchors ist Gustave Bret, dem Dirigenten des Bach-Vereins, anvertraut.

Zu diesem Unternehmen gehört ebensoviel Mut als zur Wiederaufforstung von Höhen, die seit Jahrhunderten kahl standen. Es ist zu hoffen, daß es der Energie und dem Enthusiasmus der neuen Gesellschaft gelingen wird, den Grund zu künstlerischen Traditionen zu legen, die für das französische Musikleben von unberechenbarer Bedeutung sein werden.

Darüber darf man aber nicht vergessen, daß der Chorgesang in Frankreich erst dann zur Blüte und Bedeutung gelangen kann, wenn die sozialen Anschauungen und Gepflogenheiten der Gesellschaft, aus der sich Freiwilligenchöre rekrutieren sollen, eine Wandlung erfahren haben werden. Setzt sich die Emanzipation, die der jungen unverheirateten Dame eine größere Bewegungsfreiheit gestattet, durch, so daß die Proben auf den Abend verlegt werden können, so sind die Hauptschwierigkeiten gehoben. Im andern Fall bleiben die Verhältnisse nach wie vor abnorm.

Ein großes künstlerisches Problem ist also aufs engste mit einem Teil der »Frauenfrage« verknüpft, die in anderen Ländern schon längst gelöst ist. In Frankreich wird der Kampf lang und schwer sein, denn es gibt, so paradox es klingen mag, kein Bürgertum, das im Guten und Schlechten so konservativ ist wie das der modernen demokratischen französischen Republik.

Erläuterungen

Schweitzer legt in diesem Text, der im 4. Quartalsband des 9. Jahrgangs der Zeitschrift ›Die Musik‹ (= Band 36, 1909/10, S. 23–30) erschien, seine Erfahrungen nieder, die er im Kontakt mit der Pariser Bach-Gesellschaft gewonnen hatte. Wie er im Bach-Buch mitteilt, sei es bei den Pariser Verhältnissen das Schwerste, einen tüchtigen Chor zu organisieren; überhaupt sei das Fehlen gemischter Chöre in Frankreich das größte Hemmnis der Verbreitung Bachscher Werke (S. 226).

Neben die Beschreibung der musikalischen Verhältnisse tritt eine unverkennbar ironische Beleuchtung der gesellschaftlichen Traditionen in Paris, vor allem der Erziehung und Stellung der Mädchen, so daß man häufig nicht ganz im Klaren ist, ob nun die Information über die Hemmnisse für das französische Chorwesen oder die leise Gesellschaftskritik an den Pariser Gepflogenheiten Auslöser und Antreiber dieses Artikels war. Schweitzer kannte von seinem Freundeskreis in Straßburg, dem sogenannten »Radel-Club«, her eine viel liberalere Stellung der Mädchen. Radfahren gehörte zur Jahrhundertwende keineswegs zu den Selbstverständlichkeiten, vor allem nicht für Mädchen – in Paris wäre es undenkbar gewesen. Diesem Straßburger Freundeskreis gehörten einige Professorentöchter an, so Helene Breßlau, seine spätere Frau, und Elly Knapp, die sich 1908 mit Theodor Heuss vermählte (sie wurden von Schweitzer als Vikar getraut). Beide Frauen betätigten sich engagiert im sozialen Bereich.

Gehen wir im Folgenden etwas näher auf Schweitzers Mitwirkung in der Pariser Bach-Gesellschaft ein, ohne die sein Aufsatz in jedem Fall nicht geschrieben worden wäre. Die Pariser Bach-Gesellschaft war im Jahre 1904 von ihrem Leiter Gustave Bret gegründet worden; das erste Konzert fand am 11. März 1905 statt, in dem unter anderem die Kantate ›Die Elenden sollen essen‹ (BWV 75), das Konzert g-moll (BWV 1058) mit Wanda Landowska am Klavier und A. Guilmants Symphonie d-moll für Orgel und Orchester (op. 42) mit dem Komponisten als Solist aufgeführt wurde.

Schweitzer kam mit dem gleichaltrigen Bret dadurch in Kontakt, daß beide Orgelschüler Widors waren, Bret ab 1903 auch dessen Stellvertreter. Wie dieser berichtet, habe er Schweitzer die Idee der Gründung einer »Société J.-S. Bach« unterbreitet und sei von ihm ermutigt worden. Zu diesem Zeitpunkt verfügte Schweitzer bereits über umfangreiche Kenntnisse und Erfahrungen bezüglich der Aufführung Bachscher Kantaten aus seiner Mitarbeit in den Konzerten des Straßburger St. Wilhelmer-Chores unter E. Münch (vgl. die Texte ›Zur Geschichte des Kirchenchors zu St. Wilhelm‹ [1905] und ›Erinnerungen an Ernst Münch‹ [1945]). Außerdem hatte er soeben – Anfang 1905 – sein französisches Buch ›Jean-Sébastien Bach, le musicien-poète‹ herausgebracht. So figuriert sein Name unter den Mitgliedern des »Comité artistique« (künstlerisches Komitee) neben Paul Dukas, Gabriel Fauré, Alexandre Guilmant, Vincent d'Indy und Charles Marie Widor. Ob und inwieweit allerdings das

Komitee irgendwelche Arbeit zusammen geleistet hat, darüber gibt es keinerlei Hinweise und es bestehen Zweifel.

Schweitzer beteiligte sich an den Konzerten zunächst durch Verfassen von Erläuterungen zum Programm und durch beratende Tätigkeit in Aufführungsfragen. Als Orgelbegleiter fungierte Schweitzer das erste Mal am 6. März 1907 und danach zunächst nur unregelmäßig. Diese Aufgabe blieb den führenden Pariser Organisten vorbehalten, darunter die Namen Guilmant, Widor, Gigout, Tournemire, J. Bonnet, Nadia Boulanger, Dupré und René Vierne (Bruder von Louis). Erst in den Jahren 1911/12 begleitete Schweitzer regelmäßig bei den Konzerten der Gesellschaft. Guilmant, der den Großteil der Begleitungen übernommen hatte, war im März 1911 gestorben. In der zwischen 1912 und 1914 publizierten Ausgabe der Orgelwerke Bachs von Widor und Schweitzer, die zugleich in französisch, deutsch und englisch erschien, wird Schweitzer auf dem Titelblatt als »Privatdozent an der Universität zu Strassburg in [sic!] Elsass und Organist der Pariser Bachgesellschaft« bezeichnet.

Schweitzer begleitete nicht nur Vokalwerke, sondern übernahm auch in Orchesterwerken den Continuo-Part, so in einem Konzert am 5. Mai 1911, wo Alfred Cortot Bachs Konzert in f-moll (BWV 1056) spielte und Schweitzer auf einem zweiten Klavier den bezifferten Baß ausführte. Anders als seine namhaften Pariser Kollegen ist Schweitzer aber in diesen Konzerten nicht solistisch hervorgetreten. Nur einmal, am 25. April 1912, gab er in Paris ein solistisches Orgelkonzert, zugunsten seiner bevorstehenden Tätigkeit in Lambarene. Dabei wirkten zwei Violinen (im langsamen Satz eines Konzertes für 2 Violinen) und der Chor der Bach-Gesellschaft mit, der nach Schweitzers grundsätzlichem Brauch die vierstimmigen Chorsätze im Anschluß an die Orgelchoralvorspiele vortrug. Schweitzer spielte u. a. Bachs Präludien in h-moll (BWV 544,1) und in D-dur (BWV 532,1) und außerdem einige der bekannteren Choralvorspiele. Dieses war Schweitzers einziges Orgelkonzert in Paris. Den Chor begleitete er zum letzten Mal am 22. März 1912 in Bachs ›Matthäuspassion‹.

Schweitzers Tätigkeit als Berater in aufführungstechnischen Fragen belegt ein Brief an Gustave Bret vom September 1907, der zur Vorbereitung einer Aufführung der ›Johannespassion‹ 1907 diente. Darin gibt Schweitzer zunächst Empfehlungen über die zu streichenden Stücke und antwortet auf einem Extrablatt auf Fragen Brets. (Schweitzer schrieb an Bret in französisch; Übersetzung von St. Hanheide.)

»Mon cher.
Die Streichungen
Ich nehme den ersten Vormittag der ersten freien Woche – das Manuskript des Bach wurde am Mittwoch, 25. September 1907, um 6.45 Uhr nachmittags abgeschlossen –, um die Frage der Streichungen zu untersuchen.
Sie erlauben, daß ich Ihnen den meiner Ansicht nach günstigsten Plan darlege.
Grundidee: Die Handlung und die meistmöglichen Choräle erhalten! Seitenzahlen nach Orchesterpartitur [der alten Bach-Ausgabe].
1) ist die erste Alt-Arie ›Von den Stricken‹ zu streichen (S. 19 ff.). Sie gelingt nie und langweilt; sie verschleppt. Sofort vom Rezitatv S. 19 zu dem S. 24 gehen. Das zweite fügt sich wunderbar dem ersten an! Sehen Sie selbst.
2) ist das Rezitativ S. 29, 30 und der Choral S. 31 [›Wer hat dich so geschlagen‹] zu streichen. Das ist eine Episode, die sich sehr leicht aus dem Zusammenhang her-

auslösen läßt. Und das Rezitativ S. 31 stellt eine gute Fortsetzung zur Sopran-Arie [›Ich folge dir gleichfalls‹] dar. (Hier spricht der Theologe.)
3) ist S. 57 die Tenor-Arie ›Erwäge‹ zu streichen (im Einverständnis mit Ihnen).
4) 50 Jahre zur Hölle, wenn Sie das erste ›Kreuzige‹ streichen! Dagegen empfehle ich Ihnen eine ausgzeichnete Kürzung, die den Prozeß Jesu verkürzt, der beim Evangelisten Johannes zu lang ist. Lassen Sie das Rezitativ bei ›Denn ich finde keine Schuld an ihm‹ abbrechen. Akkord

Darauf sofort den Choral in E-dur: Seite 74 [›Durch dein Gefängnis, Gottes Sohn‹]! Der Chor ›Wir haben ein Gesetz‹ (S. 69) und das Rezitativ S. 73 haben nichts mit der Haupthandlung zu tun.
5) Gehen Sie direkt vom letzten Akkord des Chores S. 75–77 [›Lässest du diesen los‹] zum Rezitativ S. 82 ›Spricht Pilatus zu ihnen‹. Das fällt sehr gut aus! Als Ganzes wie auch von der Harmonik her ist diese Abfolge sehr interessant!
6) ist die ›Arie mit Chor‹ ›Eilt‹ (S. 84 ff.) zu streichen; sie würde Ihnen enorm viel Arbeit bereiten, und, um die Wahrheit zu sagen, weiß keiner, wie sie gesungen werden soll! Man nimmt nur den Kampf des Basses gegen das Orchester wahr.
7) ist die im Grunde undankbare Arie mit Choral S. 108 ff. [›Mein teurer Heiland, laß dich fragen‹] zu streichen. Und sie hält zu sehr das Rezitativ auf, das vom Tode Jesu erzählt! Also sofort Rezitativ S. 112 nach dem kleinen Strich des Rezitativs S. 107!
8) ist die Sopran-Arie S. 114 [›Zerfließe, mein Herze‹] zu streichen. Sopran und Alt behalten nur eine Arie! Die anderen, die eher undankbar sind, streichen wir. Diese hier S. 114 ist schön auf dem Papier, aber ich habe sie noch nie auf eine erträgliche Weise singen gehört.
9) auch das [folgende] Rezitativ S. 119 ist zu streichen; es hat mit der Haupthandlung nichts zu tun. Und beachten Sie die schöne Aufeinanderfolge, die man so erhält. Der Tenor beendet sein Arioso (S. 114) mit der Frage: ›Mein Herz, was willst du deines Ortes tun?‹. Der Chor antwortet mit dem Choral S. 121: › O hilf Christe …‹. Sie sehen, daß ich mehr wegschneide als Sie; aber keine großen Stücke. Das Publikum wird eher der Arien überdrüssig als der Chöre und der Choräle.

Beantwortung der Fragen
1) Die Laute ersetzen wir durch die Pizzicati der Instrumente. Besser wären eine oder zwei Harfen!
2) In allen Chören ein oder *zwei* Fagotte mit den Violoncelli. Sicher hätte Bach sie verwendet … wenn er sie gehabt hätte …
3) Ich beabsichtige nicht, im Oktober nach Paris zu kommen. Zu sehr am Ende der Kräfte. Ich muß mich ausruhen und meine Druckfahnen korrigieren! Aber wenn Sie es als günstig erachten, daß wir uns über die Details verständigen, komme ich für drei Tage gegen Ende des Monats. Das strengt mich nicht zu sehr an. Denn allem voran muß ich meine Pflicht für die ›Johannespassion‹ tun.
4) Auf keinen Fall das ›Gegrüßet‹ streichen!

5) Als Erläuterung für die ›Johannespassion‹ sende ich Ihnen in diesen Tagen das Kapitel des deutschen Bach zu diesem Thema, mit der These, daß Bach die ›Johannespassion‹ aufgeführt hat, bevor er nach St. Thomas berufen wurde (die These ist nicht von mir); Hermann wird Ihnen die Hauptgedanken übersetzen, es [das Kapitel] ist wesentlich umfassender als das des französischen Bach.
[Ziffer 6 fehlt im Brief.]
7) in Straßburg ersetzen wir Oboe da caccia durch Englischhorn! Das sind identische Instrumente! Das Englischhorn ist aus der alten Oboe da caccia hervorgegangen. Dagegen haben wir eine hervorragende Oboe d'amore, wenn Sie eine brauchen.
8) Münch gibt Ihnen sicherlich seine Partitur. Sie brauchen ihm nur ein Wort zu schreiben, und er sendet sie Ihnen gerne!
9) Vergessen Sie nicht die Piccoloflöten mit den Flöten in den Chören S. 44 [›Wäre dieser nicht ein Übeltäter‹], 48 [›Wir dürfen niemand töten‹], 65 [›Sei gegrüßet‹], 82 [›Wir haben keinen König‹]; Bach mußte, wie gewisse Merkmale der Partituren besagen, oft auf dieses Mittel zurückgreifen, um die Flötenstimmen heraustreten zu lassen. Vor allem verwenden Sie viele Oboen und setzen Sie sie alle vor, *vor die Violinen!* Die Wirkung ist großartig! Man macht das mit viel Erfolg in Deutschland (zum Beispiel in Göttingen). Es ist ein sehr interessanter Artikel eines sogenannten Voit [W. Voigt] erschienen, der die Theorie verficht, wonach die Holzbläser für Bach-Aufführungen vor den Streichern zu plazieren seien.
10) Habe ich nichts vergessen? Wenigsten sagen Sie nicht mehr, das Schweitzer nicht auf Fragen antwortet. Auf Wiedersehen; ich werde meinen Kopf ausruhen lassen. Die Übersetzungen der Kantaten werden Sie in Kürze erhalten.

Auf Wiedersehen. Viele Grüße an Ihre Frau.

Ich hebe Ihren Brief und Ihre Karte bezüglich der Streichungen auf.

Ihr A. Schweitzer«

In ähnlicher Weise wurde auch die erste Aufführung des Kyrie und Gloria der ›h-moll-Messe‹ für den 3. Februar 1909 von Schweitzer und Bret vorbereitet. Wie letzterer berichtet, wurden alle Einzelheiten gemeinsam festgelegt: Dynamik, Tempo, Eigenheiten des Tonstückes, eingeschlossen die mit äußerster Präzision festgelegten Bogenstriche. In Anschluß an dieses Konzert, bei dem Schweitzer die Orgel spielte, schrieb dieser an Bret folgenden Brief:

»Straßburg i. E.
Thomasstaden 1 A
10. Februar 1909

Mein lieber Bret!
Wenn ich auch noch so müde bin, muß ich Ihnen ein Wort schreiben, um die Bewunderung zum Ausdruck zu bringen, die ich empfand, als ich Ihren Chor die Messe singen hörte. Ich spreche nicht von der Dynamik und den Tempi, die Sie gewählt haben, die ich in voller Übereinstimmung mit dem mir vorschwebenden Ideal finde, sondern von der Art und Weise, wie Ihr Chor auf Ihre Absichten eingegangen ist. Ich habe die Messe zu verschiedenen Malen gehört, aufgeführt von berühmten Chören, aber nie habe ich so sehr das Gefühl der Vollendung in die-

sem Maße gehabt. Das ›Et in Terra pax‹ wird mit unvergeßlich bleiben ... Wenn Ihr Chor in dieser Weise weitermacht, wird er bald zu den ersten Chören Europas zählen, nicht durch die Masse, sondern durch die Kunst der Darbietung. Sie wissen, daß ich noch nicht genug Pariser bin, um Komplimente zu machen. Was ich Ihnen sage, ist also die reine Wahrheit.

Ich wünsche Ihnen gute Gesundheit und guten Mut bei der Weiterbildung Ihres so sympathischen Chors. Ist es klar, daß der Schlußchoral von ›Wachet auf‹ von Anfang bis zum Ende fff gesungen werden muß? Das ist die richtige Art und Weise. Sie werden die Notizen für das Programm bekommen. Wann brauchen Sie dieselben?

Ihnen, Ihrer Frau, der Bachgesellschaft herzlichste Grüße

Albert Schweitzer«

Literatur

G. Bret, Albert Schweitzer et la Société de J.-S. Bach de Paris. In: C. Schneider u. a., Albert Schweitzer – eine Würdigung, Straßburg 1934.

G. Bret, Bach, Schweitzer und die Pariser Bach-Gesellschaft. In: Albert Schweitzer. Sein Denken und sein Weg, herausgegeben von H. W. Bähr, Tübingen 1962.

Die erste Aufführung von J. S. Bachs ›Matthäuspassion‹ in Spanien (1921)

Im Jahre 1909, als ich eben die Orgel bei einer Aufführung des ›Magnificat‹ in der Pariser Bach-Gesellschaft gespielt hatte, traten zwei Herren auf mich zu und stellten sich als die Dirigenten des »Orféo Català« von Barcelona vor. Sie erzählten mir, daß der »Orféo Català« gerade seinen Konzertsaal gebaut und mit einer guten Orgel ausgestattet habe und nun auch gedenke, regelmäßig Bach aufzuführen. Einige Monate nachher begleitete ich dort das ›Magnificat‹, später Kantaten, noch später die ›h-moll-Messe‹. Am 27. Februar dieses Jahres erfolgte die durch den Krieg verzögerte Aufführung der ›Matthäuspassion‹.

Was ist der »Orféo Català«? Bekanntlich gehörte Katalonien nicht von jeher zu Kastilien, dem eigentlichen Spanien, sondern kam erst im Mittelalter durch Heirat an die kastilanischen Könige. Immer bewahrte es seine Sprache und seine Eigenart. Seit etwa dreißig Jahren ist eine Selbständigkeitsbewegung im Gange. Was dieselbe so interessant macht, ist, daß sie nicht rein politischer, sondern vor allem geistiger Art ist. In Katalonien hört man nicht das öde nationalistische Geschrei, das einem so viele andere kleine Nationalitäten, die ihre Selbständigkeit bewahren wollen, unsympathisch macht. Die Katalonier wollen sich ihrer Kraft und ihres Wertes bewußt werden, indem sie wirtschaftlich und geistig etwas leisten. Als Mittelpunkt der geistigen Selbständigkeitsbewegung ist die Chorvereinigung »Orféo Català« vor etwa fünfundzwanzig Jahren gegründet worden. Sie pflegt die alte und moderne katalonische Musik, zugleich aber auch die Musik überhaupt. An der Spitze steht Maestro Lluis Millet, der auch als feinsinniger Komponist einen Namen hat. Ihm tritt Herr Francesc Pujol zur Seite, der als Organisator so hervorragend wie als Musiker ist und im »Orféo« die Rolle von Musikdirektor Kniese im alten Bayreuth spielt, an den er auch durch seine Kunst, überall absichtlich zurückzutreten, erinnert. Bekanntlich dirigierte Herr Dr. Volkmar Andreae vor einigen Jahren eine Reihe von Sinfoniekonzerten im »Orféo Català«.

Der Chor zählt 250 Sänger und Sängerinnen. Dazu kommen etwa 120 Kinder aus der Singschule des »Orféo Català«. Sie sind in allen Chören dem Alt und dem Sopran der Frauenstimmen beigegeben. Das Problem des Chores für Bach-Aufführungen ist also hier glücklich gelöst. Der »gemischte Chor« ist zwar beibehalten. Aber die Soprane und Alte heben sich nicht in störender Weise von den Männerstimmen ab. Die hellen Knabenstimmen stellen die von Bach vorausgesetzte klangliche Homogenität her.

Freilich muß man sich im »Orféo Catalã« zunächst mit manchem Befremdlichen befreunden. Dazu gehört, daß in den Proben vom Kontrabassisten bis zum Dirigenten hinauf geraucht wird und daß die Chorproben, wie auch die Konzerte, erst abends um 10 1/2 Uhr beginnen und bis 1 Uhr dauern. Zudem ist jede Probe durch eine halbstündige Pause unterbrochen, die dem noch intensiveren Rauchen gewidmet ist. Aber bald wird man gewahr, daß diese südländischen Gewohnheiten den Ernst des Übens in keiner Weise beeinträchtigen.

Die Wiedergabe der »Passion« gehört zu den besten, die ich überhaupt gehört habe. Herr Millet hat sich, wie schon die Aufführung der ›h-moll-Messe‹ zeigte, meisterhaft in Bachs Stil gefunden. Vorzüglich verstand er es, das Realistische, das in Bachs Passionsmusik liegt, herauszuholen, ohne jeweils die Rücksicht auf das Schöne außer acht zu lassen. Die Volkschöre nahm er zum Teil bedeutend langsamer, als man sie gewöhnlich hört. In dem Eingangschor, dem Schlußchor des ersten Teils und dem Endchor sah er es auf monumentale Wirkung ab, die auch wunderbar herauskam. Überhaupt war seine Auffassung großzügig.

Die Solisten waren Katalanen mit Ausnahme von Herrn Georg Walter aus Berlin, der die Tenorarien – und zwar auf katalonisch – mit gewohnter Meisterschaft sang. Überraschend war, wie Sänger und Sängerinnen, die sich bisher wenig mit Bach abgegeben hatten, im Stile des Meisters sangen. Den Tenor, Herrn Emili Vendrell hatte ich vor einem Jahre einige Stunden lang mit der Art, in der hervorragende Evangelisten wie Robert Kaufmann, Georg Walter und andere die Partie auffassen, bekannt gemacht. Dies genügte ihm, um einen in jeder Hinsicht tadellosen und fesselnden Evangelisten zu bieten, dem noch eine wundervolle jugendliche, sich ohne jede Anstrengung in der Höhe bewegende Stimme zustatten kam. Herr Ricard Fustẽ sang den Jesus in einer für unser nordländisches Empfinden vielleicht etwas stark dramatischen Weise, wirkte aber in der Einheitlichkeit und Durchdachtheit seiner von dem Dirigenten geteilten Auffassung überzeugend. In jeder Hinsicht schön waren die Baßarien von Herrn Sandro Griff und die Sopranarien von Fräulein Andreua Fornells wiedergegeben. Fräulein Concepcio Callao wußte das gewaltige Pathos der Altarien in einer ganz einzigartigen Weise zu treffen.

Das Orchester, aus 90 Spielern bestehend, war ganz auf der Höhe seiner Aufgabe und lag, dank der ausreichenden Proben, vorzüglich in der Hand des Dirigenten. Wohltuend berührte mich die diskrete Art, in der Kontrabässe und Celli in den Arien begleiteten. Da war kein Kratzen und Schnurren, sondern nur ein fortgesetzt edel modulierter Ton zu hören. Was das bedeutet, kann nur der ermessen, der schon manchmal als Organist die ganze Passion hindurch in den Soli zu forsch drauflosstreichende Kontrabässe und Celli um sich hatte. Soloviolinisten waren Herr E. Toldra und Herr J. Recasens, Solocellist Herr G. Cassado. Auch die Soloflöten waren ausgezeichnet. Als Solooboisten fungierten Herr Professor Fritz Flemming und Herr Kammermusiker Theodor Menge, die eigens für diese Aufführung von Berlin gekommen waren. Ihr wundervoller Ton und ihr einzigartig präzises Zusammenspiel erregten Bewunderung.

Die ›Matthäuspassion‹ wurde ohne Strich gegeben. Der erste Teil begann – es war Sonntag – um fünf Uhr, der zweite nach zehn Uhr abends. Der Eindruck auf die Zuhörer, die alle mit etwas ganz Neuem bekannt wurden, war ein überwältigender. Kaum jemals habe ich so die elementare Wirkung der Bachschen Musik erlebt wie hier. Zum Glück war auf den Programmen das Klatschen nach den einzelnen Nummern verboten, das mich bei der Aufführung der ›h-moll-Messe‹ so gestört hatte. Dieses Verbot war für den, der Barcelona kennt, ein Wagnis, aber es gelang.

Etwas beeinträchtigt wurde mir die Freude an der so bedeutungsvollen Aufführung durch die der großen Kosten wegen sehr hohen Preise. Ein Sitzplatz im Parkett kostete fünfzig Peseten, ein Stehplatz fünf. Die Stehplätze wurden erst am Konzerttage selbst ausgegeben. Von sechs Uhr morgens an standen Hunderte von Menschen in Reihen von zwei und zwei vor den Kassen des »Orfeó«. Solche Ansammlungen sieht man hier sonst nur – wenn Tabak verkauft wird. In Spanien ist, wie in den meisten Ländern mit staatlichem Tabakmonopol, zu wenig Tabak vorhanden, und die Raucher sind gewohnt, sich in stundenlangem Warten die nötigen Päckchen zu erstehen oder durch Stellvertreter erstehen zu lassen, wobei es in dem Streit um den Vortritt zuweilen Tote setzt, wie ich es letztes Jahr erlebte.

Sonntag, den 6. März, wurde die Aufführung – auch diesmal bei ausverkauftem Saal – wiederholt. Hinfort soll Bachs ›Matthäuspassion‹ in Barcelona jedes Jahr am Sonntag vor Palmsonntag – und zu allgemein erschwinglichen Preisen – gegeben werden. Die äußerst gelungene katalonische Übersetzung des Textes ist das Werk von Herrn Pujol und Herrn Gibert, einem der bedeutendsten unter den jungen katalonischen Komponisten.

Erläuterungen

Schweitzer schrieb diesen Bericht für die am 16. April 1921 erschienene Ausgabe der Zürcher Zeitschrift ›Schweizerische Musikzeitung und Sängerblatt‹ (61. Jg., Nr. 12).

Die von Schweitzer am Anfang des Textes beschriebene erste Begegnung mit den beiden Herren des »Orféo Català« fand nicht 1909, sondern bereits am 29. Januar 1908 nach einem Konzert der Pariser Bach-Gesellschaft statt, in dem Bachs Profankantate ›Der Streit zwischen Phoebus und Pan‹ (BWV 201), die Sinfonia der Kantate ›Gott soll allein mein Herze haben‹ (Nr. 159) und das ›Magnificat‹ aufgeführt worden waren.

Der sich an diese Begegnung anschließende Briefwechsel zwischen Schweitzer und dem Dirigenten des »Orféo Català« Lluis Millet (1867–1941) galt zunächst der Vorbereitung von Schweitzers erstem Besuch in Barcelona. Dieser fand im Oktober 1908 statt, wo Schweitzer am 21. den hier als ersten Text abgedruckten Vortrag hielt, an den sich ein Orgelkonzert Schweitzers unter Mitwirkung des Tenores Georg A. Walter anschloß. Am 24. folgte ein Konzert des »Orféo« mit Schweitzer als Solist und Walter als Tenor, in dem neben Bachschen Werken das Orgelkonzert A-dur (op. 7,2) von Händel zu Aufführung kam. Am 26. wirkte Schweitzer in einem dritten Konzert – in Anwesenheit des Königs zugunsten katalanischer Waisen – mit, das Werke zeitgenössischer katalanischer Komponisten, Vokalmusik von Palestrina und Jannequin, das ›Magnificat‹ Bachs und abermals Händels Orgelkonzert enthielt. (Schweitzer berichtet von seinen Eindrücken dieses ersten Besuches in zwei Briefen an seine Eltern, die verkürzt abgedruckt sind in: Albert Schweitzer, Leben, Werk und Denken, mitgeteilt in seinen Briefen 1905–1965, herausgegeben von H. W. Bähr, Heidelberg 1987.)

Im Oktober des folgenden Jahres beteiligte sich Schweitzer an zwei weiteren Konzerten des »Orféo«, wo unter anderem das Credo der ›h-moll-Messe‹, die Kantate ›Ich armer Mensch, ich Sündenknecht‹ und das Orgelkonzert Nr. 2 von Rheinberger aufgeführt wurde.

Nach einem weiteren gemeinsamen Konzert im April 1910 wurde die gesamte ›h-moll-Messe‹ dann im November 1911 und im März 1912 aufgeführt, wieder mit Schweitzer als Organist und musikalischer Berater. Letztere Tätigkeit bestand zunächst darin, Artikulation und Dynamik in die Singstimmen einzutragen. Dazu benutzte er die Ausgabe Kretzschmars (bei Breitkopf), hielt aber dessen Eintragungen für nicht geeignet:

> »[...] ich werde meine Phrasierung und meine Dynamik eintragen, denn Kretzschmar ist dumm. Also singen Sie zunächst, als ob dieser Typ seine Dynamik nicht eingetragen hätte.« (Brief an Millet, 2. Juli 1909)

Dann empfahl er:

> »Die Soli des Basses mit den Hörnern spielen wir nicht. Das ist eine verrückte Orchestrierung, eine Qual anzuhören.« (13. Januar 1910)

Über einige Tempi der Messe berichtete er am 15. März 1912 an den Beethoven-Biographen Paul Bekker:

»[...] da wir hier mit dem großen Chore des Orféo Catalã eine Wiederholung der Bachschen Messe veranstalten, bei der wir die Einleitung des Kyrie Achtel = 63 und das Largo Achtel = 76 nehmen und damit natürliche Wirkung zu erzielen glauben.«

Von einer interessanten Begebenheit sei hier nur nebenbei berichtet: Meinungsverschiedenheiten zwischen den Katalanen und Schweitzer gab es bezüglich der Zusammenstellung der Programme. Schweitzer hielt auf ein rein geistliches Programm mit Chor- und Orgelwerken, während die Katalanen geistliche Werke mit weltlichen – Klavier-, Violinwerken o. ä. – mischen wollten. Auf einen Vorschlag, Wanda Landowska als Solistin in einem Konzert mit Vokalwerken zu verpflichten, antwortete er am 24. Februar 1911:

»Unmöglich, Wanda zu engagieren. Das Cembalo erzeugt in mir Bauchschmerzen und Durchfall, nicht bildlich, sondern wirklich! Ich glaube, daß die Schwingungen der Saiten direkt auf meine Gedärme wirken und diese erbeben lassen! Was würde Raimundus Lullus sagen, wenn er erführe, daß Sie im dritten Teil des Konzertes Cembalomusik neben die Messe von Bach stellen! Nein, ich liebe Wanda, ich bewundere sie, ... aber lassen Sie mich das Konzert ohne Cembalo machen! Ich flehe Sie an: Engagieren Sie sie ein anderes Mal; ich versichere Ihnen, daß ich irgendwie einen sehr schönen dritten Teil *ohne Solist* finden werde. Ich flehe Sie an:

In vierzehn Tagen werde ich Ihnen ein Programm vorschlagen. Wir haben uns auf den 1.–15. November geeinigt, dann werde ich zum letzten Mal bei Ihnen sein.«

(Raimundus Lullus war ein katalanischer Philosoph und Missionar, von dessen Schriften Schweitzer kurz zuvor einiges von Millet geschenkt erhalten hatte.)
Die Einschätzung des Cembalos und Wanda Landowskas liest sich im Bach-Buch etwas anders:

»Dem Zauber dieses flimmernden und rauschenden Klangs kann sich so leicht niemand entziehen, und die Tonabwechslung, die es durch Klavierwechsel, An- und Abkoppelung und Oktavenkoppelung ermöglicht, läßt fast vergessen, daß es darauf keine Tonschattierung gibt. Vor allem aber tritt die Baßlinie so schön heraus, wie auf keinem andern Instrument. Wer einmal Frau Wanda Landowska das Italienische Konzert auf dem wundervollen Pleyelschen Clavecin, das ihr Musikzimmer ziert, hat spielen hören, dem will es fast nicht mehr in den Sinn, daß man es auch auf einem modernen Flügel wiedergeben könne.« (S. 308)

Der Widerspruch zur obigen Briefbemerkung löst sich jedenfalls bis zu einem gewissen Grad in der darauffolgenden Bemerkung im Bach-Buch:

»Aber schon in einem ganz kleinen Konzertsaal muß selbst der Cembalo-Fanatiker mit einem gewissen Mißbehagen kämpfen, um sich seinen Enthusiasmus zu erhalten, da der in der Nähe so rauschende Ton bei einer Distanz von sieben oder acht Metern schon etwas Schwächliches und Zitteriges bekommt.« (S. 309)

Ein solches Konzert, von dem Schweitzer den Katalanen hier abrät, hatte übrigens stattgefunden, woran Wanda Landowska in einem Brief an Schweitzer erinnert, und zwar in der Pariser Bach-Gesellschaft: Diese habe mit Schweitzer an der Orgel die Kantate ›Sehet, wir gehn hinauf‹ (Nr. 159) und die Trauerode aufgeführt, zwischen beiden Werken habe sie selbst das ›Italienische Konzert‹ gespielt.

Überdies waren Schweitzer und die berühmte Cembalistin gut befreundet. Es gibt noch aus den vierziger Jahren einige Briefe von Wanda Landowska an Schweitzer, in dem sie ihm ihre Bewunderung für sein Werk in Lambarene bezeugt. Auch gab sie Konzerte zugunsten seines Werkes. Von Schweitzers Brief an die Katalanen wird sie wohl – glücklicherweise – nichts gewußt haben. Auch Schweitzer war ihr, wie aus obigem Brief hervorgeht, ansonsten sehr zugeneigt.

Eine Aufführung der ›Matthäuspassion‹ durch den »Orfëo Catalã« war zunächst für den Winter 1915/16 vorgesehen. Schweitzer beabsichtigte, im April 1915 aus Lambarene nach Europa zurückzukehren, um sich vom tropischen Klima zu erholen. Für diese Zeit war er auch zu einer Konzertreise nach Moskau eingeladen worden. Beider Unternehmungen wurden jedoch durch den Krieg verhindert.

Die Aufführung konnte erst am 27. Februar 1921 (Wiederholung am 6. März) stattfinden, wovon Schweitzer in seinem Artikel berichtet. Auf seinen Rat und seine Vermittlung hatte Siegfried Ochs für den Chor in Barcelona Kopien seiner Dynamik, Bogenstriche und Artikulationseintragungen in die Stimmen anfertigen lassen, nach denen die Katalanen sich einrichteten. Das geht aus Briefen hervor, während davon im Artikel nicht die Rede ist.

Die schwierige politische Lage nach dem 1. Weltkrieg zeigte sich auch für die Versendung bzw. Verzollung dieser Stimmen sowie vor allem für Schweitzer selbst, der große Mühe hatte, sich den Paß für die Reise zu verschaffen. Er galt zu der Zeit als »gefährlicher Autonomist« und stand unter Polizeiaufsicht.

Die Sängerin Aglaja Orgeni (1931)

Am 16. März 1926 verstarb in Wien hochbetagt und bereits halb vergessen die Sängerin Aglaja Orgeni, die zwischen 1865 und 1885 in Gastspielen an fast allen Opernbühnen Europas große Erfolge gekannt und danach bis zum Ausbruch des Weltkrieges in Dresden und München eine reichgesegnete Lehrtätigkeit entfaltet hatte.

Wenn Aglaja Orgeni die Berühmtheit einer Jenny Lind und einer Adelina Patti nicht erlangt hat, so war es nicht, weil ihr die erforderliche stimmliche und künstlerische Begabung abging, sondern weil ein Unstern über ihrem Dasein waltete. So schildert das Buch, in dem ihre Großnichte Erna Brand dieses Leben festhält, das tragische Schicksal einer großen Künstlerin und eines edlen, hervorragenden Menschen[1].

Etwas Tragisches hat das Leben dieser Sängerin dadurch an sich, daß sie Koloratursängerin ist in einer Zeit, die sich unter dem Einflusse der Kunst Richard Wagners von der romantischen und italienischen Oper immer mehr abkehrt. Sie steht im Dienste einer nicht mehr für voll geltenden Kunst. Es hilft nichts, daß sie den Rollen jener veralteten Opern durch die Kraft ihrer künstlerischen Persönlichkeit ein neues Leben verleiht. Die Zeit ist der Oper müde geworden und läßt nur noch das Musikdrama gelten.

Als Aglaja Orgeni 1873 für ein Gastspiel in München dem Kapellmeister Herman Levi die Opern mit ihren Koloraturglanzrollen namhaft macht und ihn bittet, eine davon auf den Spielplan zu setzen, antwortet er ihr: »Die von Ihnen genannten Opern sind samt allen der gleichen Richtung angehörenden von unserem Repertoire verschwunden ... Weder unsere Sänger noch unser Publikum vermögen sich mehr mit italienischem Stile abzufinden.« 1878 schreibt ihr der mit ihr befreundete Intendant des Schweriner Theaters: »Leider kann ich Ihnen hier kein Gastspiel anbieten, unter unseren jetzigen Verhältnissen ist es unmöglich, da wir ... völlig ›vernibelungt‹ sind!«

Tragisch an dem Leben dieser großen Sängerin ist weiter, daß sie nie seßhaft geworden ist. Ihre Laufbahn beginnt die österreichische Offizierstochter, kaum daß sie ihre Studien bei Frau Viardot-Garcia in Baden-Baden

---

[1] Aglaja Orgeni. Nach Briefen, Zeitquellen und Überlieferung, von Erna Brand, München 1931, Verlag C.H. Beck, 352 Seiten.

beendet hat, 1865 als königlich-preußische Hofopernsängerin in Berlin. Ein Jahr später kommt sie um ihre Entlassung ein, da sie es nicht über sich bringt, bei den Festvorstellungen, in denen der Sieg über ihr Vaterland gefeiert wird, aufzutreten. In der Folge hat sie keiner Oper mehr für dauernd angehört, sondern hat sich zur Gastspiel-Künstlerin entwickelt. Wie anders wäre ihr Leben wohl verlaufen, wenn die politischen Ereignisse es ihr nicht unmöglich gemacht hätten, in Berlin zu verbleiben, wo sie Wurzel gefaßt hatte und wo sie sich als Künstlerin in natürlichster und vollendetster Weise hätte entwickeln und sich ausgeben können.

Wie man das Dasein der Jungfrau von Orleans erst versteht, wenn man sich die vielen ermüdenden Fahrten vergegenwärtigt, die sie während ihrer kurzen Wirksamkeit zu unternehmen hatte, also ermißt man die Tragik des Daseins von Aglaja Orgeni erst, wenn man Einblick in das Hin- und Herreisen nimmt, das ihr Beruf von ihr verlangte.

Tragisch an ihrem Leben ist auch ihr Lieben. Lange Jahre mit einem Jugendbekannten verlobt, kann sie sich doch nicht zur Ehe entschließen und erkennt zuletzt, daß das, was sie an ihm befremdet, auf seine krankhafte Veranlagung zurückgeht. Was liegt nicht alles in dem einen Satze aus einer kurzen Aufzeichnung ihres Lebens: »Mein Verlöbnis mit einem Freunde meiner Familie, dem ich in meiner Jugend in meinem Elternhause begegnet war und den ich nach einer langen Reihe von Jahren wiedertraf, löste der Tod.«

Ihr an sich schon so unruhiges Künstlerleben wird dadurch noch kompliziert, daß sie ihrer Familie in gleicher Weise angehören will wie der Kunst. Um monatelang bei ihrem schwerkranken Vater weilen zu können, löst sie 1875 die bereits geschlossenen Verträge und hat Mühe, nachher wieder den Weg zur künstlerischen Betätigung zu finden. Aus dem künstlerischen Kreis in München, in dem sie im Alter etwas wie eine Heimat gefunden hat, reißt sie sich los, um sich ihrem als Witwer kinderlos in Wien lebenden Bruder zu widmen.

Wahrhaft ergreifend sind die Tagebuchnotizen und die Briefe, in denen die große Künstlerin mit dem edlen, warmen Herzen Kunde von sich selber gibt.

Als eine außerordentlich sympathische Persönlichkeit zeigt sich Frau Viardot-Garcia in dem Briefwechsel, den sie mit ihrer Schülerin unterhält. So verschieden sie in ihrem Wesen sind, so sind diese beiden Frauen dazu bestimmt, einander nahe zu kommen. Auch Frau Viardot-Garcia ist ja eine Heimatlose. Von dem Pariser Kunstbetrieb und dem oberflächlichen Geist der Gesellschaft des zweiten Kaiserreiches angeekelt, siedelt sie nach Baden-Baden über. Nach Deutschlands Sieg über ihr Volk vermag sie nicht mehr dort zu leben, sondern versucht, nach einem Aufenthalt in London, wieder in Paris heimisch zu werden, was ihr in Wirklichkeit aber nicht mehr gelingt.

So viel Aglaja Orgeni bei Frau Viardot-Garcia, die nicht nur eine einzigartige Gesangslehrerin, sondern auch eine großartige Künstlerin war, auch empfangen hat, so war es doch ein Verhängnis für sie, daß sie ihre künstlerische Orientierung hier erhielt. Frau Viardot-Garcia war ausschließlich auf die Kunst der Donizetti, Bellini, Rossini, Verdi und Meyerbeer eingestellt, daß diejenigen, die in ihren Bann kamen, von ihr in jener vergangenen Zeit festgehalten wurden.

So liegt viel Schicksalhaftes über dem Leben von Aglaja Orgeni. Aber in der Art, wie sie sich in dem Wirken und Kämpfen, das ihr beschieden war, als Künstlerin und als Mensch entwickelt und vertieft, steht sie groß da.

Im Jahre 1871 schreibt sie, noch ganz unter dem Eindruck eines Auftretens in Dresden, wo die Choristinnen ihr nach der Vorstellung zurufen »Seit der Jenny hat uns nichts so gerührt«, an ihre Schwester: »Keine Reklame – tapfer gearbeitet und alles, was ehrlich erreicht werden kann, wird doch erreicht. Viele nennen und werden mit Freude meinen Namen nennen, auch wenn man einmal ausgesungen, ausgelebt haben wird.« Sie hat ausgesungen, ausgelebt. Nur wenige sind noch da, die ihre feine Stimme, als sie noch ihren ganzen Zauber besaß, vernahmen. Wer aber weiß, was dieses Leben und dieses Künstlertum waren, empfindet Bewunderung und Verehrung für Aglaja Orgeni und freut sich des Denkmals, das ihr in dem vollendet schönen Buche der Großnichte gesetzt ist.

Erläuterungen

Schweitzer verfaßte diese Rezension für verschiedene Tageszeitungen im September/Oktober 1931 (u. a. ›Münchener Neueste Nachrichten‹, ›Dresdner Anzeiger‹, ›Hamburger Fremdenblatt‹). Unser Text folgt Schweitzers Manuskript.

Schweitzer verfolgte an sich den Grundsatz, keine Buchbesprechungen zu verfassen. Die Erklärung, warum er hier eine Ausnahme machte, ist wohl in einer persönlichen Beziehung zur Autorin zu suchen.

Diese Rezension schrieb Schweitzer in unmittelbarer Nähe zu seiner Autobiographie ›Aus meinem Leben und Denken‹, und man kann nicht umhin, den ›Geist‹ dieses Werkes auch in dieser Rezension wiederzufinden. Von gewöhnlichen Buchbesprechungen unterscheidet sie sich schon dadurch, daß in viel größerem Maße eigene Lebensauffassung und Lebenserfahrung den Inhalt des Textes bestimmen und daß die menschlichen Eigenschaften der beschriebenen Künstlerin so stark im Vordergrund stehen. Begriffe wie Größe, Schicksal, Vertiefung und Tragik weisen direkt die Brücke zu Schweitzers Sicht seines eigenen Lebens. Schließlich zeigt sich auch in der Überschätzung der Bedeutung Wagners der Autor.

Siegfried Ochs als Bach-Interpret (1932)

Unvergeßlich ist mir eine Aufführung der ›h-moll-Messe‹ Bachs im Frankfurter Caecilienverein unter Siegfried Ochs; so etwa um 1908 herum, wenn ich nicht irre. Es war das erste Mal, daß ich sie von ihm dirigiert hörte. Der Eindruck, den ich damals empfing, ist für meine Beurteilung seiner Bach-Wiedergabe maßgebend geblieben und durch alles, was ich später von ihm hörte, nur befestigt worden.

Das, was mir bei Siegfried Ochs immer wieder aufs neue auffiel, war die einzigartig gründliche Einstudierung des Werkes. Man hörte es dem Chore an, daß er seine Sache beherrschte. Er hatte sich in die Tonlinien, die er wiederzugeben hatte, völlig hineingelebt und konnte sie als ein belebtes Ganzes zu Gehör bringen. Auch daß Siegfried Ochs einen solchen Wert auf die Aussprache legte, ist mir immer so überaus angenehm aufgefallen.

Aber nicht nur den Chor, sondern auch das Orchester hielt er zu vollendeter technischer Wiedergabe an. Und dies war in jener nun hinter uns liegenden Zeit etwas Neues. Als einer der ersten erkannte Siegfried Ochs die Bedeutung der Phrasierung und der Akzente bei Bach ... und handelte danach. Das, was früher nicht als selbstverständlich galt, daß nämlich die Bachsche Tonlinie in den Streichern nur dann zur Geltung kommen kann, wenn alle Spieler in derselben Weise phrasieren und betonen, war ihm selbstverständlich. Darum trug er alles Nötige mit Sorgfalt in die Stimmen ein, ehe er sie auf die Pulte legte. Mit welcher Gewissenhaftigkeit er dies betrieb, habe ich feststellen können, als er mir, um 1911 herum, sein Stimmenmaterial für die Uraufführung der ›h-moll-Messe‹ in Barcelona zur Verfügung stellte. Aber der Erfolg lohnte die Mühe reichlich. Bei Siegfried Ochs wurde man durch die plastische und lebendige Art, in der man den Orchesterpart zu hören bekam, immer wieder aufs neue überrascht. Wie herrlich floß die Begleitung einer Bachschen Arie unter seiner Leitung dahin, weil die Tonlinien nach einem überlegenden, klaren Vorstellen gestaltet waren.

Wenn heute auf die Phrasierung und Betonung bei Bach viel mehr Sorgfalt verwandt wird, als man es sich früher träumen ließ, so geschieht dies zu einem guten Teile unter dem Einfluß des Vorbildes, das Siegfried Ochs denen, die Bach zu dirigieren unternehmen, hinterlassen hat.

Weiter mußte jeder, dem Bach etwas galt, seine Freude haben an dem großen Zuge, den seine Wiedergabe aufwies. Siegfried Ochs hat mit dem als klassisch ausgegebenen Ideal der Bach-Aufführung so gründlich aufgeräumt, als es eine temperamentvolle Persönlichkeit, wie er eine war, nur immer tun konnte. Er hat der damals bis in die Kreise der tüchtigsten Musiker verbreiteten Meinung, daß Bach in starrem Tempo und überhaupt in möglichst objektiver Weise, wie man sich ausdrückte, heruntergespielt und heruntergesungen werden müsse, den Prozeß gemacht. Er hatte ein Bewußtsein von dem elementaren Leben, das sich in dieser vollendeten Form geltend macht. Und dem Leben und der Form suchte er in gleicher Weise gerecht zu werden. Große Architektur in ungeheuer belebten Linien: dies schwebte ihm als Ideal der Wiedergabe vor. Auch da, wo man mit seinen Tempi (die er gerne überlebhaft nahm) und seiner Dynamik (die er gerne überreich ausgestaltete) wie überhaupt mit seiner Hinneigung zum Virtuosenhaften nicht immer ganz einverstanden sein wollte, war seine Wiedergabe dennoch ein Erlebnis. Denn immer baute sich Bachs Musik, wie er sie aufführte, in ihrem gewaltigen Gefüge und in ihren reichen Einzelheiten vor dem Hörer auf. Dieser auf die raffiniertesten Wirkungen ausgehende Interpret besaß von Natur zugleich die Gabe der großen Einfachheit. Dies ist mir immer als das Geheimnis an seinem Musizieren erschienen.

Daß Siegfried Ochs in der Wiedergabe Bachs so Großes geleistet hat, liegt zuletzt aber nicht nur an seinem musikalischen Empfinden und Können, sondern auch daran, daß ihm Bach ein geistiges Erlebnis war. Siegfried Ochs hatte etwas von der tiefen Gesammeltheit Bachs. Er besaß eine Innerlichkeit, die ihn zu dem Schöpfer der Passionen und Kantaten hinzog. Wer das Glück hatte, mit ihm näher bekanntzuwerden, der erfuhr, daß der große Dirigent ein tiefer Mensch war und nicht nur als Musiker, sondern auch mit seiner Seele in den Werken des Meisters von St. Thomas lebte. Die in den Texten niedergelegte Frömmigkeit bedeutete etwas für ihn.

Und dieses Ergriffensein von dem Geistigen der Bachschen Werke gab sich in seiner Wiedergabe kund. Es teilte sich in den Proben den Mitwirkenden und in der Aufführung den Hörern, die Ohren hatten zu hören, mit.

Daß ich von Siegfried Ochs die ›h-moll-Messe‹ und von Felix Mottl ›Tristan und Isolde‹ hörte, sind mir zwei in gleicher Weise unvergeßliche Erlebnisse.

Möge der Berliner Philharmonische Chor, der unter Siegfried Ochs uns so vollendete Bach-Aufführungen geschenkt hat und der unter Otto Klemperer nun sein Jubiläum mit der ›h-moll-Messe‹ begeht, seine Aufgabe, uns Bach nahezubringen, stets in dem Geiste seines unvergeßlichen großen Dirigenten erfüllen.

Erläuterungen

Schweitzer schrieb diesen Text für das Programmheft der Aufführung der ›h-moll-Messe‹ am 5. Dezember 1932 anläßlich des 50jährigen Bestehens des Berliner Philharmonischen Chores. Siegfried Ochs (*1858) hatte diesen Chor gegründet und bis zu seinem Tod 1929 geleitet; sein Nachfolger wurde Otto Klemperer.

In der Beschreibung, die Schweitzer von dem Interpreten Siegfried Ochs gibt, werden Züge deutlich, die auch für Schweitzer maßgebend waren. Dazu gehört die Bedeutung der Phrasierung und der Akzente und der Verzicht einer klassisch-starren Wiedergabe zugunsten einer dramatisch-lebhaften. Noch stärker als diese Interpretationsmomente weist aber die ideelle Grundlage der Bach-Auffassung die Brücke zwischen Ochs und seinem Beschreiber: Die Einfachheit als das Geheimnis des Musizierens, das Ergriffensein vom geistigen Erlebnis, das tiefe Gesammeltsein und die Innerlichkeit, schließlich das tiefe Menschsein hinter dem Musiker, das alles sind Begriffe, die auch für Schweitzers Annäherung an Bach in hohem Maße bezeichnend sind, mit der er sie selbst oft bezeichnet hat.

Das im Text mitgeteilte Erlebnis der Aufführung der ›h-moll-Messe‹ in Frankfurt datiert Schweitzer in unserem folgenden Text (›Erinnerungen an Ernst Münch‹), bereits auf 1904. In seinem französischen Bach-Buch, das Anfang 1905 erschien, zitiert er an verschiedenen Stellen einen Aufsatz Ochs' über Fragen der Aufführungspraxis Bachs. Ochs verfaßte über dieses französische Bach-Buch eine Rezension in der ›Deutschen Literaturzeitung‹ (2. Dezember 1905). Im deutschen Bach-Buch, das Schweitzer Ende 1907 fertigstellte, kommt er an drei Stellen auf Ochs zu sprechen:

> »[. . .] als die vollendetste Wiedergabe, die das Werk [die ›h-moll-Messe‹] bisher erlebt hat, darf man wohl die des Berliner Chores unter Siegfried Ochs bezeichnen.« (S. 654)
>
> »Daß man [. . .] mit sehr großen Chören dieselbe Klarheit, Präzision und Feinheit erzielen kann wie mit kleinen, hat Siegfried Ochs schlagend bewiesen. Insoweit bedeuten die Aufführungen der Berliner Philharmonie ein Ereignis in der Geschichte der Bach-Interpretation.« (S. 732)
>
> »[. . .] vor allem war es Siegfried Ochs, der in Wort und Tat die richtigen Prinzipien verfocht; seine Aufführungen haben gezeigt, daß man ohne Umorchestrierung, allein durch die richtige Besetzung, ein instrumentales Äquivalent zu einem großen Chor schaffen kann und daß ein solches Orchester, wenn es richtig geleitet wird, nicht im geringsten schwerfällig wirkt.« (S. 755)

Bei der letzten Bemerkung geht es um die von Ochs und Schweitzer vertretenen These, daß bei einer Bach-Aufführung durch einen großen Chor nicht nur die Streicher, sondern auch die Holzbläser entsprechend zur Stärke des Chores mehrfach besetzt werden müssen, um ihre Partien durchhörbar werden zu lassen.

Schweitzer hatte im Sommersemester 1899 in Berlin studiert und dort möglicherweise Aufführungen unter Ochs beigewohnt. Wie er in seiner Autobiographie berichtet, sei er durch das Buch über Bach mit Siegfried Ochs bekannt geworden, mit dem ihn dann eine stets tiefe Freundschaft verbunden habe.

Siegfried Ochs war einer der vier Musikfachleute, die Schweitzer gebeten hatte, bei einer Revision des Bach-Buches als Berater mitzuarbeiten, wie er in einem Brief an Breitkopf & Härtel vom 17. September 1913 mitteilt. Schweitzer wollte diese Revision bei seinem ersten Lambarene-Aufenthalt erarbeiten und herausbringen, was das Ausbrechen des 1. Weltkrieges jedoch verhinderte. Am 22. Juni 1915 schrieb Schweitzer an Ochs, er »arbeite mit Lust am Bach«. Zu seinen Beratern sollten neben Ochs der Tenor Georg A. Walter als praktischer Musiker zählen, ferner die Wissenschaftler Theodor Gerold und Friedrich Ludwig.

Für die Arbeit der Zusammentragung von Briefen Schweitzers an Ochs erklärte ein Angehöriger Siegfried Ochs' auf Anfrage, es seien 22 Ansichtspostkarten aus den Jahren 1915 bis 1922 durch den Zugriff der Nazis verlorengegangen. Aber aus der Zeit danach sind einige Briefe erhalten geblieben. So schrieb Schweitzer am 18. September 1925 aus Lambarene an Ochs:

»Lieber Freund.
Heute Abend schreibe ich dir, um mich aus schlechter Laune in gute Laune zu versetzen. Es war so ein übler Tag: viele schwere Kranke, viel stupide Aufräumarbeiten; mit dem schwarzen Zimmermann Schäfte aufgeschlagen; zwei Stunden verloren um Sachen zu suchen, die liederliche Neger verschleppt hatten; ein Neger wird beim Plündern von Bäumen der Missionsstation ertappt; ich muss daneben stehen während die geräucherten Fische in die Kisten verpackt werden – verschwitzt, verdreckt, verstaubt komme ich wo das Dunkel schon angebrochen ist endlich, ganz erschöpft von diesem trostlosen Vielerlei in meinem Häuschen an und kann vor Müdigkeit kaum essen. Also: wenn du heute mir alle Neger für fünfzig Pfennige abkaufen wolltest, bekämest du sie alle, alle – Du ahnst ja nicht durch was für schwere Tage ich durchgehe und wie dieses materielle Drum und Dran des Spitalbetriebes an einem zehrt. Nun sitze ich gegen zehn Uhr Abend an meinem Schreibtisch und vergesse das alles und bin ein wenig mit dir. Die Druckbogen des zweiten Bandes des ›Gesangvereins‹ habe ich auf einer Bootsfahrt verschlungen, sowie sie angekommen waren. Seither sass ich manchen Sonntag-Nachmittag beim Ueben und liess mich durch sie in die andere Welt leiten. Wie lieb von dir, mir sie geschickt zu haben. Du hast dir ja denken können, welche Freude du mir damit machst – auch dass ich den fertigen Band zu meinem (leider fünfzigsten) Geburtstag erhielt, mit einem lieben Wort der Widmung, hat mir Frau Martin berichtet. Der Band blieb in Europa und wartet dort auf mich. Alles, was nach Afrika versandt wird, läuft Gefahr verloren zu gehen. Darum gab ich letzthin Anweisung, alles Wertvolle für meine Heimkehr zurückzubehalten. – Nun das Werk selber! Das bist ganz du: gründlich und doch nicht pedantisch, mit dem Vermögen überzeugend darzustellen. Dass du mich bei jeder möglichen Gelegenheit auf das Podium schiebst, ist sehr lieb von dir. Weisst du, wenn man ganz Negerdoktor und ganz Negerzimmermann ist, da macht einem das doppelte Freude zu erfahren, dass man noch eine andere, geistige und musikalische Existenz hat. Das kommt einem ja zuletzt wie ein Märchen vor. Viel Freude hast du mir gemacht, mit der Anerkennung meiner Deutung der Sinfonia aus dem Weihnachtsoratorium. Als mir das langsam aufging, weil mir bei der gewöhnlichen

sentimentalen Wiedergabe, diese Musik so wider den Strich ging, da war ich wie betrunken. Es war bei der Heimkehr aus einer Probe des Weihnachtsoratoriums, als ich verzweifelt an der Orgel alle Mätzchen des Dirigenten in diesem Stücke habe mitmachen müssen. Da kam mit das Kraftvolle Rubensscher Engel in den Sinn, und plötzlich, sah ich den Himmel offen und hörte Engel kraftvoll, mit sehr kräftigem Strich, überwältigender Tonfülle musicieren, und dazwischen die Hirten mit ihren mageren Schalmeien andächtig dudeln, die Engel sie in jauchzendem Fiedeln unterbrechen und zuletzt mitreissen: und da stand ich vor meinem Hause, in nasser Straße, und über mir schoben sich weiße Wolken vor die Sterne. – Ach, so etwas noch einmal und noch einmal, noch einmal so entrückt sein. – Dein Werk wird sehr erzieherisch wirken. Wie viele Thorheiten hast du endgültig tod gemacht! – Natürlich bin ich besonders interessiert durch deine Erwägungen über die ursprüngliche Matthäuspassion. – Das ist mir jetzt alles überzeugend. Was du über die Partiturfehler sagst, wusste ich schon durch dich, aber es war mir interessant, es so ausführlich dargestellt zu sehen.... Also, vielen Dank und herzlichste Glückwünsche. Und gieb deine Bemerkungen noch zu einer Reihe von Cantaten, in einem besonderen Werk. – Uebers Jahr bin ich wieder in Europa für ein oder anderthalb Jahre, wo ich wieder ganz mein anderes Leben leben will. Denn das ist doch Bedürfnis für mich – ich habe da noch manches auszuführen und abzuschliessen. Trotz allem blöden Thun hier, ist mein Geist merkwürdig frisch. Das ist herrlich. Frau Martin findet mich hier sogar aufgeweckter als in Europa. – Wie freue ich mich, meine Werke zu Ende zu führen! Und dann sehen wir uns in Ruhe –. Nun gute Nacht. Morgen bin ich wieder ein armer Kerl – diese Stunde war ich ich selber. – Sieh, vor lauter materieller Arbeit, komme ich nicht dazu, mich über die geretteten Menschenleben zu freuen. Ich trage ja nur die Sorgen und bin für alles Grosse und Schöne des Spitals fast abgestumpft. Dafür hat sich Frau Martin an meiner Stelle darüber gefreut, die dadurch ganz überwältigt wurde. Das that mir wohl. Sie hat dir ja in einem langen Brief vom Spital erzählt. Nun liebe Grüsse an dich und deine Frau und den Sohn, der nicht wagte, mir ein Paket Wäsche von Hamburg nach Berlin mitzugeben.

In treuen Gedanken
dein alter Albert Schweitzer«

Die im Brief mehrmals erwähnte Frau Martin ist eine langjährige Mitarbeiterin Schweitzers. Bei der hier angesprochenen Veröffentlichung handelt es sich um Siegfried Ochs' vierbändiges Werk ›Der deutsche Gesangverein‹, deren einzelne Bände zwischen 1923 und 1929 erschienen. Der erste Band trägt den Titel ›Aufbau und Leitung eines Gesangvereins‹, der zweite, hier besonders angesprochene, behandelt die ›Aufführungspraxis bei Schütz, Händel und Bach‹, der dritte diejenige bei ›Haydn, Beethoven, Bruckner und Brahms‹, der vierte die ›Aufführungspraxis bei Berlioz, Liszt, Mendelssohn, Hugo Wolf und Max Reger‹. Im Vorwort zum zweiten Band spricht Ochs seinen Dank aus u. a. »meinem verehrten Freund Prof. Dr. Albert Schweitzer, der mich über Vieles, u. a. aus dem Spezialgebiete des Orgelbaus unterrichtete«.

Ein weiterer Brief Schweitzers an Ochs vom 15. Mai 1927 aus Lambarene lautet:

»Lieber Freund
Also meinetwegen gehst du unter die Zeitungsschreiber und bläst den Lesern der Tante Voss einen Schweinehund, dass sie noch nicht wissen wer ich bin! Hoffentlich haben sie es jetzt capiert. Du bist doch ein rührender Mensch. Ach, wie soll ich dir danken? An jenes Hin- und Her auf dem Strassburger Bahnhof im Dämmer des Sommerabends habe auch ich oft gedacht. Dein Artikel wurde im ›Boten vom Münsterthal‹, der in Günsbach und Münster am meisten gelesenen Zeitung abgedruckt. Dort habe ich ihn zuerst zu Gesicht bekommen. Ein kleiner Irrtum. Ich sollte für einen Pariser Verleger ein Werk über Schubert schreiben und war mit den Vorarbeiten schon weit voran. Aber dann bat ich von dem Verlag zurücktreten zu dürfen, weil mich diese Arbeit verhindert hätte Theologisches und Philosophisches, was ich vor meiner ersten Ausreise nach Afrika noch producieren wollte, fertig zu stellen. So trat ich all mein Material an einen Pariser Musikkritiker Carreau ab, der dann das Büchlein schrieb. Ob er viel mit meinem deutsch entworfenen Material anzufangen wusste, weiss ich nicht.
Vergiss nicht Material für eine Neubearbeitung meines Bach zusammenzutragen. Dieses Buch will ich einmal in vollendeter, absolut zeitgemässer Form herausgeben. Wann ich heimkomme, weiss ich noch nicht. Bin ich da, so erfahrt ihr es. Also nochmals tiefen Dank für alles was du mit der Zunge und der Feder für mich und mein Werk thust.

Viel Liebes an dich und die Deinen

dein Albert Schweitzer«

Siegfried Ochs hatte in einem Artikel in der ›Vossischen Zeitung‹ (»Tante Voss«) vom 12. März 1927 einen Artikel über Schweitzer veröffentlicht, worin er allgemein über die vielseitige Bedeutung Schweitzers und dessen Wirken in Afrika informierte und um Sammlung verschiedener notwendiger Hilfsmittel für das Spital in Lambarene bat. Ochs habe Schweitzer, wie er schreibt, an einem Tag in Straßburg in dessen kleiner Wohnung am Thomasstaden aufgesucht und kennengelernt, an dessen Abend Schweitzer ihm am Bahnhof beim Warten auf den Zug seine Absicht eröffnet habe, er wolle Medizin studieren und als Arzt nach Afrika gehen. Dieses Zusammentreffen, auf das auch Schweitzer im Brief eingeht, muß demnach im Herbst 1905 stattgefunden haben, denn Schweitzers diesbezüglicher Entschluß fiel im August/September 1905; Schweitzer begann das Medizinstudium im Wintersemester 1905/06.

Das Buch über Schubert, von dem im Brief die Rede ist, wollte Schweitzer im Anschluß an das deutsche Bach-Buch in französischer Sprache für die von Jean Chantavoine beim Verlag Alkan herausgegebene Reihe ›Les Maîtres de la Musique‹ verfassen. Das Rameau-Buch dieser Reihe trägt auf dem Deckel die Anzeige: »In Vorbereitung: Händel, von Romain Rolland/Schubert, von Albert Schweitzer«. Im Gegensatz zu Romain Rolland hat Schweitzer sein Buch aber, wie er selbst schreibt, nicht vollendet. Schon am 23. August 1908 teilt Schweitzer in einem Brief an den befreundeten Musikkritiker Gustav von Lüpke mit, er habe dem Verlag das Buch über Schubert gekündigt.

Ein weiterer Brief Schweitzers an S. Ochs, geschrieben in »Schweden, in der Eisenbahn, an dem traurigen Erinnerungstage: 11 Nov 27« (Waffenstillstand des 1. Weltkrieges nach deutscher Niederlage), soll hier Erwähnung finden:

»Lieber Freund,
Ich habe nachträglich noch mehrere Anfragen für Concerte bekommen und bin auch von dem Vorstand der Jacobikirche in Hamburg ersucht worden über Hamburg zurückzureisen und ein Gutachten über die eventuelle Restauration der alten Orgel daselbst abzugeben. Bis 29 Nov habe ich in Schweden zu spielen (jeden Abend in einer anderen Stadt an einer anderen Orgel!). Dann muss ich nach Copenhagen und Roskilde, was wieder drei oder vier Tage macht und dann etwa drei Tage in Hamburg – also vor 5ten Dec keinesfalls in Berlin. Du kannst also ruhig deine Musikwoche in Bresslau abmachen, das Schlussbanket mitmachen und von jeder Platte zweimal nehmen. – Ist das recht? Und dirigier mir gut. Schnauze die Sänger und das singende Weibervolk in den Proben gut an, sonst werden sie üppig und die Sache läuft nicht. Ich fahre eben von Calmar nach Göteborg – dann geht es noch einmal nach Stockholm, Upsala hinauf. In Stockholm zwei Bachabende. Und dann schlängle ich mich langsam nach Süden. Wie freue ich mich auf dich und deine liebe Frau. Ach, so schöne Orgeln wie in Schweden habt ihr in Berlin *nicht mehr*. Und die Schweden wollten auch ihre herrlichen Orgeln opfern, für Fabrikwerke mit vielen Knöpfen und Fernwerk! Die herrliche Orgel im Dom zu Linköping sollte in einigen Wochen schon abgerissen werden. An der neuen wird schon gebaut. Da lief ich Sturm dagegen. Es gab einen Skandal in den Zeitungen, für und wider alte Orgeln. Ich hatte alle Orgelautoritäten Schwedens gegen mich. Habe aber in Interviews so Lärm über die Sache gemacht, dass sie sich ein zweites Mal nicht so leichtfertig an eine wundervolle alte Orgel wagen nur weil sie – dies wörtlich ›nicht stark genug ist‹. Und dabei ist es ein wundervolles Instrument, innerlich verwandt mit Notre Dame in Paris. Der Dombaurat verlangte ein Gegengutachten von mir. Vielleicht ist die Sache noch zu retten.
Die Orgel im Dome zu Lund ist gerettet. Sie wird nach meinen Ideen restauriert und behält die alte Schönheit. Das habe ich schon 1922 eingeleitet.
Mit lieben Grüssen an euch beide und auf Wiedersehen. Meine Frau ist am 6ten nach Hause gereist. Die Reise wurde zu lang. Aber sie hofft in Berlin zu mir zu stossen.
Also: iss für uns zwei auf dem Festbanket.
Dein alter Albert Schweitzer«

Das im Brief erwähnte Gutachten für die Orgel in St. Jacobi, Hamburg, ist hier als letzter Text (›Gutachten über die Orgel zu St. Jacobi in Hamburg‹ [1928]) abgedruckt. Zu den Orgeln in Schweden siehe auch den Text ›J. S. Bach in den nordischen Ländern‹ (1922).

Erinnerungen an Ernst Münch (1945)

Als Schüler von Eugen Münch in Mülhausen hatte ich ihn oft von seinem Bruder Ernst zu St. Wilhelm reden hören. Zum ersten Male sah ich diesen etwa um 1892, bei einer Aufführung seines Bruders in Mülhausen, wo er die Orgelbegleitung innehatte. Die beiden Brüder waren sehr verschieden. Der Mülhauser war bei weitem nicht so temperamentvoll wie der Straßburger, aber in seiner Art ihm als Künstler ebenbürtig. Er gestaltete die wiederzugebenden Kunstwerke auf Grund einer eingehenden Vertiefung in sie.

Im Herbst 1893 kam ich als Theologiestudent nach Straßburg, nachdem ich zuvor noch den Unterricht des Pariser Organisten Widor genossen hatte. Ernst Münch nahm mich sehr freundlich auf. Es dauerte nicht lange, so standen wir auf du. Er wohnte damals am Thomasstaden, und oftmals ging ich abends, zusammen mit seinem Bruder Gottfried, der wie ich als Student der Theologie im Thomasstift lebte, zu ihm herüber, wo dann bis in die Nacht hinein musiziert wurde.

Die Orgelbegleitung bei den Aufführungen des Wilhelmerchors hatte damals noch sein Bruder inne, der dafür von Mülhausen herkam. Ich aber spielte in den Proben. Als dann sein Bruder es nicht mehr durchführen konnte, zu den Aufführungen zu kommen, begleitete ich auch in diesen. Auch als Solist ließ mich Münch auftreten. Zum ersten Mal geschah dies, wenn ich mich recht erinnere, an St. Wilhelm in einem der Konzerte, die in jenen Jahren regelmäßig bei Gelegenheit der Pfarrkonferenz am Anfang des Sommers gegeben wurden. Die Pfarrer, die dann aus allen Gegenden des Elsasses fast vollzählig zusammen waren, waren Münch für diese Konzerte sehr dankbar.

In jenen Jahren, nach 1894, fing der Wilhelmerchor an, den Plan seines Leiters zu verwirklichen, nach und nach nicht nur die paar Kantaten Bachs, die schon einigermaßen bekannt waren, aufzuführen, sondern auch die noch nicht bekannten zu Gehör zu bringen. Dies bedeutete damals ein Wagnis, da das Publikum zum Verständnis Bachs erst erzogen werden mußte. Ein Mitglied des städtischen Orchesters, das regelmäßig bei den Aufführungen zu St. Wilhelm mitwirkte, brachte für Münch den Namen »Kantaterich« auf. Sicherlich haben wir im Laufe der Jahre so manche Kantate, die seit Bachs Tod wohl nicht mehr aufgeführt worden war, zu Gehör gebracht. Nach und nach waren unsere Hörer so weit, daß man ihnen auch Verständnis für die herben, nicht so leicht eingehenden Kompositionen Bachs zumuten konnte.

Die erste Kantate Bachs, die überhaupt in Straßburg, und zwar vor 1870, zu Gehör gebracht wurde, ist ›Du Hirte Israels‹. Der Organist Théophile Stern von der Neuen Kirche führte sie mit seinem Chor, es war wohl der »Chant sacré«, auf. Ich weiß, welche Mühe der Chor damals hatte, sich mit diesem ihm fremden Stil zu befreunden, von meinem Vater, der als Student mitsang.

Wie oft sind damals Münch, sein Bruder Gottfried und ich abends am Tisch gesessen, miteinander einen Band von Kantatenpartituren der großen Bach-Ausgabe durchgehend und miteinander bedauernd, daß wir sie nicht gleich alle aufführen konnten. Ehe wir am Ende des Sommers in Ferien gingen, waren die vier, die am Konzert des Reformationssonntags drankommen sollten, festgelegt. Oft mußten die Stimmen ausgeschrieben werden, da sie noch nicht gedruckt zu haben waren.

Eine große Schwierigkeit für die Aufführungen bot in jener frühen Zeit die Platzfrage. Chor und Orchester mußten in dem beschränkten Raum zwischen der Orgel und der Kirchenwand nach der Wilhelmsgasse zu Platz nehmen. Der Zahl der Mitwirkenden waren damit zu enge Grenzen gesetzt. Aber wunderbar klang der Chor aus jenem Raum heraus.

War eine größere Zahl von Mitwirkenden erforderlich, so stand uns der Raum unter dem Glockenturm zur Verfügung. Dieser hatte den Nachteil, daß man den Hörern in den Rücken hinein musizieren und daß man sich für die Begleitung mit einer kleinen, einklavierigen, dort aufgestellten Orgel begnügen mußte.

Lebhaft erinnere ich mich an eine Aufführung der ›Matthäuspassion‹ etwa um 1896. Dieses Werk verlangt bekanntlich zwei Chöre und zwei Orchester. Nun wagte es Münch, die beiden Chöre und Orchester getrennt aufzustellen: den ersten Chor mit seinem Orchester unter den Glockenturm, den zweiten und sein Orchester gegenüber, neben der großen Orgel! Auf der kleinen Orgel unter dem Glockenturm begleitete Gottfried Münch, auf der großen ich. Trotz der Distanz gelang ein gutes Zusammenwirken der beiden Klangkörper. Aber die Hörer wurden doch etwas konfus, Musik von vorn her und von hinten her aufnehmen zu müssen. Für uns war der Versuch interessant.

Die einzige befriedigende Lösung der Platzfrage bestand darin, die Orgel, da noch Platz hinter ihr frei war, zurückzurücken, so daß auf der so vergrößerten Empore genügend Raum für eine Aufstellung des Chors und des Orchesters im Angesicht der Hörer zur Verfügung stand. Leider brachte es diese Lösung mit sich, daß die schöne alte Silbermann-Orgel auch umgebaut wurde. Ich selber bedauerte dies aufs Lebhafteste. Jene alte Orgel, die von elsässischen Orgelbauern unterhalten und gut restauriert worden war, hatte einen wunderschönen Klang. Ich erinnere mich noch des Erstaunens von Pirro, einem Schüler Widors, der sich später als Musikwissenschaftler einen großen Ruf erwarb, als ich ihn – es mag etwa um 1895 gewesen sein –, während er sich in Straßburg auf der Durchreise befand, auf diese Orgel führte. Er spielte sie, während ich ihm die Bälge trat. Ein über das andere Mal sagte er, der doch die herrlichen Cavaillé-Orgeln in Paris kannte: »So einen Klang habe ich noch nie gehört!«

Die Orgel hatte auch im Forte einen milden, durchsichtigen Klang. Die Bachschen Fugen kamen auf ihr in wunderbarer Klarheit heraus. Ich erinnere mich, daß ich eines Abends, während Münch auf der Orgel für ein Konzert übte, in die Kirche trat. Er spielte im Mezzoforte, mit den Flötenstimmen der Orgel. Ich war von der Schönheit des Tones so überwältigt, daß ich, statt auf die Orgel hinaufzugehen, wie ich vorhatte, in der Kirche sitzen blieb, um ungestört zu lauschen.

Die Kosten des Zurückrückens und des Umbaus der Orgel – man wollte sie zugleich vergrößern und modernisieren – waren so hoch, daß die Sache ohne einen Zuschuß der Stadt nicht zu machen war. Die Bewilligung derselben stieß auf Schwierigkeiten, die erst anno 1896 behoben wurden. Ich sehe noch Münch vor mir, wie er mir die so lang erwartete Nachricht brachte. »Jetzt wird's gemacht, Schweitzerle! Jetzt haben wir den Platz, den wir brauchen!«

In der ersten Aufführung auf der vergrößerten Empore wurde, wenn ich mich recht erinnere, Bachs ›h-moll-Messe‹ aufgeführt. In der Aufführung begleitete der Mülhauser Münch.

Eine andere Schwierigkeit für unser Aufführungen bestand in der Geldfrage. Grundsätzlich waren sie als Volksaufführungen gedacht und sollten unentgeltlich stattfinden. Wie aber die Kosten bestreiten? Wie die Defizite decken?

So gab jede Aufführung Anlaß zu Auseinandersetzungen mit dem Schatzmeister der Kirche, Herrn Frick. Diese wurden noch dadurch erschwert, daß der Kirchenrat wohl einen Kirchenchor wollte, der in den Gottesdiensten bei den Festen sang, aber weniger Interessen für die vielen Konzerte, die dieser geben wollte, bezeigte. Da Münch und Herr Frick beide ziemlich temperamentvoll waren, kam es mehrmals zu Zusammenstößen zwischen ihnen, die die Tätigkeit des Chors, ja sogar seine Existenz in Frage stellten. Zuletzt wurde ich mit allen unerquicklichen Verhandlungen mit Herrn Frick betraut. Ich ließ ihn dabei immer ausreden und sagte ihm ein über das andere Mal: »Ja, Herr Frick, vom Standpunkt der Kirche und des Kirchenrats haben Sie ganz recht. An Ihrem Platze würde ich geradeso reden wie Sie, genauso. Aber vom Standpunkt des Chores hat der Herr Münch doch auch ein bißchen recht. Und das müssen wir auch berücksichtigen. Wir müssen uns eben darein finden, daß der Chor, wie ihn Herr Münch denkt, nicht eben ein einfacher Kirchenchor ist, sondern ein Chor, der Kirchenmusik auch außerhalb der Gottesdienste aufführen will. Und St. Wilhelm sollte auch ein bißchen stolz sein auf einen Kirchenchor, der sich solche hohen Aufgaben stellt. Wo ist ein Kirchenchor im Elsaß, von dem so viel in den Zeitungen die Rede ist?« So gingen Rede und Gegenrede einher, bis Herr Frick etwas versöhnlicher wurde und brummend bewilligte, was man von ihm verlangte. Kamen wir zu keiner Einigung, so vertagten wir die Verhandlungen auf bessere Zeit, das heute in Sachen internationaler Konferenzen geübte Verfahren vorwegnehmend. Als dann Pfarrer Robert Will nach St. Wilhelm kam, hatte Münch an ihm, der großes Verständnis für die Bestrebungen des Chors besaß, einen so starken Rückhalt, daß von da an die Verhandlungen mit dem Schatzmeister der Kirche, die ich noch weiterhin zu führen hatte, sich weniger schwierig gestalteten.

Dazu kam auch, daß die Finanzierung der Aufführungen sich leichter gestalteten, da man sich entschloß, für die besten Plätze (sie machten etwa die Hälfte aus) eine Gebühr von einer Mark zu erheben und für die andern freien Eintritt bestehen zu lassen. So war das Prinzip des freien Eintritts gewahrt und dennoch denen, die für einen guten Platz etwas zu den Kosten der Aufführung beitragen wollten, Gelegenheit gegeben, sich einen solchen zu sichern. Nach wie vor wurden am Ausgang Teller für die Kollekte präsentiert. Diese boten den Freunden des Unternehmens die Möglichkeit, es mit Gaben zu unterstützen. Warme Freunde besaß es unter den Mitgliedern der Professorenschaft der damaligen Universität. So war die Möglichkeit der Aufführungen einigermaßen gesichert.

Natürlich reichten die Mittel nicht aus, um lauter bedeutende Solisten zu gewinnen. Aber auch die weniger bedeutenden wiesen oft gediegene Leistungen auf, wenn sie die Gelegenheit, mit Münch ihre Partien einzustudieren, gebührend ausnützten.

Da die Mittel nicht ausreichten, im Orchester lauter Mitglieder des städtischen Orchesters zu haben, waren wir wie Bach seinerzeit auch auf die Mitwirkung guter Amateure angewiesen. Sie stellten sich in genügender Anzahl zur Verfügung.

Da die Mittel uns nur zwei Proben mit bezahltem Orchester erlaubten – eine Vorprobe und die Hauptprobe –, hielt Münch, wenn ein Konzert bevorstand, an den drei oder vier vorhergehenden Sonntagen zwischen 5 und 7 Uhr sogenannte Orgelproben in der Kirche ab. Die Orgel gab den Orchesterpart wieder, so daß der Chor mit der Orchesterbegleitung vertraut wurde. Zugleich übten die Amateure, die im Orchester aushelfen sollten, ihre Partie gut ein.

Die Mitglieder des städtischen Orchesters, die bei unseren Aufführungen mitmachten, waren mit Eifer bei der Sache. Die Soloinstrumente waren vorzüglich. Ich sehe sie noch vor mir: Hofhansel mit der Oboe, Birkight mit der Flöte (er blies noch Holzflöte), den Soloviolonisten Benno Walter und den Cellisten Schmidt!

Es war ein herrliches Musizieren in diesen Proben. Um den Chor brauchte sich Münch nicht zu kümmern, denn dieser war seiner Sache sicher. Er konnte sich ganz mit dem Orchester abgeben.

Münch hatte eine feine Art, Proben zu leiten. Er ermüdete die Ausführenden nicht. Man merkte ihm an, daß er die abzuhaltende Probe in den Einzelheiten geplant hatte. Mit Unwichtigem verlor er keine Zeit, sondern verwandte sie ausschließlich für das Wichtigte ...! Darum erlahmte die Aufmerksamkeit der Ausführenden nicht, solange die Probe auch dauern mochte.

Eine merkwürdige Erfahrung machten wir bei einer der ersten Aufführungen nach der Schaffung des größeren Raums auf der Empore. Die Aufführung war nach unserem Empfinden wirklich gut geraten. Dennoch waren dic Kritiken in den Zeitungen nicht dementsprechend anerkennend, sondern merkwürdig zurückhaltend. Sie ließen durchblicken, daß Mängel mit untergelaufen wären. Zuletzt kamen wir darauf, daß dies wohl daran liegen könne, daß man den Musikrezensenten nebeneinanderliegende Plätze angewiesen hatte und daß dann, wenn einer oder der andere an einer Stelle das Haupt mit Kennermiene geschüttelt oder die Stirne in Falten gelegt hatte, keiner mehr ganz anerkennend zu berichten wagte, um sich keine Blöße zu geben. Von da an wachten wir darüber, daß die Karten, die den Rezensenten geschickt wurden, nicht auf nebeneinanderliegende Plätze lauteten, so daß jedem seine Unbefangenheit bewahrt bleib, was sich in ihren Artikeln tatsächlich gut auswirkte. Das Prinzip »qu'il ne faut rien laisser au hazard« [nichts dem Zufall zu überlassen] hatte sich wieder einmal als richtig erwiesen.

Der bedeutendste der damaligen Musikrezensenten der Straßburger Zeitungen war Dr. Altmann. Aber er hatte die Manie, nie eine volle Anerkennung auszusprechen, sondern seine Kennerschaft durch Aufzeigung von weniger gelungenen Einzelheiten zu erhärten, worin er auch oft das Rechte traf. Dieses Verfahren ging Münch auf die Nerven. Gar manchmal mußte ich Altmann gegen ihn in Schutz nehmen, wenn er sich allzusehr über den Nörgler aufregte und sich vornahm, ihm die Meinung zu sagen oder sagen zu lassen. Im Grunde wußte der Nörgler unser Unternehmen, durch das er erst recht mit Bach bekannt wurde, gebührend zu schätzen. Seine Frau, eine am Straßburger Konservatorium ausgebildete tüchtige Altistin, gehörte zu unseren guten Solisten.

Nicht unerwähnt bleibe das große Entgegenkommen, das wir bei der Straßburger Presse fanden. Die Zeitungen nahmen alle Artikel auf, die wir ihnen sandten, um das Publikum mit Werken, die zur Aufführung gelangen sollten, bekannt zu machen, so lang sie auch waren. Jahre hindurch war ich der Pressechef der Wilhelmer Konzerte und habe den Zeitungen manchmal ganze Feuilletons über Bachsche Werke zukommen lassen. Nie ist eines zurückgewiesen worden, auch wenn es erst in letzter Minute eingesandt wurde. Was dieses Entgegenkommen bedeutet, wußte ich in seiner ganzen Bedeutung erst zu schätzen, als ich in die Schwierigkeiten, mit der es die Pariser Bach-Gesellschaft in der Bekanntmachung ihrer Aufführungen zu tun hatte, Einblick gewann.

Erwähnt sei auch die Arbeit, die Frau Münch Jahre lang, und das in der Zeit, wo sie durch ihre noch kleinen Kinder in Anspruch genommen war, für den Chor leistete, indem sie das ständig zunehmende Notenmaterial verwaltete. Daneben hatte sie an den Konzerttagen noch Arbeit anderer Art. Nach der Aufführung waren die Solisten und andere Mitwirkende jedesmal im Hause Münch zum Essen geladen. Kaum war der letzte Akkord verklungen, eilte Frau Münch nach Hause, um alles für die Bewirtung der Gäste herzurichten. Überhaupt, was hat sie geleistet, um ihrem Manne die Ausübung weitgehender Gastfreundschaft, die ihm Bedürfnis war, zu ermöglichen: Wir, die wir ihr Schaffen aus der Nähe zu beurteilen Gelegenheit hatten, waren voll Bewunderung für die feine, stille Art, in der sie alles tat. Sie war eine bedeutende, edle Persönlichkeit.

Die Kenntnis der Bachschen Partituren und die Erfahrungen in Sachen der Wiedergabe Bachscher Werke, die ich mir in dem Zusammensein und Zusammenarbeiten mit Münch erwarb, ermöglichte es mir, dem Wunsche Widors zu willfahren, als dieser mich um 1901 bat, eine für das französische Publikum bestimmte Studie über Bach und seine Musik in Angriff zu nehmen. Dem Wilhelmer Chor und seinem Leiter verdanke ich es, daß ich dieses Buch – es erschien 1904 auf französisch, nachher auch auf deutsch und englisch – schreiben konnte. Meiner Dankbarkeit gab ich in der Vorrede Ausdruck.

Als ich 1906 eine Schrift über »Deutsche und französische Orgelbaukunst und Orgelkunst« veröffentlichte, widmete ich sie Münch.

Etwa um 1904 fuhren wir miteinander nach Frankfurt, um Siegfried Ochs, der mit dem dortigen Cäcilienverein Bachs ›h-moll-Messe‹ aufführte, kennenzulernen. Siegfried Ochs unternahm in Berlin und Frankfurt dasselbe wie wir in Straßburg, nur mit viel besseren Mitteln. Ihm standen erstklassige Chöre, erstklassige Orchester und erstklassige Solisten zur Verfügung. Sorgen für die Kosten seiner Aufführungen kamen für ihn nicht in Betracht. Er konnte so viele Orchesterproben, als er sie für nötig erachtete, ansetzen. In einem aber waren wir in Straßburg besser dran als er: uns stand für die Bachsche Kirchenmusik der von ihr verlangte Kirchenraum zur Verfügung, während Siegfried Ochs sie in Konzertsälen aufführen mußte. Allzuschnell vergingen die Stunden, die wir mit diesem Gesinnungsgenossen und hervorragenden Bach-Kenner verbrachten. In der Nacht nach der Aufführung, die in jeder Weise vollendet war, mußten wir uns auf die Bahn setzen, um am andern Morgen unsere Arbeit in Straßburg zu versehen.

Einige Jahre zuvor – es mag um 1896 gewesen sein – hatte Münch eine Bach-Fahrt nach Breslau unternommen. Ein Breslauer Dirigent hatte einer Bach-Aufführung durch den Straßburger Konservatoriumschor beigewohnt, bei der Münch an der Orgel saß. Seine temperamentvolle Art zu begleiten hatte ihm so gefallen, daß er ihn für eine Bach-Aufführung nach Breslau berief. Von dieser Reise behielt er eine sehr schöne Erinnerung.

Von Kirchenmusik, die Münch außerhalb von St. Wilhelm dirigierte, sind mir die Aufführung der Grellschen Messe in St. Thomas und die von Händels ›Israel in Ägypten‹ in der Neuen Kirche in besonderer Erinnerung geblieben.

Für die mehrchörige Messe von Grell, diesem späten Meisterwerk rein vokalen Stils, hatten sich unter Münchs Leitung die sämtlichen Kirchenchöre Straßburgs zusammengetan. Hier offenbare er sich als Meister in der Leitung eines großen vokalen Klangkörpers. An Proben wurde, da Ausgaben für Orchester nicht in Betracht kamen, nicht gespart.

Für die Aufführung von ›Israel in Ägypten‹ befanden sich Chor und Orchester auf einer im Altarraum der Neuen Kirche aufgeschlagenen Tribüne. Die Aufführung wurde, wenn ich mich recht erinnere, in diese Kirche verlegt, weil in St. Wilhelm der Raum zu klein war. Beide befanden wir uns während des Studiums dieses Werkes, obwohl durch die stetige Beschäftigung mit Bach in der Würdigung Händels etwas gehemmt, im Banne dieser mit viel einfacheren Mitteln arbeitenden und doch so wirkungsvollen Musik. Da Münch die Orgel nicht entbehren wollte, mußte ich auf der großen Orgel, also von der dem Altare gegenüberliegenden Seite des Schiffes aus, begleiten. Ich sah den Dirigenten nur in einem neben der Orgel stehenden grell beleuchteten großen Spiegel und mußte mich bemühen, in meinem Spielen seinem Taktieren immer etwas voraus zu sein, damit die Orgel trotz der Distanz mit Chor und Orchester präzis zusammenging. Das Kunststück gelang zur Zufriedenheit des Dirigenten. Ich brauchte aber Tage, um mich von der Erschöpfung zu erholen, in der ich mich nach der Anstrengung, die es mich gekostet hatte, befand.

Als der Posten des Direktors des Konservatoriums und des Dirigenten der städtischen Konzerte nach dem Tode von Franz Stockhausen frei wurde, dirigierte Münch, wie auch andere, als Bewerber um diese Stelle eines der Konzerte des städtischen Orchesters. An jenem Abend übertraf er sich selbst. Unvergeßlich ist mit die Art, wie er eine Brahmssche Symphonie (die vierte) zu Gehör brachte. Das Publikum war hingerissen. »Wenn«, hieß es am folgenden Tage in den Zeitungen, »die Hörer von gestern abend die Wahl zu vollziehen gehabt hätten, wäre sie auf Münch gefallen.« Wir aber, die wir in dieser Sache mit dem Bürgermeister Schwander in Fühlung standen, wußten, daß er einen anderen Plan hatte. Es nutzte nichts, daß eine mit vielen Unterschriften bedeckte Adresse an ihn gerichtet wurde, die für Münch eintrat. Es war auch umsonst, daß einige von uns, darunter Dr. Pfersdorf und ich, bei ihm in dieser Sache vorstellig wurden. Auf den freien Posten berief er Hans Pfitzner. Zugleich aber schuf er für Münch, wie er uns versprochen hatte, eine bevorzugte Stelle am Konservatorium, die ihm eine weitgehende Unabhängigkeit dem Direktor gegenüber zusicherte. Als aber Münch Pfitzner kennenlernte, empfand er eine lebhafte Bewunderung für ihn und sein Werk und war alsbald damit ausgesöhnt, daß dieser der Erwählte war.

Uns aber freute es, daß er in den Wochen, in denen die Wahl zur Diskussion stand, erfahren hatte, was er bei der Straßburger Bevölkerung galt.

Jahre hindurch vertrat ich ihn an der Orgel zu St. Wilhelm für Trauungen und Begräbnisse, wenn er am Konservatorium oder als Gesangslehrer am Gymnasium in Anspruch genommen war, wie ich auch als Ersatzmann für den Organisten Schatz und seinen Nachfolger an der Neuen Kirche, deren schöne Orgel ich außerordentlich liebte, fungierte. Diese schöne, von der Pariser Firma Merklin erbaute Werk ist leider der Kirchenheizung zum Opfer gefallen.

Arbeit und Freude machten uns beiden die Fortbildungskurse für Organisten, die eine Reihe von Jahren hindurch jeweils in der zweiten Hälfte Juli in

Straßburg stattfanden. Zu diesen Kursen wurden etwa vierzehn Lehrer beurlaubt, die zwei Wochen lang Münchs Unterricht genießen durften. Er mutete ihnen ein fleißiges Üben zu. Sie sollten jene Tage zur Förderung im Orgelspiel gut ausnützen. Ich wirkte mit ihm zusammen, indem ich eine Reihe von Vorträgen übernahm und den Lehrern Werke von den modernen französischen Orgelkomponisten vorspielte. Die Abende waren dem geselligen Zusammensein gewidmet. In diesen gab Münch sich den Organisten aus dem Lehrerstande als Kamerad. Überhaupt besaß er Sinn für Kameradschaft. Durch diesen übte er eine so starke Anziehungskraft auf so viele auf. Immer aufs neue habe ich die einfache, natürliche, herzliche Art, in der er sich gab, bewundert.

Vom Beginn des neuen Jahrhunderts ab mußten dann öfters andere statt meiner bei den Wilhelmer Aufführungen an der Orgel amtieren. Die Begleiterstelle, die ich in der Nachfolge Guilmants an der Pariser Bach-Gesellschaft übernahm, und andere Verpflichtungen beanspruchten mich in steigendem Maße. Gar als ich dann 1905 mit dem Medizinstudium begann, mußte ich mit meiner Zeit und meinen Kräften noch genauer haushalten und auf so manches verzichten, was ich gerne beibehalten hätte. Überdies hielt ich es für geboten, Jüngeren Platz zu machen, damit diese die nämliche Gelegenheit hätten wie ich, als Begleiter in den Wilhelmer Konzerten sich Kenntnisse und Erfahrungen zu erwerben. Als erster fungierte als mein Nachfolger Adolf Hamm, der dann später als Organist an das Münster zu Basel kam. Eine von ihm hervorragend durchgeführte Begleitung des Bachschen ›Weihnachtsoratoriums‹ ist mir in lebhafter Erinnerung geblieben. Ihn lösten dann andere der tüchtigsten jüngeren Schüler Münchs ab.

Von den Schülern der älteren Generation stand ihm Niesberger, der Organist der Reformierten Kirche, am nächsten. Dem Beispiel seines Lehrers folgend hatte dieser einen Chor gegründet und veranstaltete mit ihm sehr gediegene Aufführungen, in denen sich sein natürliches Dirigententalent mehr und mehr entfaltete. Als einer der bedeutendsten Orgelschüler Münchs der älteren Generation ist Emil Rupp zu nennen, der sich lebhaft für Orgelbau interessierte und ausgedehnte Kenntnisse auf diesem Gebiet besaß.

Als Organist und als Dirigent hat Ernst Münch im Elsaß Schule gemacht. Was unsere evangelischen Kirchen an tüchtigen Organisten und Chorleitern besitzen, verdanken sie in erster Linie ihm. Dem Ideal, dem er gedient hat, dienen andere weiter, kraft der Anregung, die sie von ihm empfangen haben. Das Wirken, zu dem er berufen war, hat er vollbracht.

Ein Vorkommnis zu Beginn eines Konzertes zu St. Wilhelm hat mich seinerzeit tief beeindruckt. In welches Jahr es fiel, weiß ich nicht mehr. In dem Raume unter der Empore, in dem wir vor dem Konzert ablegten, war Münch unter uns. Er gab das Zeichen, daß wir hinaufgingen und unsere Plätze einnähmen. Oben warteten Chor, Orchester und Solisten darauf, daß er ans Pult träte und die Aufführung beginne. Die Stunde schlug; er kam nicht. Wir warteten – vergebens. Zuletzt forderten mich Herren des Chores auf, ein Stück auf der Orgel zu spielen, um der Unruhe, die sich unter dem Publikum kundgab, ein Ende zu machen. Ich tat es. Endlich, nach etwa zwanzig Minuten, kam Münch und fing an zu dirigieren. Bleich und erschöpft stand er an dem Pulte. Erst nach und nach erholte er sich. Nachher erfuhren wir, daß er plötzlich von schweren Koliken befallen worden und daß es nicht das erste Mal war, daß ihm solches zustieß. In diesem Anfall kündigte sich Jahre im voraus das Leiden an, dem er erliegen sollte.

Erläuterungen

Schweitzer schrieb diesen Text für den Erinnerungsband zum 60jährigen Bestehen des Chores von St. Wilhelm in Straßburg, in dem auch der Text ›Zur Geschichte des Kirchenchors zu St. Wilhelm‹ aus dem Jahre 1905 abgedruckt war (Le Choeur de St-Guillaume de Strasbourg, herausgegeben von Erik Jung, Straßburg 1947). Diese hier vorliegenden Erinnerungen verfaßte Schweitzer in deutscher Sprache. Sie wurden für den Abdruck anonym übersetzt. Unserem Text liegt Schweitzers deutsches Manuskript zugrunde, das mit »Lambarene, 30. November 1945« datiert ist.

Schon im Vorwort zu seinen beiden Bach-Büchern vergißt Schweitzer nicht, im Anschluß an Eugen Münch auch dessen Bruder Ernst seinen Dank zu erweisen:

> »Seit dreizehn Jahren ist es mir vergönnt, seinem Bruder, Professor Ernst Münch in Straßburg, bei den Bachaufführungen zu St. Wilhelm als Organist zu dienen. Unter seiner Leitung habe ich an die sechzig Kantaten begleitet. Die Kapitel über die Vokalwerke Bachs sind der Ertrag der Mitarbeit an den Unternehmungen eines der hervorragendsten Bachdirigenten, die es zur Zeit wohl gibt. Ich bin mir bewußt, Erkenntnisse und Erfahrungen ausgesprochen zu haben, die wir uns in unvergeßlich schönen und weihevollen Stunden gemeinsamen Suchens und Arbeitens zusammen erworben haben, immer aufs neue ermutigt durch die Begeisterung und Hingebung des Chores und des Orchesters und die Andacht der lauschenden Gemeinde.«

Ernst Münch (1859–1928) wurde 1918 Direktor des Straßburger Konservatoriums, wo er vorher als Lehrer für Orgelspiel und Evangelische Kirchenmusik tätig war. Als Münch letztere Tätigkeit im Sommer 1920 aufgab, schrieb Schweitzer dazu einen kurzen Artikel im ›Evangelisch-Protestantischen Kirchenboten für Elsaß und Lothringen‹ (49. Jahrgang, Straßburg, August 1920). Er sei hier wiedergegeben, da

Schweitzer Münchs Tätigkeit als Orgellehrer hoch schätzte, wie auch aus den obigen Erinnerungen deutlich wurde:

»*Professor Ernst Münch und die elsässische Kirche.*

Am Ende dieses Sommers schied Herr Ernst Münch aus dem Konservatorium in Straßburg als Lehrer für Orgelspiel aus. Seit Mitte der achtziger Jahre bildete er dort elsässische Organisten aus. Diese lange Wirksamkeit bedeutet für unsere Kirche viel.

Die elsässischen Organisten vor einem Menschenalter standen nicht auf einer besonderen Höhe. Man darf ruhig sagen, daß die Orgelkunst bei uns darniederlag. Auch Vater Theophil Stern, von der Neuen Kirche, selber ein vorzüglicher Spieler, hatte sie nicht wirklich zu beleben vermocht. Da kamen, Mitte der achtziger Jahre, die beiden Brüder Eugen und Ernst Münch von der Hochschule für Musik in Berlin zurück. Sie waren dort mit der neu erwachenden, von den Werken J. S. Bachs inspirierten deutschen Orgelkunst bekannt geworden. Eugen kam an die Stephanskirche nach Mülhausen, Ernst nach St. Wilhelm in Straßburg und bald darauf auch ans Konservatorium. Nun sammelten sich um Ernst Münch seine musikbegabten Altersgenossen unter den Lehrern und es begann unter seiner Leitung ein begeistertes Studieren des Orgelspiels. Zehn bis fünfzehn Jahre nachher war ein neuer Geist in die elsässischen Organisten gekommen. Der heiße Wunsch, Orgellehrer am Lehrerseminar zu werden, wurde Ernst Münch durch die Verständnislosigkeit der Schulbureaukratie versagt. Aber die begabteren jungen Lehrer kamen nachher doch alle in seine Schulung, sei es auf dem Konservatorium, sei es auf den Orgelkursen für Lehrer.

Tritt Münch als Orgellehrer von jetzt an mehr in den Hintergrund, so bleibt doch sein Geist unter den Organisten lebendig. Für die protestantische Kirche des Elsasses ist er der musikalische Reformator gewesen. Nie wird sie es ihm vergessen, daß er ihr die ernste, große, von Bach inspirierte, Orgelkunst übermittelt hat.«

Schließlich widmet Schweitzer Ernst Münch auch in seinen Lebenserinnerungen 1931 einen Abschnitt:

»Eine große Förderung für meine musikalischen Studien bedeutete es für mich, daß Ernst Münch, der Bruder meines Mülhauser Orgellehrers, Organist zu St. Wilhelm in Straßburg und Dirigent der von ihm begründeten Bachkonzerte des Chores von St. Wilhelm, mir die Orgelbegleitung der Kantaten und Passionen in diesen Konzerten übertrug. Zunächst freilich war ich damit nur in den Proben betraut, in Stellvertretung seines Bruders aus Mülhausen, der dann in den Aufführungen meinen Platz einnahm. Bald aber kam es dazu, daß ich, wenn der Bruder am Kommen verhindert war, auch in den Aufführungen spielte. So wurde ich schon als junger Student mit den Schöpfungen Bachs vertraut und hatte Gelegenheit, mich praktisch mit den Problemen der Wiedergabe Bachscher Kantaten und Passionen zu beschäftigen.

Die Kirche zu St. Wilhelm in Straßburg galt damals als eine der bedeutendsten Pflegestätten des zu Ende des Jahrhunderts aufkommenden Bachkults. Ernst Münch war ein ausgezeichneter Kenner der Werke des Thomaskantors. Als einer der ersten hat er auf die zu Ende des 19. Jahrhunderts noch fast allgemein übliche modernisierende Wiedergabe verzichtet und mit seinem kleinen, vom ausgezeichneten Straßburger Orchester begleiteten Chor wirklich stilvolle Aufführungen erstrebt. Wie viele Abende haben wir miteinander über den Partituren der Kantaten und Passionen gesessen und uns in Diskussionen über die wahre Art der Ausführung ergangen!« (S. 8 f.)

Der hier zum Abdruck gekommene Erinnerungsaufsatz Schweitzers über Ernst Münch bildet also die letzte der schriftlichen Äußerungen, in denen Schweitzer dem für seine eigene musikalische Entwicklung so wichtigen Musiker und Freund Gedächtnis und Dank erweist.

Erinnerungen an Marie-Joseph Erb (1946)

Meine erste Erinnerung an Marie-Joseph Erb fällt zusammen mit der an das erste Konzert, das ich besuchte. Das muß um 1887 gewesen sein; ich war damals elf oder zwölf Jahre alt.

Das Konzert fand im Börsensaal in Mülhausen statt, wo ich seit 1885 bei meinem Großonkel Louis Schweitzer lebte, dem Direktor der dortigen Volksschule, der mich bei sich aufgenommen hatte, damit ich in dieser Stadt das Gymnasium besuchen konnte. Mein Onkel und meine Tante nahmen mich in dieses Konzert mit. Ich war erstaunt, alle Leute in großer Toilette zu sehen, und fragte mich, welche Figur ich in dieser Umgebung mit meinem Sonntagsanzug machte, der zu kurz geworden war ... Die Damen lutschten Bonbons ... Und dann wurde plötzlich das vorherrschende Geräusch immer leiser. Ein sehr großer Herr (so erschien er mir), ziemlich mager, im Frack, erschien auf dem Podium, wo er sogleich mit Beifall begrüßt wurde.

Das war also Herr Erb, der vor kurzem aus Paris zurückgekehrt war, nachdem er dort eine ausgezeichnete musikalische Ausbildung genossen hatte. – Er setzte sich ans Klavier und präludierte, während er darauf wartete, daß sich vollkommene Ruhe einstellte, und dann begann er mit Schwung das erste Stück des Programms. Jetzt wurde mir offenbar, was ein Virtuose war. Der Anblick seiner über die Tasten wirbelnden Hände betäubte mich ganz und gar. Und alles auswendig, ohne Stocken, ohne Fehler! Ich konnte es nicht fassen. Mit meinen bescheidenen Kenntnissen im Klavierspiel versuchte ich mir vorzustellen, wie er es anfing, solche Kaskaden von Arpeggien fertigzubringen und solche Läufe, brillant wie Sternschnuppen, um die Melodie so deutlich hervorzuheben, um diese Pianissimi zu erreichen, bei denen jedoch keine Note verlorenging ...

Nach den ersten Klavierstücken, die mir den Atem verschlagen hatten, stand der Künstler auf, verneigte sich unter dem Beifall des ganzes Saales, verschwand hinter einer Türe, kam zurück, da der Beifall nicht aufhören wollte, verschwand wieder, kam wieder zurück, verschwand wiederum. Schließlich wurde es ruhig. Man studierte die Fortsetzung des Programmes. Die Damen boten sich gegenseitig Bonbons an ... Ich begriff nicht, wie all diese Leute, nachdem sie Beifall gespendet hatten, nicht wie ich unter dem Eindruck des eben Gehörten blieben, sondern aufs neue plaudern konnten.

Aber da: wieder erschien Herr Erb lächelnd und bestieg neben einer Sängerin erneut das Podium. Diese, frisiert wie die jungen Mädchen bei der Erstkommunion, trug lange weiße Handschuhe. Sie legte einen großen Blumenstrauß auf einen Stuhl, machte einen Verbeugung, schlug ihr Notenbuch auf, das in ihren Händen leicht zitterte, hüstelte, sah zum Pianisten hinüber und machte ihm ein kleines Zeichen mit dem Kopf, auf das er antwortete, indem er sogleich mit den ersten Takten der Begleitung begann. Ich empfand sehr die Schönheit des Gesangs, aber meine Aufmerksamkeit war vor allem durch den Begleiter angezogen, der der Sängerin so gut folgte, wenn sie das Tempo beschleunigte oder verlangsamte, vom Pianissimo zum Fortissimo wechselte oder wieder zurückfiel vom Fortissimo zum Pianissimo. Niemals hatte ich mir eine ähnliche Anpassungsfähigkeit vorstellen können ... Das Virtuosenstück am Schluß raubte mir den Atem. Das war für mich die plötzliche Offenbarung der Möglichkeiten des Klaviers. Auf dem Heimweg wanderte ich wie im Traum ...

In den folgenden Tagen machte ich meine Tonleitern und Fingerübungen mit einem bisher nicht gekannten Eifer und quälte mich mit den Etüden Czernys ab, selbst mit den von Kreuzen und Doppelkreuzen übersäten, die mir damals so zuwider waren.

Später habe ich die berühmtesten Klaviervirtuosen gehört. Aber keiner hat mich so gerührt und ergriffen, wie Erb es tat, als der kleine Schüler, der ich war, ihm zum ersten Male zuhörte.

Als ich sehr viel später die Bekanntschaft des Organisten Erb machte, gewann er sogleich meine Sympathie und Bewunderung. Was mich an ihm beeindruckte, war die Geschmeidigkeit seines Spieles und seine gründliche Kenntnis aller Möglichkeiten des heiligen Instrumentes. Er mißbrauchte die Wirkungen des Registerwechsels nicht, und dennoch setzte sein Spiel, so einfach es schien, das Werk, das er spielte, durch die verwendeten Klangfarben ins rechte Licht. In sehr vieler Hinsicht erinnerte sein Spiel an das Alexandre Guilmants.

Die Gelegenheit, ausführlichere Bekanntschaft mit Erb zu machen, ergab sich 1908, anläßlich der Restauration der Silbermann-Orgel in der Kirche zu St. Thomas zu Straßburg. Auf meine Bitte hin beauftragte der Kirchenrat Erb zur gleichen Zeit wie mich, über die Bedingungen dieser dem Orgelbauer Friedrich Haerpfer aus Bolchen anvertrauten Restauration zu entscheiden und die Arbeiten zu beaufsichtigen.

Soviel ich weiß, war dies das erste Mal, daß man es unternahm, eine alte Orgel zu restaurieren, anstatt sie durch eine neue zu ersetzen. Ich hatte beim Kirchenrat erreicht, daß das alte Instrument erhalten blieb, indem alle defekten oder abgenutzten Teile ersetzt und die Pfeifen auf die heutige Tonhöhe gebracht wurden. Ich war sehr erleichtert, als Erb sich bereit erklärte, mit mir die Verantwortung zu teilen. Wie viele Stunden haben wir im Verlauf der Arbeiten gemeinsam an dieser Orgel verbracht, zusammen mit dem Orgelbauer Friedrich Haerpfer, den Erb ebensosehr schätzte wie ich, nach den besten Lösungen der sich stellenden Probleme suchend. Bei diesen Zusammenkünften habe ich die Gründlichkeit und den Umfang der Kenntnisse, die Erb auf dem Gebiet des Orgelbaus besaß, beurteilen können.

Bei der Einweihung des restaurierten Instrumentes war es M.-J. Erb, der es zum ersten Mal wieder erklingen ließ, indem er ein Orgelkonzert von Bach spielte. Die Ausführung dieses Konzertes bewies den Musikern, die an der Einweihung teilnahmen, daß der Plan der Erhaltung dieses alten Instrumentes völlig gerechtfertigt und gut durchgeführt war. Zum ersten Male gaben wir uns Rechenschaft ab über die Art, wie ein Werk Bachs klingt, wenn es auf der Orgel eines großen Orgelbauers seiner Zeit ausgeführt wird, und wir konnten uns die Wirkungen vorstellen, die man aus den Mitteln ziehen konnte, die die Klangfülle und die Zusammensetzung der Klaviere dieser alten Instrumente anboten. Wie oft habe ich mir seitdem, wenn ich an der Orgel von St. Thomas saß, die großartige Aufführung Bachs ins Gedächtnis gerufen, die uns M.-J. Erb bei der Einweihungsveranstaltung gegeben hatte.

Einige Jahre später hatten Erb und ich uns mit der Erbauung der Orgel des »Palais des Fêtes«, damals »Sängerhaus« genannt, durch Herrn Haerpfer zu beschäftigen. Damit ich mir über die Klangfülle im Hinblick auf die erforderlichen Änderungen an der Intonation der Stimmen Rechenschaft geben konnte, improvisierte Erb, während ich im Hintergrund des Saales zuhörte. Aber sehr oft waren seine Improvisationen so interessant, daß ich ihnen folgte und ganz vergaß, die Bemerkungen und Hinweise aufzuschreiben, die der Verwirklichung einer perfekten Intonation der verschiedenen Stimmen des neuen Instrumentes dienen sollten.

Eingeweiht wurde die Orgel des Sängerhauses durch Widor. Beim Einweihungskonzert wurden zwei Sinfonien für Orgel und Orchester gespielt, die eine von Widor, die andere von Erb; letztere war eigens für diese Einweihung komponiert worden. Ich spielte die Orgel bei diesen beiden Werken.

Beim Einüben der Komposition von Erb wurde ich mir ihres Wertes bewußt. Die Themen waren reich, der Aufbau des Werkes geistreich, und die Orgel und das Orchester ergänzten sich und verschmolzen meisterhaft. Auch Widor bewunderte die Partitur. Wir alle, die Freunde Marie-Joseph Erbs, hofften, daß sie veröffentlicht werde, um einen Platz unter den schönsten Kompositionen für Orgel und Orchester zu erlangen. Aus verschiedenen

Gründen konnte sich Erb, trotz unserer Bitten, nicht entschließen, diese Veröffentlichung zu wagen. Ich habe dies immer bedauert.

Seine schöne Komposition für Violine und Orgel über gregorianische Motive des Vaterunser habe ich mehrmals auf mein Konzertprogramm in ausländischen Kirchen gesetzt. Jedesmal sprachen mir die Violinisten ihre Genugtuung darüber aus, ein Werk von einer solch tiefen Inspiration kennengelernt zu haben, in dem Orgel und Violine mit derselben Meisterschaft behandelt wurden.

Erbs Kompositionen für das Theater haben mich immer überrascht wegen der Qualität der dramatischen Empfindung, die darin herrschte. Wir alle neigen dazu, Erb einzig und allein als einen Komponisten der reinen Musik einzuordnen; aber beim Hören seiner Theaterwerke wurde ich bereits beim ersten Mal von der Mannigfaltigkeit und Anpassungsfähigkeit seines Talentes überrascht. Seine dramatische Musik zeugt von einem bewundernswerten Einfühlungsvermögen in die Erfordernisse einer Musik, die dazu bestimmt ist, sich entsprechend den Ereignissen und Bewegungen auf der Bühne zu entfalten, und sie hat eine Weite der Gestaltung, die oft den Komponisten fehlt, die sich berufen fühlen, für das Theater zu komponieren. Die dramatische Musik M.-J. Erbs ist lyrisch und zugleich überaus malerisch im besten Sinne des Wortes.

Bei einer Unterhaltung, die ich eines Tages mit ihm führte und in deren Verlaufe ich ihn zu den außerordentlichen theatralischen Qualitäten seiner Kompositionen für die Bühne beglückwünschte, sagte ich ihm: »Es wäre nötig, daß Sie eines Tages ein wirklich wertvolles Textbuch finden, das Ihnen erlaubt, Ihr Talent voll zur Geltung zu bringen. Dann werden Sie ein Werk schaffen, das sich durchsetzen wird und Sie unter die Meister der zeitgenössischen Theatermusik einordnet.«

Vor meiner Abreise nach Afrika machte ich mich mehrere Jahre lang auf die Suche nach einem Opernstoff, der dem Wesen des Talentes von Erb entsprechen könnte. Ganz umsonst übrigens; dann schrieb sich Erb selbst die ausgezeichneten Textbücher von ›L'Homme de Fer‹ und ›Saxophone et Cie‹. Es war mir leider nicht vergönnt, an den Uraufführungen dieser beiden letzten lyrischen Werke im Straßburger Theater dabei zu sein.

Den Einfluß, den Erb auf die Musiker der neuen Generation im Elsaß und auch im Ausland ausgeübt hat, konnte ich bei jedem meiner Aufenthalte in Europa feststellen. Er hat sich ganz für seine Schüler aufgeopfert; diese wußten, was sie ihm verdanken, und verehrten ihn.

Zwischen Erb und mir bestand eine aufrichtige Freundschaft. Er kannte das Interesse, das ich für seine Werke hatte. Zwischen 1920 und 1923, während meiner ziemlich häufigen Aufenthalte im Elsaß, hatte ich das Vergnügen, ihn sehr oft zu sehen und über seine Aktivität auf dem laufenden zu bleiben. Ich erinnere mich besonders an einige bezaubernde Nachmittage, die ich bei ihm und seiner Frau in Begleitung von Widor verbracht habe. Wenn jener auf der Durchreise im Elsaß war, versäumte er niemals, den Straßburger Meister zu besuchen; ich war dann bei sehr interessanten Gesprächen über die Musik und die Musiker zugegen.

Das, was vor allem die beeindruckte, die das Privileg hatten, ein nahes Verhältnis zu Erb zu haben, ist seine Einfachheit und seine Bescheidenheit. Der Drang, Anerkennung zu suchen, war ihm durch eben sein Wesen versagt. Ohne irgendeine Partei zu ergreifen, interessierte er sich für die musikalischen Schöpfungen verschiedener Stilrichtungen und Persönlichkeiten, wobei er sich bemühte, sie nur nach ihrem Wert zu beurteilen. Seine Kritik war niemals schroff. Er war der Ansicht, daß das, was zu überdauern bestimmt war, auch überdauern und daß der Rest mit der Zeit von selbst allmählich in Vergessenheit geraten würde. Er besaß eine ruhige und abgeklärte Weisheit, von der er sich nicht abbringen ließ.

So war Marie-Joseph Erb, so habe ich ihn gekannt, bewundert und geliebt. Ich bin sicher, daß er durch die Erinnerung und die Werke, die er hinterlassen hat, seinen Platz in der Geschichte der elsässischen Kunst und in den Herzen der Elsässer bewahren wird. Ich für meinen Teil glaube, daß er der bedeutendste unter den Komponisten ist, die das Elsaß hervorgebracht hat.

Erläuterungen

Diese Erinnerungen verfaßte Schweitzer 1946 in Lambarene in französischer Sprache für den Gedenkband ›Un grand musicien français: Marie-Joseph Erb‹, der 1948 in Straßburg erschien. Die Übersetzung ins Deutsche besorgten Harald Schützeichel und Gustav Woytt.

Zur Restaurierung der Silbermann-Orgel von St. Thomas in Straßburg, die Schweitzer im Text anspricht, sind einige Ergänzungen angebracht:

Johann-Andreas Silbermann (1712–1783) erbaute diese Orgel in jungen Jahren zwischen 1737 und 1741. Dabei übernahm er die Disposition und die Mensuren der Orgel von Ebersmünster, die sein Vater Andreas Silbermann, der 1734 verstorben war, 1732 erbaut hatte. Lediglich das Pedal erweiterte er um drei Register.

Als sich Schweitzer 1908 für die Erhaltung und Restaurierung dieser Orgel einsetzte, glaubte er, ein authentisches Silbermann-Instrument vor sich zu haben. Jedoch hatte die Orgelbau-Firma Wetzel 1836 und 1860 dem Zeitgeschmack entsprechende Umbauten vorgenommen. So wurden Zimbeln, Quinten und Terzen durch Flöten und Streicher ersetzt. Silbermanns dreiregistriges Echo wurde durch ein Recit mit sieben Registern ersetzt.

Über die Bedeutung dieser Orgel gab Schweitzer am 17. Februar 1908 folgendes Gutachten ab:

»Die Silbermann'schen Orgeln bezeichnen den Höhepunkt der alten Orgelbaukunst. Von Strassburg wurde diese Kunst durch einen Angehörigen des Hauses Silbermann nach Mitteldeutschland verpflanzt. Die grossen Orgeln, die zu Bachs Zeiten gebaut wurden und die Bewunderung des Meisters erregten, sind teils durch den nach Mitteldeutschland ausgewanderten Gottfried Silbermann, teils durch dessen Schüler und Nachahmer, erbaut worden. Da die vollendete alte Orgelbaukunst – die, was Klangschönheit angeht, überhaupt nicht mehr übertroffen worden ist – darf es wohl als eine Pflicht der Pietät gelten, dass die einzige Silbermann-Orgel, die noch erhalten ist, ohne eingreifende Veränderung restauriert werde.«

Auf Vorschlag wurden durch die von Schweitzer allgemein bevorzugte Orgelbau-Firma Dalstein & Haerpfer, Bolchen/Lothringen, folgende Arbeiten durchgeführt:
- Die mechanische Traktur wird restauriert und die Windversogung verbessert.
- Das Pedal wird um zwei Noten erweitert, eine Hauptwerk-Pedalkoppel wird eingebaut.
- Bei näherer Untersuchung der Windladen stellte sich heraus, daß das Instrument schon wesentliche Umänderungen erfahren hatte: Hauptwerk und Rückpositiv hatten bei Silbermann je eine Zimbel, diese wurde anstelle eines Quintaton im Rückpositiv wieder eingebaut.
- Die Orgel wurde auf Normalstimmung gebracht, was Schweitzer später bedauerte (vgl. den Text ›Gutachten über die Orgel zu St. Jacobi im Hamburg‹ [1928]).

Grundsätzlich wurde der Charakter des Instruments (so auch die Schleifladen Silbermanns) durch Schweitzers energisches Eintreten also gewahrt.

Was Schweitzer 1908 noch verhindert hatte, wurde in den Jahren zwischen 1925 und 1956 gründlich nachgeholt: Die Orgel wurde von 49 auf 60 Register erweitert, einige Zungenregister entfernt; die Orgel wurde gründlich umintoniert, die mechanische Traktur durch eine pneumatische, später elektro-pneumatische ersetzt. Erst 1979 erhielt das Werk durch Restaurierung den Silbermann-Charakter zurück[1].

M.-J. Erb schrieb Schweitzer über den in den zwanziger Jahren begonnenen Umbau der Orgel am 9. Februar 1928: »Was sagen Sie zur ›Verbesserung‹ [arrangement] der Orgel von St. Thomas? Ich habe darüber geweint.« Eine Antwort Schweitzers dazu ist nicht bekannt. In seinem Straßburger Vortrag ›J. S. Bach und sein Werk‹ (1936) spricht er noch davon, daß in der Orgel von St. Thomas eine Silbermann-Orgel erhalten geblieben sei. Von irgendwelcher Kritik an Umbauten dieser Orgel ist dort nicht die Rede.

Die zweite von Schweitzer im Text angesprochene Orgel ist die Orgel des Straßburger Sängerhauses. Sie wurde 1909 für diesen damals einzigen großen Konzertsaal

---

[1] Soweit nach: Die restaurierte Silbermann-Orgel von Sankt Thomas 1741-1979, verfaßt von E. Peterschmitt, M. Schäfer, G. Wild, herausgegeben von »Les Amis de l'Orgue Silbermann de St-Thomas«, Straßburg o.J. – Vgl. auch P. Meyer-Siat, Historische Orgeln im Elsaß, München-Zürich 1983.

in Straßburg gebaut, wiederum durch die Firma Dalstein & Haerpfer. Der Orgelkommission gehörten unter Vorsitz von Albert Schweitzer neben Erb noch Emil Rupp und Karl Frodl an. Die Orgel verfügte über 56 Register auf drei Manualen, von denen zwei in einem Schwellkasten standen; die Spieltraktur war pneumatisch.

Schweitzer verfaßte ohne Namensnennung eine Einweihungsschrift zu dem im Text angesprochenen Einweihungskonzert, in der zahlreiche weitere Einzelheiten zu der Orgel und den damit in Zusammenhang stehenden Persönlichkeiten enthalten sind[2]. Schweitzer schrieb darin auch Werkeinführungen zu den aufgeführten Kompositionen, so zur Symphonie für Orgel und Orchester F-dur von M.-J. Erb und zu Ch. M. Widors ›Sinfonia sacra‹ für Orgel und Orchester (über ›Veni Redemptor gentium‹).

Bei der von Schweitzer im Text angesprochenen Komposition Erbs für Violine und Orgel handelt es sich um ›Prière sur le motif du »Pater«‹ (»Gib uns heute unser täglich Brot«) op. 71. Das Werk war 1906 erschienen und Schweitzer gewidmet. Auch Karl Straube äußerte sich sehr lobend über das Werk, das die bestgelungenste und interessanteste Originalkomposition für diese beiden Instrumente sei (im Brief an Erb vom 28. Juli 1905, abgedruckt in: ›Un grand musicien français ...‹, S. 105). Schweitzer schrieb dem Komponisten am 20. November 1906 über dieses Werk:

> »Mein Lieber
> Ich verlasse gerade mein Pedalklavier, auf dem ich Ihr Stück immer wieder spiele; es ist so tiefsinnig, daß ich stolz bin, daß mein Name damit in gewisser Weise in Zusammenhang steht und daß die Menschen, die es noch spielen werden, wenn wir nicht mehr in dieser Welt sind, daran erinnert werden, daß zwischen uns eine aufrichtige Zuneigung bestand.
> Ich danke Ihnen von ganzem Herzen, aus tiefstem Herzen ... Ahnen Sie, wie Ihre kleine Auslegung von Unser täglich Brot symbolisch für mein Leben ist? [...]«

2 Wiederabgedruckt mit einer Einführung von B. Billeter in: Acta Organologica 18 (1985), S. 339–378.

Erinnerungen an Cosima und Siegfried Wagner (1955)

Frau Cosima Wagner habe ich zum ersten Male im Jahre 1896 gesehen, als man in Bayreuth den ›Ring des Nibelungen‹ zwanzig Jahre nach der Erstaufführung 1876 wieder gab. Die Orchestermusiker, mit denen ich bei den Mahlzeiten zusammen war, hatten eine große Hochachtung vor ihr und ihrem Können. Aber sie hielten es doch nicht alle für einen reinen Gewinn, daß der Wille dieser Frau sich in der Inszenierung und der Regie der Tetralogie so stark geltend machte.

Ich wurde mit ihr in Heidelberg bekannt, anläßlich einer Auffühung der ›h-moll-Messe‹ Bachs, die unter der Leitung von Philipp Wolfrum im Februar 1905 stattfand. Frau Cosima mit ihrem Sohne Siegfried und ihrer Tochter Eva war unter den Zuhörern. Ich hielt mich im Hintergrund, weil die Art, in der sie die Leute empfing, die sie nach der Aufführung begrüßten, mir nicht zusagte. Meinem Empfinden nach bemühte sie sich nicht genügend darum, diejenigen, die sich ihr in steifer Ehrerbietung näherten, ihre Natürlichkeit wiederfinden zu lassen.

Etwas später, zu der Zeit, als ich an meinem Buch über Bach arbeitete, hielt sie sich mit Eva in Straßburg auf. Der Professor der Theologie Johannes Ficker, mit dem sie bekannt war, gab ihr zur Besichtigung der Stadt einen seiner Studenten in Kunstgeschichte mit. Ich bat, mich diesen Wanderungen anschließen zu dürfen. Frau Cosima hatte von dem Werk, mit dem ich beschäftigt war, reden gehört und zeigte Interesse für meine Ansicht, daß Bachs Musik nicht reine, sich nur im Spiel der Tonlinien ergehende Kunst sei, wie man damals allgemein annahm, sondern daß sie, wo sie irgendwie mit einem Texte in Beziehung steht, eine Schilderung der in ihm enthaltenen Gefühle und Bilder zu geben unternehme. Sie ersuchte mich, ihr diese Auffassung der Bachschen Musik auf den Wanderungen in Straßburg darzulegen. Im Verlaufe derselben hatte ich Gelegenheit festzustellen, daß sie Bachs Werke von Grund aus kannte. Um ihr einen Begriff meiner Auffassung zu geben, spielte ich ihr eine Reihe von Choralvorspielen, in denen Bach das Charakteristische des Liedertextes wiederzugeben sucht, auf der tonschönen Orgel der Neuen Kirche vor.

Während unserer zwei Tage hindurch stattfindenden Wanderungen war nicht nur von Musik die Rede. Mit großer Lebhaftigkeit erzählte Frau Cosima von den großen Kämpfen, die Wagner zu bestehen gehabt hatte, um sich durchzusetzen, und die sie mit ihm erlebt hatte. Zu meiner Überraschung schien sie nicht überzeugt zu sein, daß damals, zu Beginn des Jahrhunderts, das Werk Wagners sich völlig und endgültig durchgesetzt hatte. Aus ihren Worten war herauszuhören, daß sie noch des Glaubens war, die Feinde seien noch weiter am Werk und noch immer zu fürchten.

Mit dem Prediger zu St. Nikolai zu Straßburg, der ich damals war, besprach sie auch religiöse Probleme. Sie erzählte mir von der religiösen Unterweisung, die sie erhalten, und von den Fragen, die sie ihren Lehrern gestellt hatte. Als das große Problem hatte sie immer empfunden, wie es vorstellbar sei, daß Gottes Gerechtigkeit sich mit seiner Liebe vereinbaren lasse. Ihrer Ansicht nach, führte sie aus, könne Gott von uns nur als Gott der Liebe, nicht auch der Gerechtigkeit vorgestellt werden. Er könne seinem Vergeben keine Grenzen setzen und müsse auf das Wohlergehen aller Kreaturen bedacht sein. Im Verlaufe dieser Unterhaltung, die an einem schönen sonnigen Nachmittag stattfand, während wir dem Lauf der Ill von der St. Thomasbrücke bis zur Universität folgten, lernte ich erkennen, was für eine empfindende und lebendige Seele dieser Frau, die mir bei der Begegnung in Heidelberg so fremd geblieben war, innewohnte.

Auch mit Eva wurde ich auf diesen Wanderungen in Straßburg bekannt. Sie gab sich sehr einfach und natürlich und war mir alsbald sympathisch. Damals huben die freundschaftlichen Beziehungen zwischen ihr und mir an, in denen wir durch die Jahre hindurch verblieben. Bei meiner nächsten Wallfahrt nach Bayreuth machte ich in Villa Wahnfried Besuch. Bei diesem ersten Wiedersehen hatte ich Gelegenheit, Frau Cosima in schwieriger Situation zu beobachten. Sie hatte sich mit einem Besucher zu unterhalten, der sich benahm, als sei er gut mit ihr bekannt, den sie aber, wie ich alsbald merkte, in ihren Erinnerungen nicht unterzubringen vermochte. Sie bewegte sich im Ungewissen, aber als eine, die die dazu erforderte Kunst mit Virtuosität handhabte. Schließlich wurde Eva, die sich einem andern Besuch zu widmen hatte, der Verlegenheit, in der sich die Mutter befand, gewahr, und kam ihr zu Hilfe. Jedesmal, wenn ich in der Folgezeit in Villa Wahnfried vorsprach, bewunderte ich aufs neue die Kunst und die vollendete Liebenswürdigkeit, mit der Frau Cosima und Eva sich mit den Besuchern abgaben, von denen ihnen gar manche die Sache überaus erschwerten, indem sie versäumten, sich beizeiten zu empfehlen.

Es war wohl nach jenem ersten Besuch in Villa Wahnfried, daß ich zum Abendessen mit Frau Cosima und andern Gästen in einem kleinen Raum im Festspielhaus während der zweiten Pause der Aufführung eingeladen war. Anwesend waren auch der Prinz von Sachsen-Meiningen und Fräulein Grandjean von der Großen Oper aus Paris, in der sie die Isolde großartig gesungen hatte. Der Nachtisch bestand aus einer Schüssel herrlicher Pfirsiche, die diese aus Paris mitgebracht hatte. Ich war von Bewunderung für die Mühe erfüllt, die Frau Cosima aufwandte, um mit den Gästen, die einander nicht kannten, eine Unterhaltung in Fluß zu halten, deren Kosten sie fast allein zu bestreiten hatte. Es bereitete mir einige Genugtuung festzustellen, daß die Tischgenossen in derselben Weise wie ich durch diese überragende Frau eingeschüchtert waren.

In der Tätigkeit, die sie im Bayreuther Theater entfaltete, offenbarte sie sich als eine großartige künstlerische Persönlichkeit. Es lag ihr am Herzen, die überlieferte Bayreuther Tradition unangetastet zu erhalten. Davon konnte ich mich während meiner verschiedenen Pilgerfahrten überzeugen.

In der Frage der Bewertungen des großen Einflusses, den Frau Cosima auf die Bayreuther Aufführungen hatte, bin ich im Laufe der Zeit zu folgender Ansicht gekommen. Sicherlich wirkte es sich nicht immer günstig aus, daß die Interpreten zu wenig ihrer eigenen Inspiration folgen konnten, weil ihr Spielen und Singen ihnen bis in die Einzelheiten vorgeschrieben war. Sie konnten sich nicht vom eigenen Spiel fortreißen lassen und über sich selbst hinauswachsen. Man fühlte ihnen manchmal an, daß sie sich beobachten mußten und dadurch in dramatischen Augenblicken etwas gehemmt waren und nicht das Letzte, dessen sie von sich aus fähig gewesen wären, geben konnten. Aber dieser Nachteil wurde doch durch die wirkungsvolle Einheitlichkeit der Bayreuther Aufführungen aufgewogen. Frau Cosima ist es zu verdanken, daß in den Festspielen der Geist des Schöpfers der gewaltigen Kunstwerke erhalten blieb und sich lebendig erwies. Ich habe den Eindruck gehabt, daß dies im Laufe der Jahre immer mehr anerkannt wurde.

Bei meinen Aufenthalten in Bayreuth befreundete ich mich mehr und mehr mit Siegfried. Wir verstanden uns und fühlten uns voneinander angezogen vom ersten Gespräch an, das wir miteinander hatten. Ich habe selten einen so natürlichen und von Grund aus so gütigen und edlen Menschen angetroffen wie ihn. Von keinem habe ich ein so herzliches Grüß Gott vernommen wie von ihm. Als Spielleiter war er großartig. Er kümmerte sich um alle Einzelheiten der Inszenierung, wie auch die des Gesanges und des Verhaltens der Mitwirkenden auf der Bühne. Er verstand es, diese nicht nur anzuweisen, sondern auch anzuregen. Was ihnen nicht lag, verlangte er nicht von ihnen. Er wirkte nur darauf hin, die Auffassung, die sie sich von ihrer Rolle machten, auszubilden und zu vertiefen.

Eine unauslöschliche Erinnerung behalte ich an die Aufführung des ›Fliegenden Holländers‹ in einem Akt, die Siegfried inszeniert hatte und dirigierte. Er war nämlich auch ein gediegener und feinsinniger Dirigent, der die Ausübenden mitzureißen verstand.

Ich stehe nicht an zu behaupten, daß er auch ein schöpferischer Musiker war, der mehr Interesse verdient hätte, als man ihm entgegenbrachte. Was ich von seinen Bühnenwerken gehört habe, hat mir Eindruck gemacht. Etwas von dem Geiste des Schöpfers der Musik der ›Meistersinger‹ war ihm verliehen und tat sich in seinen Werken kund.

Am meisten stand seiner Anerkennung im Wege, daß er als Sohn Richard Wagners auch Musiker zu sein wagte. Auch daß seine Texte einer Welt des Heroentums angehörten, die nicht volkstümlich werden konnte, wirkte sich nachteilig aus.

Mit Gelassenheit nahm er es hin, daß ihm Anerkennung als schöpferischer Musiker versagt war. Ihm blieb als Lebensaufgabe, sich in den Dienst des Werkes des Vaters zu stellen und in diesem Bemühen treu empfunden zu werden.

Bei meiner Abreise nach Afrika im Frühjahr 1913 nahm ich mir vor, im Sommer 1915 auf Urlaub in Europa zu sein und die Aufführungen in Bayreuth mitzumachen. Aber es kam der Krieg, und auf ihn folgten die traurigen Nachkriegsjahre.

Erst im Verlaufe des Winters 1923 konnte ich, auf der Heimreise von Prag, wo ich an der deutschen Universität Vorlesungen gehalten und Orgel gespielt hatte, mich wieder nach Bayreuth begeben. Die Reise war nicht so einfach, wie ich gedacht hatte. Zu jener Zeit benötigte man nämlich noch eines bayerischen Sondervisums, wenn man sich in Bayern auch nur auf der Durchreise aufhalten wollte. Da ich ein solches nicht besaß, weil ich nicht gewußt hatte, daß man seiner bedürfe, wollten mich die Polizisten der Grenzstation nur in den direkten Schnellzug, der Bayern in westlicher Richtung durchquerte, einsteigen lassen. Zum Glück war es Nacht, und die Hüter der Ordnung taten ihren Dienst, zumal es schneite und grimmig kalt war, nicht ganz gewissenhaft. So gelang es mir im letzten Augenblick, mich in den Zug nach Bayreuth einzuschmuggeln. Ich hatte einen Strauß mit mir, den ich von einem Bach-Verehrer bei er Abreise aus Prag erhalten und alsbald Frau Cosima zugedacht hatte.

Zu jener Zeit war sie, wie ich bei meiner Ankunft erfuhr, nur noch an Tagen, an denen sie sich in ruhiger Gemütsverfassung befand, in der Lage,

Besucher zu empfangen. Die Nachricht von meiner Ankunft (obwohl sie sich meiner sicherlich noch kaum recht erinnern konnte) hatte sie bereits so aufgeregt, daß sie in Erwartung meines Besuches von der Frage gequält war, was sie zu meinem Empfang anziehen sollte. Da die Familie befürchtete, daß die Aufregung ihr schaden könne, mußte ich darauf verzichten, sie zu sehen, und mich damit begnügen, ihr den Rosenstrauß zukommen zu lassen, über den sie sich freute.

Während jenes Aufenthaltes in Bayreuth besuchte ich die dort wohnende Witwe Hans Richters, des von mir so geschätzten Seniors der Dirigenten der Festspiele.

Mit dem Abscheiden von Frau Cosima und von Siegfried hat dann das Bayreuth, wie wir, die Wagner-Verehrer des ausgehenden 19. und anfangenden 20. Jahrhunderts, es kannten, zu bestehen aufgehört.

Erläuterungen

Dieser Artikel erschien in kürzerer Form zuerst in der Zeitschrift ›L'Alsace française‹ am 12. Februar 1933, nachdem Cosima Wagner 1930 gestorben war. Die hier vorliegende erweiterte Fassung fand Abdruck im Programmheft ›Der fliegende Holländer‹ der Bayreuther Festspiele 1955 und noch einmal 1969.

Das Manuskript der Fassung von 1955 enthielt einen Abschnitt über Houston Stewart Chamberlain (1855–1927), der 1908 Wagners Tochter Eva geheiratet hatte. Da Chamberlain, der sehr um das Werk Wagners bemüht war, selbst in großer Nähe zum Nationalsozialismus stand und auch die Wagner-Bewegung diesem zuführte, wurde der Abschnitt über ihn auf Entscheidung von Wolfgang Wagner nicht abgedruckt, nachdem Schweitzer ihm dieses freigestellt hatte (siehe unten). Er lautet:

> »Auch das Zusammensein mit Houston Stewart Chamberlain, mit dem sich Eva verheiratet hatte, genoß ich in Bayreuth. Als Sohn eines englischen Generals in England geboren, fühlte er sich von Deutschland so angezogen, daß er im Lande blieb und es sich zur Heimat erkor. Durch sein 1899 erschienenes Werk ›Die Grundlagen des 19. Jahrhunderts‹ wurde er bekannt. Es war die bedeutendste Studie, die damals über das zu Ende gehende Jahrhundert erschien. Chamberlain war eine markante Persönlichkeit und ein origineller Denker. Seine Stärke war, daß er nicht nur in Literatur und Philosophie, sondern auch in den Naturwissenschaften daheim war. Die Unterhaltung mit ihm, der 20 Jahre älter war als ich, war für mich sehr lehrreich. Den Besuchern in Villa Wahnfried ging er aus dem Wege. Aber seine Bekannten nahm er in seinem Studierzimmer freundlich auf, wenn sie einsichtig genug waren, ihn nicht über die Arbeiten, mit denen er beschäftigt war, auszufragen und ihm nicht zuviel Zeit wegzunehmen.
> Er starb 1927 nach schwerem Leiden. Ich sah ihn kurz vor seinem Tode. Seine Krankheit brachte es mit sich, daß er nicht mehr über die Schluck- und Sprechmuskulatur Herr war. Eva pflegte ihn mit Aufopferung. Sie verstand sein mühsa-

mes Gelispel. Durch ihre Vermittlung konnte er einige mir unvergeßlich gebliebene Worte an mich richten. Sein so qualvolles Dasein ertrug er heldenhaft in Erwartung der Erlösung durch den Tod.«

Diese Begegnung Schweitzers mit Chamberlain muß bereits vor dem 14. Februar 1924 stattgefunden haben, wo Schweitzer Europa verließ, also wahrscheinlich während seines im Text erwähnten Besuchs in Bayreuth. Er reiste erst am 21. Juli 1927 von Lambarene wieder ab (laut ›Leben und Denken‹), Chamberlain war aber schon am 9. Januar 1927 gestorben. Chamberlain hatte sich schon 1923 zu Hitler und Ludendorff bekannt; Hitler hatte Chamberlain im Herbst 1923 in Bayreuth besucht. Zu diesem Zeitpunkt war Chamberlain schon unheilbar gelähmt. Bei Schweitzers Besuch in Bayreuth, der kurz danach stattgefunden haben muß, habe Chamberlain ihm ins Ohr geflüstert: »Ich sterbe ruhig, denn ich weiß, daß Deutschland einen Retter hat: Hitler!« Das berichtete Robert Minder, ein enger Vertrauter Schweitzers, in einem Artikel[1]. Dies könnten die Schweitzer »unvergeßlich gebliebenen Worte« gewesen sein.

Auch Schweitzer hatte zur gleichen Zeit wie Chamberlain einen Beitrag zur Aufarbeitung des 19. Jahrhunderts geleistet und war dadurch mit der Materie vertraut. Sein Aufsatz ›Die Philosophie und die allgemeine Bildung im neunzehnten Jahrhundert‹ erschien 1900 in einer Aufsatzsammlung (herausgegeben von G. Wolf, Straßburg).

Die Gründe, die Schweitzer zur beschriebenen Begegnung mit Cosima und Siegfried Wagner führte, liegen zunächst in seiner kaum zu überschätzenden Bewunderung für die Musik Richard Wagners. Den Beginn seines Zusammentreffens mit dieser Musik und seiner Wagner-Verehrung schildert Schweitzer in seiner Autobiographie von 1931:

> »Mit der Verehrung Bachs ging bei mir die Richard Wagners zusammen. Als ich mit sechzehn Jahren als Gymnasiast zu Mülhausen zum erstenmals ins Theater durfte, war es, um Richard Wagners ›Tannhäuser‹ zu hören. Diese Musik überwältigte mich so, daß es Tage dauerte, bis ich wieder fähig war, dem Unterricht in der Schule Aufmerksamkeit entgegenzubringen.
> In Straßburg, wo die Oper unter Kapellmeister Otto Lohse hervorragend war, hatte ich dann Gelegenheit, Wagners sämtliche Werke, natürlich außer ›Parsifal‹, der damals nur in Bayreuth aufgeführt werden durfte, gründlich kennenzulernen.
> Ein großes Erlebnis war es für mich, daß ich im Jahre 1896 in Bayreuth der denkwürdigen ersten Wiederaufführung der Tetralogie nach der Uraufführung beiwohnen konnte. Pariser Freunde hatten mir die Karten geschenkt. Um die Kosten der Reise bestreiten zu können, mußte ich mich mit einer Mahlzeit am Tage begnügen.«

In seiner ›Selbstdarstellung‹ von 1929 fügt Schweitzer zu dieser Reise, die er mit 21 Jahren unternahm, hinzu:

---

[1] R. Minder, Respect de la vie – enracinement dans le passe, perspective sur l'avenir. In: International Albert Schweitzer Symposion 28. September – 1. Oktober 1978 in Deventer/Holland, S. 64.

»Für die Reise und den Aufenthalt mußte ich mit 80 Mark, die ich mir erspart hatte, auskommen. Die Fahrkarte dritter Klasse von Straßburg nach Bayreuth und zurück kostete damals 47 Mark.« (S. 20)

Seine Autobiographie von 1931 kommentiert dann genauer die Art der Aufführungen, indem er sie mit später erlebten vergleicht:

»Wenn ich heute eine Wagneraufführung erlebe, bei der alle möglichen Bühneneffekte sich neben der Musik geltend machen, als handelte es sich um einen Film, muß ich mit Wehmut an die in ihrer Einfachheit so ungeheuer wirkungsvolle damalige Bayreuther Inszenierung der Tetralogie denken. Wie die Ausstattung, so war auch die Aufführung noch ganz im Geiste des Meisters.
Den größten Eindruck als Sänger und als Spieler machte auf mich Vogl als Loge. Vom Momente seines Auftretens an beherrschte er die Szene, ohne irgend etwas Ersichtliches zu unternehmen, um die Aufmerksamkeit auf sich zu ziehen. Er trug nicht die Harlekintracht der modernen Logedarsteller. Auch tänzelte er nicht im Rhythmus der Logemotive auf der Bühne herum, wie es heute Mode geworden ist. Das einzig auffällige an ihm war der rote Mantel. Die einzigen Bewegungen, die er nach dem Rhythmus der Musik aufführte, bestanden darin, daß er diesen Mantel, wie unter einem Zwange handelnd, bald auf die eine, bald auf die andere Schulter warf, die Blicke auf das, was um ihn herum vor sich ging, gerichtet und doch losgelöst davon. Dadurch stand er als die ruhelose Gewalt des Verderbens unter den ahnungslos dem Untergang zuschreitenden Göttern.« (S. 9 f.)

Um welche Aufführungen es sich handelte, die Schweitzer hier kritisiert, läßt sich mit Sicherheit nicht ausmachen. Jedenfalls hat er nach dem 1. Weltkrieg keine Bayreuther Aufführung mehr besucht. Zu bedenken ist, daß Schweitzer in den Jahren 1913–1918, 1924–1927 und 1929–1932 in Afrika arbeitete und während seiner Europaaufenthalte fast ständig auf Vortrags- und Konzertreisen in ganz Europa weilte. Welche Inszenierungen er hier anspricht, muß also ungeklärt bleiben.

Wie sehr Schweitzer der Musik Wagners verfallen war, belegt auch ein Brief, den er 36jährig – im Jahre 1911 nach einer Aufführung von Pfitzners ›Armem Heinrich‹ an den Komponisten schrieb. Hans Pfitzner (1869–1949) wirkte 1908–1918 als Städtischer Musikdirektor und Direktor des Konservatoriums, von 1909–1916 auch als Operndirektor in Straßburg (vgl. den Text ›Erinnerungen an Ernst Münch‹ [1945]). Sein 1895 uraufgeführtes Musikdrama ›Der Arme Heinrich‹ erlebte 1911 seine Erstaufführung in Straßburg, auf die sich Schweitzer hier bezieht:

»Günsbach Ober/Elsass
10. Januar 1911

Sehr geehrter Herr Pfitzner
Ich brauche zwei Tage Waldeinsamkeit, um mich von der Erschütterung zu erholen, die ich beim Anhören Ihrer Musik durchmachte. Ihr Armer Heinrich war für mich das grösste musikalische Erlebnis nach dem ersten Bekanntwerden mit Tristan und Isolde. Er hat auf mich elementarer gewirkt als Parsifal. Das liegt auch wohl am Stoffe selber, der den Gedanken der Erlösung von Mensch zu Mensch in viel natürlicherer Form bringt als der, den Wagner erkor. Ich vermag meine musikalischen Empfindungen noch nicht zu analysieren. Nur soviel fühle ich,

dass mich der ungeheure Ernst und die geniale Schlichtheit Ihrer Kunst ergriffen haben. Aus Straussens Salome stürzte ich krank hinaus; keine zehn Pferde bringen mich wieder hinein. Ihren Armen Heinrich werde ich nie genug hören können. Endlich wieder wahre und vornehme Themen, Bewusstsein und Tonalität, grosser Zug in der Modulation ... Kunst, keine Mache. Auch die Art, wie sie die Handlung sich ohne Ueberstürzung aber auch ohne Aufdringlichkeit in der Musik ausleben lassen, erinnere ich mich so ausser bei Wagner nie gefunden zu haben ...
Sie müssen glücklich sein, den Menschen so grosse Kunst bieten zu können ... und so viel noch in sich zu tragen, was sie noch zu geben haben ...
Auf meine Frage erklärte mir Louis, dass über Sie noch nichts Zusammenhängendes auf französisch erschienen ist. Ich werde im Frühjahr mir einige Tage zusammenstehlen, um für eine mir zugängliche grössere Musikzeitschrift Frankreichs einen Ueberblick über Ihre Kunst und Ihr Schaffen zu geben, so gut ich es vermag.
Mit vielem Dank für die unvergesslichen Stunden

Ihr Albert Schweitzer«

Der hier von Schweitzer angesprochene Aufsatz ließ sich bisher nicht nachweisen; auf eine spätere Anfrage hin erinnerte Schweitzer sich dessen nicht mehr. Dieser Brief wurde zuerst 1935 in der Pfitzner-Biographie von Walter Abendroth abgedruckt, allerdings ohne den Passus über Strauss' ›Salome‹. Schweitzer hatte darum gebeten, nicht, weil er seine Meinung inzwischen geändert hätte, sondern weil er gegen den noch lebenden Richard Strauss nicht als Polemiker auftreten wollte.

In seiner Autobiographie gibt Schweitzer verkürzt die Begebenheiten und Eindrücke seiner Begegnung mit Cosima Wagner wieder, wie er sie ausführlicher in dem hier abgedruckten Text geschildert hat. Die Darstellung schließt mit der Bemerkung:

> »Die Schüchternheit konnte ich aber bei keinem Zusammensein mit dieser durch ihr künstlerisches Können und ihr hoheitsvolles Wesen einzigartigen Frau ganz ablegen.« (1931, S. 24)

Schließlich hält er in derselben Schrift für erwähnenswert, daß er in der Zeit des Waffenstillstandes und in den beiden darauffolgenden Jahren gar manchmal mit einem Rucksack voll Lebensmitteln nach Kehl wanderte,

> »um von dort aus hungernden Freunden in Deutschland etwas zukommen zu lassen. Insbesondere ließ ich es mir angelegen sein, Frau Cosima Wagner und den greisen Maler Hans Thoma samt seiner Schwester Agathe zu versorgen.« (1931, S. 157)

Auch in späteren Jahren erlahmte Schweitzers Interesse an Wagner und seinem Werk nicht. Als er in den fünfziger Jahren erfuhr, daß die Bayreuther Festspiele unter Leitung von Wieland und Wolfgang Wagner wieder aufgenommen werden sollten, schrieb er – nun 76jährig – diesen im August 1951 einen ausführlichen Brief, den wir hier in seiner ganzen Länge anführen:

»HH. Wieland und Wolfgang Wagner
Wahnfried. Bayreuth. Bayern

Albert Schweitzer
Günsbach Elsass
11.8.51

Lieber Wieland Wagner, lieber Wolfgang Wagner.
Als ich in Lambarene erfuhr, dass die Bayreuther Festspiele wieder statthaben würden, war es mir eine grosse Freude. Bayreuth bedeutet für mich ja schönste Erinnerungen meines Lebens. Ich war zum ersten Mal dort bei der Wiederaufführung des Rings im Jahre 1896 und dann nachher so manches Mal. Ich durfte Frau Cosima kennen und mit Siegfried Wagner lange Jahre in tiefer Freundschaft verbunden sein. Sie beide habe ich als Kinder gesehen, als ich nach dem ersten Kriege, es war wohl um 1923, zu Besuch nach Bayreuth kam ... Als ich erfuhr, dass Sie beide mit der Wiederaufnahme der Festspiele betraut waren, wusste ich, dass Sie es nicht leicht haben würden. Wie gerne wäre ich gekommen ... Aber eine in der kurzen Zeit meines Europaaufenthaltes fertig zu stellende Arbeit und eine Menge für mein Spital zu tätigende Einkäufe liessen es nicht zu. Ich bin eben kein freier Mensch mehr. Was nun die Sorgen, die Sie bewogen, mir das Telegramm zu senden, betrifft, nehmen Sie sie nicht zu schwer. Durch Freunde, die die Aufführungen miterlebten und die ein Urteil besitzen, bin ich auf dem Laufenden. Und die Inszenierungsprobleme der gewaltigen Werke kenne ich zur Genüge und habe miterlebt zwei Jahrzehnte hindurch, wie Ihr lieber Vater mit seinem hervorragenden Sachverständnis sich mit ihnen beschäftigte. Die so grossartig einfache Inszenierung des Rings 1896, die auf die der Uraufführung zurückging, habe ich noch gut im Gedächtnis, auch die des ›Parsifal‹ aus den achtziger Jahren. Aber *man kann sie nicht einfach reproduzieren.* Der moderne Hörer bringt andere Forderungen des Anschauens mit sich, auf Grund einer Gewöhnung des Anschauens von Bühnen und Filmhandlung. Es handelt sich darum, das Alte und das Neue in der rechten Weise miteinander zu versöhnen. Die Hörer sind sich über das Problem nicht klar. Sie stellen miteinander unvereinbare Anforderungen. Selbst Ihr lieber Vater, wenn er unter den heutigen Verhältnissen Bayreuth leiten würde, würde diskutiert.
Und wenn ich als sein Freund und in seinem Geiste Ihnen raten darf in der Lage, in der Sie sich befinden, so ist es: Lassen Sie die Leute mit Mund und Feder diskutieren. Aeussern Sie sich gar nicht dazu. Versuchen Sie auf keine Weise in die Diskussion einzugreifen und auf sie einzuwirken, sich vor ihr zu rechtfertigen. Gehen Sie ruhig Ihren Weg weiter ... den Festspielen der kommenden Jahre entgegen, in dem Streben, dem Geiste Bayreuths treu zu sein und ihn zu bewahren, wie es Ihr Vater tat, und die Bayreuther Tradition in unserer Zeit Gestalt gewinnen zu lassen, sich die Erfahrung der Fachmänner, die zu Bayreuth stehen, zu Nutze machend. Denn auch das Letztere war das, was Ihren Vater zu so grossen Leistungen befähigte. Gehen Sie in allem den Weg in dem Geiste, in dem ihn Ihr Vater in seiner ruhigen stillen Art begehen würde. Dann gehen Sie ihn recht.
Auf Kritiken mit Leistungen antworten. Und vernehmen Sie nicht nur die Kritiken, sondern auch das, was mit ihnen und neben ihnen da ist, was stärker ist als sie: die Genugtuung in so vielen Herzen, dass Bayreuth weiterbesteht unter der Leitung der Nachkommen des grossen Meisters. Das tut sich nicht in grossen Worten und flammenden Zeilen kund. Aber es ist da. Das Vertrauen und die

Liebe, die Ihnen viele in derselben Weise entgegenbringen wie ich, dessen dürfen und müssen Sie sich bewußt sein. Das ist das geistige Kapital, über das Sie für ihr Unternehmen verfügen. Dieses erlaubt Ihnen aller Kritik ihr Recht zu lassen und sich der grossen Aufgabe, die Ihnen zugefallen ist, in dem rechten Geiste, der rechten Freudigkeit und dem rechten Verantwortungsgefühl hinzugeben. Bayreuth bedeutet nicht nur dem deutschen Volke, sondern der ganzen Kulturwelt etwas. Das haben wir in vergangenen Jahrzehnten erlebt. Neue Generationen werden es erleben wie wir.

Bayreuth ist nicht Musik, sondern ein Erleben einer Ergriffenheit und Erhebung durch die Ideen über das Menschendasein, die in den Dramen Richard Wagners Gestalt angenommen haben. Dieses Erbe in reiner Gestalt der Welt zu erhalten, Bayreuth als das Bayreuth, das es wurde, weiter bestehen zu lassen, dies ist die grosse und so schwere Aufgabe, die Ihnen zugefallen ist. Auch die, die Kritik an den neuerstandenen Aufführungen üben, tun es nicht aus Kritiksucht, sondern in Verehrung von Bayreuth und in der Sorge, dass es uns das bietet, wozu es berufen ist. Und wenn ich Ihnen im Geiste die Hand drückte, in dem Verstehen, das ich Ihrem Unternehmen entgegenbringe, so tun es so viele andere in derselben Weise, wenn auch unausgesprochen. Wenn es mir beschieden ist, noch einmal, bei einem zukünftigen Europaaufenthalt zu den Festspielen nach Bayreuth zu kommen, so geht damit einer der schönsten Wünsche, die ich für die Zeit, die noch zu leben mir beschieden sein kann, in Erfüllung. Und wenn ich dann durch die Strassen Bayreuths gehen werde, werde ich meinen, Ihrem Vater zu begegnen und das ›Grüss Gott‹ in der Herzlichkeit, wie es von seinen Lippen kam, zu vernehmen.

Bitte übermitteln Sie meine besten Grüsse den Dirigenten, die sich in Bayreuth betätigen. Richten Sie auch meine besten Empfehlungen Ihrer Frau Mutter aus. Ich kann mir vorstellen, was das Weiterbestehen der Festspiele für sie bedeutet.

Herzlichst Ihr ergebener
Albert Schweitzer

Während ich Ihnen schreibe, ergeht sich einer meiner musikalischen Freunde, der von Bayreuth direkt hierher kam, im Nebenzimmer auf dem Flügel in Reminiszenzen an die Aufführungen.«

In den folgenden Jahren entstand ein Briefwechsel zwischen den Wagner-Enkeln und Schweitzer, in dem diese ihm Material ihrer Aufführungen zuschickten und über die Probleme berichteten. Auch baten sie ihn um einen Besuch der Festspiele und um eine Aussprache mit ihnen, was jedoch nicht zustande kam.

Im Verlauf des Briefwechsels baten sie Schweitzer, seinen 1933 französisch verfaßten Artikel über Cosima Wagner wieder abdrucken zu dürfen. Schweitzer antwortete darauf am 18. April 1955:

»Ich bin überrascht, dass Sie den Zeilen, die ich 1933 Frau Cosima und Ihren lieben Vater betreffend hinwarf, eine Bedeutung beilegen. Ich ertrinke zur Zeit in der Arbeit. Aber ich werde mir Zeit stehlen, den Text in deutsch und in französisch besser zu gestalten in diesen Tagen und Ihnen ihn zuzusenden. Diese Zeilen also nur, um Sie zu beruhigen und Ihnen das Disponieren zu ermöglichen. Ich finde es schön, dass den beiden wunderbaren Menschen bei der 25. Wiederkehr des Tages ihres Abscheidens gedacht werden soll.«

Acht Tage später erfolgte die Zusendung der Überarbeitung an Wolfgang Wagner:

»Hier sende ich Ihnen den Text des überarbeiteten Strassburger Artikels über Frau Cosima. Ich bin ja noch immer der Ansicht, dass er zu skizzenhaft und zu unbedeutend ist, um im Programmheft zu figurieren. Also wenn Sie davon Abstand nehmen wollen, tun sie es ungescheut. Es tut mir leid, hier in Afrika nicht die Möglichkeit zu haben, die Daten zu controllieren. Wenn Sie feststellen können, wann die Aufführung der H Moll Messe unter Wolfrum in Heidelberg war, setzen Sie bitte die richtige Jahreszahl ein. Es muss am Anfang des Jahrhunderts gewesen sein. Ueber Siegfried Wagner bin ich in dem überarbeiteten Text etwas ausführlicher. Ich hielt es für natürlich, auch Chamberlain zu erwähnen. Wenn Sie es nicht für geboten halten, lassen Sie den Abschnitt weg. Ich schicke Ihnen hier den deutschen Text ...«

Dieser Text liegt also unserer Ausgabe zugrunde. Zu der Entscheidung Wolfgang Wagners, den Passus über Chamberlain wegzulassen, bemerkte Schweitzer im Brief vom 20. Mai 1955:

»Dass Sie den kurzen Abschnitt über Chamberlain weglassen, verstehe ich. Ja, es ist störend, dass neben den beiden ein dritter erwähnt wird. Mir war es so natürlich ihn zu erwähnen, denn er gehörte zu dem Bayreuth, das ich kannte, und er war eine bedeutende Persönlichkeit. Und im Leiden war er ein Held, der einen tiefen Eindruck auf mich gemacht hat. Und Eva sehe ich immer noch vor mir, wie sie im Krankenzimmer stand.«

Im gleichen Brief spricht Schweitzer dann noch von der ›Holländer‹-Aufführung Siegfried Wagners in einem Akt und von dessen Oper ›Banadietrich‹:

»Von der Holländer-Aufführung Ihres Vaters waren wir damals alle ergriffen. Das Wagnis, das Werk pausenlos zu geben, war ein grosser Erfolg. Es kam uns vor, als lernten wir es erste recht kennen. Und nie habe ich dieses Werk so dirigieren hören wie durch ihn. Es war so wunderbar einfach und flüssig. In Erinnerung geblieben ist mir eine Aufführung des Bana-Dietrich (ich hoffe den Titel richtig wiederzugeben), die er in Colmar im Elsass, wo ein sehr schönes Theater ist, dirigierte. Die Partitur enthält viele Schönheiten. In manchem ist in ihr Meistersingermusik-Geist. Ein tiefes Empfinden für Natur und ein Vermögen, es in Tönen wiederzugeben. Eine Einfache aber wirkungsvolle Orchestrierung. Es war der Bezirkspräsident von Puttkammer, der mit ihm irgendwie bekannt und befreundet war, der die Colmarer Aufführung, zu der viele auswärtige Musiker kamen, veranstaltet hatte.

Mit besten Gedanken für Sie und die Ihren

Ihr ergebener Albert Schweitzer

Ihr Vater und ich liebten einander. Er gehört zu den Menschen, die ich in liebster Erinnerung habe. Aber ich glaube, dass wir uns kaum jemals geschrieben haben.

Wenn wir zusammen waren, genossen wir es. Es genügte uns, aneinander zu denken.«

Die erste, einaktige Aufführung des ›Fliegenden Holländers‹ fand 1901 statt. Regie führte Cosima Wagner, Siegfried hatte die »szenische Spielleitung« inne, der Dirigent war Felix Mottl. Diese Aufführung wurde 1902 wiederholt. Die nächste Aufführung des ›Fliegenden Holländers‹ fand dann erst 1914 statt und wurde vorzeitig durch den 1. Weltkrieg abgebrochen; es wurden nur noch zwei Aufführungen durchgeführt. Bei dieser Aufführung führte Siegfried Regie und war gleichzeitig Dirigent. Schweitzer meint aber zweifellos die Aufführung von 1901, da er bei derjenigen 1914 schon in Afrika arbeitete. Wann er Siegfried Wagner den ›Fliegenden Holländer‹ hat dirigieren hören, läßt sich nicht sagen.

Literatur

A. Schweitzer, Selbstdarstellung, Leipzig 1929.
A. Schweitzer, Aus meinem Leben und Denken, Leipzig 1931.
E. R. Jacobi, Albert Schweitzer und Richard Wagner, Tribschen/Luzern 1977.

Orgelbau

Zur Reform des Orgelbaus (1927)

In einer gehaltvollen Abhandlung › Die Orgel als Kunstdenkmal‹ in der ›Monatsschrift für Gottesdienst und Kirchliche Kunst‹ (1926, Nr. 12) tritt Peter Epstein (Breslau) für die Erhaltung der alten Orgelwerke ein. Dabei nennt er mich als einen von denen, die als erste auf die Bedeutung der älteren Orgeln aufmerksam machten. Etwas irreführend in seiner Darlegung ist, daß er mich die Forderung aufstellen läßt, für die Wiedergabe der Orgelwerke Bachs sollten wir zur Orgel des 18. Jahrhunderts zurückkehren, wie andere für die Klavierwerke des Meisters das Cembalo fordern. Zur Vermeidung von Mißverständnissen möchte ich kurz darlegen, was es mit der Auflehnung gegen die heutige Orgel für eine Bewandtnis hat.

Weder in meiner Schrift über deutsche und französische Orgelbaukunst (1906) noch in meinem Buche über Bach (1905/1908) noch bei den Verhandlungen über Orgelbau auf dem Kongreß der »Internationalen Musikgesellschaft zu Wien« (1909), die zur Aufstellung des ›Internationalen Regulativs für Orgelbau‹ (Leipzig 1909, Breitkopf und Härtel) führten, noch in der amerikanischen Ausgabe der Orgelwerke Bachs (New York 1913, Schirmer) habe ich archaistische Ansichten vertreten. Wer die alten Orgeln kennt, weiß, daß sie neben ihren klanglichen Vorzügen auch Mängel aufweisen, die eine einfache Rückkehr zu ihnen unmöglich machen. Es wird uns doch nicht einfallen, etwa die primitiven Gebläse, die zu engen Windladen und die durchgängig zu schwach besetzten Pedale der Orgeln des 18. Jahrhunderts als Ideal aufzustellen!

Die in meiner Schrift von 1906 ausgegebene Losung lautet: Zurück von der dröhnenden Fabrikorgel zur tonreichen und tonschönen Orgel der Orgelbaumeister.

Die vollendetsten Orgeln wurden etwa zwischen 1860 und 1880 gebaut. In jener Zeit schufen Orgelbaumeister Werke, die die klanglichen Vorzüge der Bachschen Zeit in Vollendung bieten, ohne mehr ihre technischen Mängel aufzuweisen.

Warum verließ man in der Folge diese Bauart? Weil der Zug der Zeit nach Fabrikbetrieb und Fabrikware ging. Wer weiter Orgeln in der guten alten Qualität herstellte, ging zugrunde. Er lieferte zu langsam und zu teuer. Kam er mit einem Kostenanschlag von dreißig Stimmen, so bot der Erbauer von

Fabrikorgeln für dieselbe Summe fünfunddreißig oder noch mehr. Auf dem Papier war die zweite Orgel der ersteren überlegen. Daß sie weniger gediegen war und an klanglicher Leistung, trotz der größeren Zahl von Registern, hinter der anderen zurückstehen würde, war dem Besteller nicht begreiflich zu machen. Also erhielt der Ersteller von Fabrikorgeln den Zuschlag.

Warum konnte dieser zu demselben Preise mehr Stimmen liefern als der Orgelbaumeister? Er sparte an Holz, indem er die Mensuren möglichst eng nahm und den Pfeifen möglichst dünne Wände gab. Überdies schränkte er die Mannigfaltigkeit der Pfeifen ein. Er vereinheitlichte und suchte mit möglichst wenig Pfeifentypen auszukommen, um die Herstellung der Orgel zu vereinfachen. Statt daß jedes Register seine besonderen, in den Mensuren wohldurchdachten Pfeifen hatte, mußten dieselben Arten von Pfeifen für mehrere Register herhalten. Auf diese Weise wurde der fabrikmäßige Betrieb und die möglichst weitgehende Ablösung der Handarbeit durch die Maschine ermöglicht. Diese schematisch gearbeiteten, zu dünnwandigen und engen Pfeifen kamen viel billiger als die bisherigen, konnten aber nicht denselben Klang hervorbringen.

Des weiteren wurde der Ton der Fabrikorgel noch dadurch beeinträchtigt, daß man den Winddruck erhöhte, um diesen unnatürlichen Pfeifen einen Ton zu erpressen. Statt daß die Pfeife ansprach, polterte der Ton aus ihr heraus. So entstand, weil man die künstlerischen Traditionen verließ, die Orgel mit den dröhnenden Bässen, der verwischten Mittellage und dem schrillen Diskant – die obertönige Orgel.

Um möglichst billig und möglichst fabrikmäßig bauen zu können, gingen die Orgelbauer auch auf Entdeckungen aus. Sie suchten die mechanische Übertragung von der Taste zur Windlade durch pneumatische oder elektrische zu ersetzen. Für größere Orgeln hatte dies eine gewisse Berechtigung, weil ihre Tasten bei mechanischer Übertragung zu schwer gehen. Für die gewöhnliche zweiklavierige Kirchenorgel aber kam dies gar nicht in Frage, weil sie auch bei mechanischer Übertragung ohne Anstrengung spielbar ist. Im Interesse der billigeren fabrikmäßigen Herstellung wurden also alle Orgeln mit pneumatischer oder elektrischer Übertragung gebaut. Wiederum setzte man das Unnatürliche an die Stelle des Natürlichen. Eine gute mechanische Übertragung ist viel dauerhafter als eine pneumatische oder eine elektrische. Vor allem aber ist es auf einer mechanischen Orgel viel leichter, präzis zu spielen, richtig zu binden und gut zu phrasieren, als auf den andern. Solche fachlichen und künstlerischen Vorzüge durften jedoch nicht in Betracht kommen, weil der Zug der Zeit auf fabrikmäßige, möglichst billige Arbeit ging.

Verhängnisvoll wurde die pneumatische Übertragung den armen Orgeln noch dadurch, daß sie Wind von hohem Druck benötigte. Da es nun, besonders bei kleineren Orgeln, zu teuer gekommen wäre, das Gebläse so einzurichten, daß es Wind von verschiedener Stärke bot – starken zur Speisung der pneumatischen Übertragung und andern, weniger starken, für die Pfeifen –, jagte man gewöhnlich den starken Wind für die pneumatischen Röhren auch in die Pfeifen. Dadurch wurde die ohnehin schon dröhnende, schrille und odertönige Orgel noch dröhnender, noch schriller und noch obertöniger.

Auch die Windlade, die von so großem Einfluß auf die Qualität des Tones ist, wurde ›verbessert‹. Man verließ die ›Schleiflade‹, deren sich die früheren Orgelbauer bedienten, und baute andere. Aber keine dieser modernen Windladen ist akustisch der alten gleichwertig. Werden bei einem Orgelumbau die alten Pfeifen beibehalten und auf moderne Windladen gesetzt, so hat das Werk nachher nicht mehr den schönen Klang von vordem. Der Ton wird trocken, verliert an Rundung und trägt nicht mehr.

Worauf die akustische Qualität der Schleiflade beruht, läßt sich wissenschaftlich noch nicht sicher dartun, wie ja auch in der Ansprache der Pfeifen noch so vieles akustisch unerklärt bleibt. Vorläufig muß uns genügen, daß Pfeifen und Windladen, wie man sie früher baute, einen schöneren Ton ergaben als die heutigen. Am nächsten kommt der Schleiflade die »Kegellade«.

Viel trug zum Sieg der Fabrikorgel bei, daß sie Spieltische mit vielen Registrierhilfen bot. Gegen Ende des Jahrhunderts kam eine orchestrale Auffassung der Orgel auf. Man glaubte, an Wechsel der Klangfarbe nicht genug tun zu können. Also wollte man Orgeln mit vielen Vorrichtungen zum Wechsel der Register. Dabei waren von diesen Registrierhilfen dreiviertel unnötig und unzweckmäßig. Um solch moderne Spieltische zu bekommen, gaben die Organisten ihre schönen Orgeln hin und tauschten dafür Instrumente von minderwertigem Klang ein. Sie bewerteten die Kuh nach den Hörnern statt nach der Milch.

Gegen das Ende des Jahrhunderts zu, zwanzig Jahre, nachdem diese unheilvolle Entwicklung des Orgelbaus eingesetzt hatte, lagen die Dinge bereits so, daß die Erbauer von Fabrikorgeln, auch wenn sie gewollt hätten, keine gediegene Orgel mehr bauen konnten. Sie hatten nicht mehr die Einrichtungen, um in der früheren Art zu arbeiten; sie besaßen auch keine Arbeiter mehr, die die Herstellung mechanischer Übertragung und die künstlerische Behandlung der Pfeifen verstanden. Überhaupt waren ihre

Arbeiter schon so ›spezialisiert‹, daß sie das Orgelbauhandwerk in seinem wirklichen Umfange gar nicht mehr beherrschten.

So fuhr man fort, die schönen alten Werke durch unschöne und unsolide Fabrikorgeln zu ersetzen. Die Unsolidität wurde zum Prinzip erhoben. Organisten und Orgelbauer redeten sich gegenseitig in den Gedanken hinein, daß die erstellten Orgeln jede zwanzig oder fünfundzwanzig Jahre umgebaut werden müßten: erstens, weil sie dann nicht mehr gut funktionieren würden, zweitens, damit sie in erneuerter Gestalt aller unterdes aufgetauchten Entdeckungen teilhaftig werden möchten.

Wie konnte es kommen, daß die Organisten sich keine Rechenschaft von der klanglichen Minderwertigkeit dieser Orgeln gaben? Der Sinn für Klangschönheit und Klangreichtum war ihnen abhanden gekommen. Gar vieles in der Geschichte der Menschheit ist ja nur durch das Unerklärliche zu erklären, daß einer Generation der Sinn für etwas verlorenging.

Heute fangen wir an, uns aus dem Niedergang herausarbeiten zu wollen. Diejenigen, die so lange als rückständig galten, weil sie sich gegen die moderne Fabrikorgel auflehnten, finden Gehör. Was aus alten schönen Orgeln noch erhalten ist, wird wieder gewürdigt. Es sind leider nur noch armselige Reste der vor einem Menschenalter noch vorhandenen Herrlichkeit.

Das Programm der Zukunft ist einfach. Es besteht darin, daß wir wieder nach künstlerischen Grundsätzen bauen und wieder bei den künstlerischen Überlieferungen der früheren Orgelbauer einsetzen.

Voraussetzung dafür ist, daß bei der Vergebung einer Orgel nicht auf die Zahl der Register, sondern auf ihre Qualität gesehen wird. Dieser Grundsatz muß den Gemeinden und den Kirchenbehörden etwas ganz Selbstverständliches werden. Eher kann es im Orgelbau nicht besser werden.

Ist dies aber einmal erreicht, so kommt alles übrige von selbst. Eine gute Orgel zu bauen ist keine Hexerei. Man verlange von unsern Orgelbauern nicht mehr Register, als für die betreffende Summe in gediegener und künstlerischer Ausführung geliefert werden können, und lasse ihnen die nötige Zeit zum Bauen, so werden sie von selbst wieder rechte Orgelbaumeister. Ein hervorragender Musiker, Direktor eines Konservatoriums, verlangte vor Jahren, daß eine Ende Juli für einen Konzertsaal bestellte Orgel auf den Herbst, zur Eröffnung der Konzerte, fertig sein sollte!

Bei der Beurteilung von Kostenanschlägen sehe man darauf, daß nicht möglichst viele nach Material und Arbeit billigste Register, sondern die zum vollendeten Wesen der Orgel notwendigen vertreten seien. Ein guter sechzehnfüßiger Violinbaß im Pedal kommt, weil er viel Holz braucht und viel

Arbeit verursacht, teurer zu stehen als zwei oder drei andere Stimmen, aber er ist notwendig. Zwanzig gediegene Stimmen geben mehr aus als dreißig mittelmäßige.

Für die Gestalt, die Mensuren und die Aufschnitte der Pfeifen werden wir uns wieder an die bewährten Modelle der alten Orgelbaumeister halten. Natürlich werden wir auch Verbesserungen über sie hinaus erstreben. Es muß sich dann aber um wirklich künstlerische Bemühungen handeln, nicht um Versuche, die dem fabrikmäßigen Betrieb dienen sollen.

Die Rückkehr zu den normalen Pfeifen zieht die zum normalen Winddruck mit sich. Damit wird dann erreicht, daß die Pfeifen in natürlicher Weise ansprechen, das heißt, den Ton ansetzen lassen, statt ihn herauszustoßen.

Schwierigkeiten wird die Frage der Windladen bereiten. Vollendete Schönheit und Tragfähigkeit des Tones erreicht man nur durch die Schleiflade. Aber die Orgelbauer werden sich wehren, wieder zu ihr zurückzukehren. Sie müssen dafür gar manche technischen Vorteile aufgeben, die die modernen Laden bieten. Mögen sie versuchen, moderne Laden zu bauen, die in Hinsicht auf die Tonerzeugung der Schleiflade gleichwertig sind. Gelingt es ihnen, so ist viel gewonnen. Andernfalls bleibt ihnen nichts übrig, als zur Schleiflade zurückzukehren, die bereits 1909, im ›Internationalen Regulativ für Orgelbau‹, für die in akustischer Hinsicht vorteilhafteste erklärt wurde.

Für kleinere und mittlere Orgeln wird man mit der Zeit, wenn das Streben nach der künstlerischen Orgel anhält, sicherlich zur mechanischen Übertragung von der Taste zur Windlade gelangen. Daß die Taste bei dieser Bauart etwas schwerer geht als eine gewöhnliche Klaviertaste, hat nichts zu besagen angesichts der großen Vorzüge, die sie für die Präzision und die Klarheit des Spieles und für die Haltbarkeit der Orgel hat. Man biete uns vervollkommnete mechanische Trakturen, die ganz geräuschlos funktionieren und die Taste möglichst wenig belasten.

Freilich kommt eine mechanische Übertragung bedeutend teurer zu stehen als eine pneumatische. Aber lieber auf ein oder zwei Register verzichten als pneumatische Übertragung statt mechanischer.

Bei großen Orgeln, wo bedeutende Distanzen von der Taste bis zur Lade zu bewältigen sind, wird man Pneumatik oder Elektrizität so zu Hilfe nehmen, daß man ihnen eine so lang wie mögliche mechanische Leitung vorschaltet. Auf diese Weise bewahrt die Taste die Qualitäten der mechanischen Übertragung.

Was für die gute Spielart mehr ausgegeben ist, kann man zu einem guten Teil am Spieltisch sparen. Die so überaus komplizierten – und empfindlichen – Spieltische mit ihren unzähligen Registrierhilfen gehören einer bereits vergangenen Zeit an. Ein Tritt, der die sämtlichen Register nacheinander einführt (Registercrescendo), ein Mezzoforte, ein Forte, ein Tutti, eine Vorrichtung, die im voraus präparierte Stimmen zur gezogenen Registrierung hinzutreten oder an ihre Stelle treten läßt, sowohl auf jedem Manual für sich als auch auf der ganzen Orgel (doppelt verwendbare freie Kombination des ›Internationalen Regulativs für Orgelbau‹): dies sind die Spielhilfen, die alle für die klassische und moderne Orgelmusik erforderlichen Registrieroperationen – soweit sie der Spieler selber vornehmen kann – ermöglichen. Erlaubt man den Orgelbauern einmal, für alle Orgeln den vereinfachten Spieltisch des ›Regulativs für Orgelbau‹ zu bauen, so wird viel Geld gespart, das den Registern zugute kommen kann!

Bei dreiklavierigen Kirchenorgeln suche man womöglich das zweite Klavier als Rückpositiv von der Empore in die Kirche hinauszubauen, wie es die Alten taten. Daß man – schon von 1850 ab – die drei Klaviere der Orgel zusammen in das Hauptgehäuse stellte, war ein schwerer Fehler. Die im Rückpositiv stehenden, frei und unmittelbar in den Kirchenraum hinausklingenden Stimmen haben eine Wirkung, die auf keine andere Weise zu erreichen ist, davon nicht zu reden, daß das Rückpositiv zur Architektur der Orgel gehört.

Natürlich kommt ein Rückpositiv bedeutend teurer als ein im Hauptgehäuse aufgestelltes zweites Klavier. Aber ein Rückpositiv von sieben Stimmen gibt mehr aus als ein im Hauptgehäuse stehendes zweites Klavier von zwölf Stimmen.

Bei allem Zurückgreifen auf die bewährten künstlerischen Überlieferungen des früheren Orgelbaus werden wir aber doch moderne Orgeln bauen, insofern, als wir sie mit starken Schwellwerken ausstatten. Der Jalousieschwellkasten in der Entwicklung, die er bei Cavaillé-Coll in den sechziger Jahren des vorigen Jahrhunderts erfahren hat, ist die einzige umgestaltende Errungenschaft über die Älteren Meister hinaus.

Bei Cavaillé-Coll wurde aus dem in Holzjalousien eingeschlossenen mageren ›Echowerk‹ das stark besetzte Schwellkastenklavier, das dem Klang der gesamten Orgel eine Ausdrucksfähigkeit und Biegsamkeit verleiht, die er früher nicht besaß. Jede Orgel soll also ein gutes Schwellkastenklavier besitzen. Dazu ist erforderlich, daß die Jalousien für eine erforderliche Zahl von Stimmen Raum bieten, aus dicken Brettern bestehen und so gearbeitet sind, daß sie gut schließen. Wie weit bleiben die Fabrikorgeln hinter diesen Anforderungen zurück, weil am Schwellkasten gespart wurde!

Das Schwellkastenklavier soll mindestens soviel Stimmen zählen wie das Hauptwerk. Bei kleineren Orgeln, die nur ein Rohrwerk und eine Mixtur haben, ist es vorteilhaft, diese in das Schwellkastenklavier zu stellen.

Die Orgel der Zukunft ist also die Orgel mit dem Gediegensten und Wertvollsten, was die Orgeln früherer Generationen an Klangmaterial besaßen, unter möglichster Beibehaltung des Rückpositivs und unter Bereicherung durch die Ausdrucksmöglichkeiten eines stark besetzten Schwellkastenklaviers.

Von selbst werden wir dann dazu zurückkehren, die Klaviere in der früheren Art wieder reichlich mit gemischten Stimmen, das heißt mit Registern, die aus Obertönen bestehen, auszustatten. Auf den modernen obertönigen Orgeln sind die gemischten Stimmen unerträglich. Sie erhöhen nur das Schrille, das der Klang schon sowieso an sich hat. Selbst eine Quinte vermag sich nicht in einer für das Ohr befriedigenden Weise mit den Grundstimmen zu verbinden. Haben wir aber wieder normale Pfeifen, die unter normalem Winde ansprechen, das heißt eine Orgel mit obertonarmem Klang, so ergeben sich schöne gemischte Stimmen, die diesem Klange künstlich Obertöne zuführen, als Notwendigkeit.

Um den Klang einer Orgel zu beurteilen, zieht man zuerst alle achtfüßigen Stimmen und spielt einen polyphonen Satz. Dabei müssen sich Alt und Tenor in dem Stimmgewebe gut durchsetzen, und der Klang, auch wenn die Stimmen sich in den oberen Lagen bewegen, darf nie unangenehm werden. Hierauf läßt man die vierfüßigen Stimmen hinzutreten und wiederholt dieselbe Probe. Zum Beschluß spielt man dem Hörer eine halbe Stunde lang Bachsche Fugen mit vollem Werke ohne Unterbrechung vor. Vermag er dabei die Stimmen deutlich zu verfolgen und empfindet er diese anhaltende Fülle des Tones nicht als ermüdend, so ist die Orgel gut. Das volle Werk einer modernen Fabrikorgel in dieser Probe mit Bachschen Fugen wirkt als wirres Getöse und ist keine fünf Minuten zu ertragen.

Damit ist die Rückkehr zur tonschönen und tonreichen Orgel, wie sie für unsere Zeit in Frage kommt, dargelegt. Es handelt sich um nichts anderes, als daß für die zur Verfügung stehende Summe die Orgel gebaut wird, die am besten klingt, und nicht die, die auf dem Papier des Kostenanschlags sich am großartigsten ausnimmt. Tritt der künstlerische Wettbewerb an die Stelle der kaufmännischen Konkurrenz, dann kommt der Orgelbau von selbst wieder auf den richtigen Weg, weil dann wieder Orgelbauer möglich werden, die in der gediegenen und künstlerischen Weise der Alten Meister bauen und uns

Orgeln erstellen, auf denen sowohl Bach als die Modernen so erklingen, wie sie erklingen sollen.

Erläuterungen

Schweitzer verfaßte diese Stellungnahme für die ›Monatsschrift für Gottesdienst und kirchliche Kunst‹, Juni 1927. Wie er selbst mitteilt, galt der Aufsatz als Richtigstellung einer irreführenden Aussage in einer Abhandlung von Dr. Peter Epstein in derselben Zeitschrift (Nr. 12, 1926). Darin stand zu lesen: »Schon Albert Schweitzer gab die Losung aus, Bachs Werke für Orgel mit den Registern seiner Zeit allein zu spielen.« Dieser Auffassung setzt der Autor seine eigene entgegen: »Bachs Orgelwerke in ihrer oftmals gigantischen Anlage sprengen die Fesseln der Orgeln seiner Zeit. Mit anderen Worten: Bach selbst würde sich tongewaltigere Orgeln aussuchen, als die meisten seines Jahrhunderts waren. Es wäre also ein unnatürlicherer Schritt, wenn wir die Entwicklung des Orgelbaus ableugnen und dogmatisch auf den Orgeltyp des 18. Jahrhunderts zurückgreifen wollten.«

Im Grunde vertrat Schweitzer aber eine ganz ähnliche Auffassung wie Epstein, wie aus seiner Replik auch deutlich wird. Analog hatte er in einem seiner Bach-Aufsätze gesagt, der Orgel der Bach-Zeit fehle das Monumentale. Dieses sei aber nicht in der »dröhnenden Fabrikorgel« der Jahrhundertwende verwirklicht, sondern in der »tonreichen und tonschönen Orgel zwischen 1860 und 1880«.

Schweitzers Initiative für Fragen des Orgelbaus in den zwanziger Jahren dokumentieren einige Briefe an Wilibald Gurlitt, aus denen wir hier zitieren. Am 30. März 1922 schrieb er aus Schweden:

> »Tausend Dank für ihre so freundliche Einladung zur Einweihung der Prätoriusorgel[1]. Natürlich hatte ich schon viel davon gehört (zuerst durch Nef in Basel). Das ist etwas Herrliches, was Sie unternommen haben. Ich bin begierig es zu sehen, ehe ich wieder im Urwalde Afrikas untertauche. [...]
> Hoffentlich trägt Ihre an H. Walcker vollzogene Bekehrung Früchte, so dass er auch für die modernen Orgeln zu anständigen Mensuren und normalem Winddruck zurückkehrt. Er hat viele Sünden wieder gut zu machen. In Schweden sieht man herrliche alte Orgeln. Auch in England bekommt man deren schöne unter die Hände. Mit Grauen kehrt man dann wieder auf die moderne Fabrikorgel zurück!
> Dass Sie sogar Straube zu wirklich historischem Empfinden bekehren, ist grossartig. Sie sind wirklich ein Zauberer!!«

Am 8. April 1922 aus Günsbach:

> »Sie ahnen ja nicht, was es für mich bedeutet, dass einer mit grösseren technischen und historischen Kenntnissen, als ich es bin, die Orgelbaufragen aufgreift und der Wahrheit zum Siege verhilft. Was ich bei meinen Concertreisen leide, ahnen Sie

---

[1] Im Freiburger musikwissenschaftlichen Institut war nach dem 1. Weltkrieg eine Orgel nach Angaben einer Schrift von Michael Praetorius aus dem 17. Jahrhundert errichtet worden.

nicht ... Überall verdrängt die Fabrikorgel die Orgelbaumeisterorgel. In Schweden reissen sie herrliche alte Werke ab, um neue mit Rasiermesserton und vielen, vielen Spielhilfen aufzustellen!
Da ich im Herbst nach Afrika gehe, muss ich diesen Sommer mein philosophisches Werk[2] fertigstellen und werde so wenig wie möglich reisen. Aber nach Freiburg komme ich, um die Orgel zu sehen. Ob ich nicht zu erschöpft und absorbiert bin, um im Rahmen des Seminars über ›Orgelbauideale‹ zu sprechen, schreibe ich noch. Ueber die Orgel werde ich in der englischen, schwedischen, dänischen, spanischen und womöglich in der französischen Presse sprechen. Nach der Schweiz haben Sie ja wohl direkte Beziehung. [...]
Nicht dass ich es vergesse: Der beste Orgelbauer von Belgien ist Paul de Maleingreau, ein reich talentierter Componist und junger Lehrer des Orgelspiels am Conservatorium in Brüssel. Er ist ohne Vorurteile nation. Art. Wenn Sie ihm die Angaben über die Orgel schicken und ihn zur Besichtigung laden für den Fall, dass er in die Nähe von Freiburg kommt, ist er Ihnen sicher dankbar. Sagen Sie ihm, dass ich es angeregt habe. Schreiben Sie ihm ruhig deutsch. In ihm finden Sie für Orgelbaufragen einen Bundesgenossen.«

Von den angesprochenen Veröffentlichungen Schweitzers über die Praetorius-Orgel in ausländischen Zeitungen ist nichts bekannt. Schweitzer hielt, wie aus einem Brief Gurlitts an ihn hervorgeht, am 1. Februar 1923 in der Kunstwissenschaftlichen Gesellschaft in Freiburg einen Vortrag über Orgelbaufragen. In diesem Brief (vom 31. Januar 1923) äußerte Gurlitt außerdem: »Hoffentlich gehen Sie mit unserem Ehrendoktor Walcker und unserer Praetorius-Orgel nicht gar zu streng in's Gericht...«

Einen weiteren Brief richtete Schweitzer am 23. Februar 1926 aus Lambarene an Gurlitt:

»Lieber College.
Ihre Nachricht vom 20.12.25, dass am 8-10 April in Freiburg eine Tagung für deutsche Orgelkunst stattfinden wird, hat mich freudig bewegt. Aus der Ferne werde ich im Geiste daran teilnehmen. Zwanzig Jahre sind es dann gerade, dass meine Schrift über deutsche und französische Orgelbaukunst erschien mit dem Warnruf: Zurück zur wahren Orgel! Dieser Warnruf war etwas so Unerwartetes, dass er mir nur Hohn eintrug. Aber meine alemannische Starrköpfigkeit liess sich dadurch nicht beirren. Es war etwas ganz Merkwürdiges, Stimme des Predigers in der Wüste zu sein. Aber das Vertrauen in den Sieg der Wahrheit verliess mich nicht, nur glaubte ich, dass er viel langsamer kommen werde.
Auf dem Congress der Internationalen Musikgesellschaft in Wien 1909 waren wir eine Sektion für Orgelbau. Dort fühlte ich mich zum ersten Male verstanden – Nächte haben wir durchgearbeitet, um das Regulativ für Orgelbau fertig zu stellen. Es war ja anfangs gar kein Regulativ geplant. Erst im Laufe unserer Auseinandersetzungen kamen wir darauf, einige Richtlinien festzulegen. Wie viele von denen, die damals in Begeisterung für die edle Sache um den Tisch sassen, sind nun bereits dahingegangen, wo alles vollkommenster Orgelklang ist! Es

2 Die ersten beiden Teile der ›Kulturphilosophie‹, erschienen 1923, Teil 1: ›Verfall und Wiederaufbau der Kultur‹, Teil 2: ›Kultur und Ethik‹.

waren ergreifende Tage. Was gesprochen wurde steht auszugsweise im grossen Bericht der Internationalen Musikgesellschaft. Aber den Geist, der in jenen Pfingsttagen unter uns war, den kann kein Bericht wiedergeben. Wir waren den ganzen Tag bis tief in die Nacht hinein besammen. Sogar die Mahlzeiten nahmen wir miteinander ein, um ja keine Zeit für die Aussprache zu versäumen. Ich schätze, dass wir etwa fünfundzwanzig Köpfe waren, in der Hauptsache Orgelbauer und ›Orgelrevisoren‹ (wie man damals sagte) aus dem damaligen Oesterreich, dazu einige Engländer. Als etwas für jene Zeit ganz Neues wurde aufgestellt, dass der Orgelspieler nicht nur der ›Revisor‹ der fertiggestellten Orgel sei, sondern, dass die Orgel entworfen, beraten und gebaut werden müsse unter ständiger idealer Zusammenarbeit des Spielers und des Erbauers. Das war eine Errungenschaft damals. Heute beginnt es als Selbstverständlichkeit zu gelten. Nun hat eine jüngere Generation als wir die Sache in die Hand genommen und weiter geführt. Sie hat Experimente über Pfeife und Winddruck und Windlade angestellt, und die alten Orgeln wissenschaftlich studiert, wo wir uns noch dagegen wehren mussten, dass dieselben verbrannt wurden. Und wir, die Kämpfer der ersten Zeit freuen uns, dass die jüngern all' dies über uns hinaus geleistet haben. Es thut uns sogar nichts, wenn manche dieser Jüngeren sich nicht mehr bewusst sind, dass wir den Graben gegraben haben, durch den die Wasser jetzt schäumen. Denn wer sich mit Orgel beschäftigt wird über alles Menschliche und Allzumenschliche hinausgetragen und zur reinen Freude an der Wahrheit geläutert und verehrt Orgel und Orgelklang als die grossen seelischen Erzieher zum Erleben der Ewigkeitsgesinnung.
In diesem Sinne sende ich Ihnen und allen denen, die mit Ihnen tagen die herzlichsten Wünsche aus dem Urwald. Wie sehr ich bedaure, nicht unter Ihnen sein zu können, brauche ich Ihnen nicht zu sagen. Mögen Sie in der grossen Gesinnung miteinander vereinigt sein, die zur grossen Sache gehört.

Herzlichst aus dem Urwald grüssend
Ihr ergebener Albert Schweitzer

PS. Auf Veranlassung der Verlages von Breitkopf und Härtel wird ein neuer Abdruck meiner Erstlingsschrift über Orgelbau ausgegeben. Ich lasse sie unverändert. Ein kurzes Nachwort drückt aus, in welcher Richtung der Fortschritt seither weitergegangen ist. Es sind nur wenige Zeilen. Aber es ist mir lieb, wenn Sie sie in Correktur lesen, für den Fall, dass etwas richtig zu stellen wäre. Ich werde Breitkopf diesbezüglich Anweisung geben.
Mein Plan ist, wenn ich einmal Zeit habe, eine Umarbeitung des Regulativs für Orgelbau vorzunehmen und die neuen Kenntnisse hineinzubringen.
Nach Europa kehre ich wohl erst Ende des Sommers zurück. Ich muss mein Spital auf einen andern Platz, etwas stromaufwärts von hier, verlegen weil hier der Raum zu eng wird: Also sehen Sie, ich bleibe ›im Bauen‹. Statt mit Orgelbauern zu kämpfen, streite ich mich jetzt mit Negerzimmerleuten, über das zu verwirklichende Zweckmässigste.«

Die Freiburger Tagung fand dann nicht im April 1926 statt, sondern wurde auf Ende Juli verlegt. Schweitzer konnte der Einladung dorthin aber dennoch nicht folgen, da er erst im Sommer 1927 nach Europa zurückkehrte. Eine gedruckte Mitteilung über die Mitwirkenden der Freiburger Tagung für deutsche Orgelkunst (27. bis 29. Juli 1926) verzeichnete jedoch Prof. Dr. Albert Schweitzer. Aus dem Plan der Umarbeitung des Regulativs wurde nichts.

Aus den wenigen Zeilen, die Schweitzer als Nachwort für seine Schrift ›Deutsche und französische Orgelbaukunst und Orgelkunst‹ vorsah, wurden jedoch 22 Seiten, die Schrift selbst umfaßt 48! Der Haupttext ist mehrmals nachgedruckt worden, vor kurzem erfreulicherweise auch erstmals wieder mit dem Nachwort.

Das Nachwort gibt zusammen mit dem hier abgedruckten Text Schweitzers Orgelauffassung der zwanziger Jahre wieder. Dabei wird deutlich, daß er gewisse Anschauungen der Orgelbewegung nicht teilte. Es ist deshalb falsch, ihn als einen Vertreter dieser Orgelbewegung anzusprechen, wie es häufig geschieht. Gemeinsam hatten beide die Wertschätzung und Erhaltung alter Orgeln, die »als historische Kleinodien erhalten und möglichst sachgemäß restauriert werden müssen, auch mit ihren Fehlern und Schwächen«, so Schweitzer im Nachwort (S. 60). Während diese Orgeln des 17. und 18. Jahrhunderts für die Orgelbewegung aber auch das Ideal für Orgelneubauten darstellten, hielt Schweitzer die Orgeln des 19. Jahrhunderts zwischen 1860 und 1880 für die vollendetsten, und zwar noch mehr diejenigen des französischen Orgelbaus, also Cavaillé-Colls, als die deutschen Orgeln:

> »Unser Ideal ist aber auch durch die Errungenschaften der großen Orgelbaumeister der sieben ersten Jahrzehnte des neunzehnten Jahrhunderts bestimmt. Weiter noch hat es den Forderungen Rechnung zu tragen, die bedeutenden Orgelkomponisten – César Franck, die Widor, die Reger und die andern – in ihren Schöpfungen an die Orgel stellen.« (S. 60 f.)

Die Bedeutung des Rückpositivs hatte Schweitzer in der Zeit vor dem 1. Weltkrieg noch nicht so explizit ausgesprochen wie in unserem Aufsatz von 1927 und wie genauso im Nachwort zu seiner Orgelbauschrift aus dem gleichen Jahre. Insgesamt bildet dieses Nachwort die ausführlichste und inhaltsreichste Darstellung seiner Auffassung der Orgel in den zwanziger Jahren, die bei Bedarf zu den hier dokumentierten Äußerungen hinzuzuziehen ist.

Gutachten über die Orgel zu St. Jacobi in Hamburg (1928)

1. Die Bedeutung der Orgel zu St. Jacobi

Die Orgel zu St. Jacobi ist eine der wertvollsten Orgeln der Welt. Erbaut von einem der größten Orgelbaumeister der Vergangenheit, ist sie uns in der Jetztzeit ein unersetzliches Denkmal für den vollendeten Klangcharakter der Instrumente der klassischen Zeit der Orgelmusik.

Einen besonderen historischen Wert erhält die Orgel noch dadurch, daß Johann Sebastian Bach, von dem Hamburger Musikleben und der einzigartigen Schönheit dieser Orgel angezogen, sich um die Organistenstelle zu St. Jacobi bewarb. Im September 1720 war die Stelle durch den Tod ihres bisherigen Inhabers, Heinrich Frese, frei geworden. Wenige Wochen darauf kam Bach nach Hamburg und spielte vor dem fast hundertjährigen Reinken und einer auserlesenen Gesellschaft auf der Orgel der St. Katharinenkirche. Man erließ Bach das Probespiel für St. Jacobi. Trotzdem Bachs Textdichter Neumeister, der an St. Jacobi predigte, die Wahl emsig betrieb, fiel Bach bei der am 19. Dezember 1720 stattfindenden Abstimmung durch. Sein Mitbewerber Joachim Heitmann hat 4 000 Mark für die Stelle in die Kirchenkasse bezahlt. Darum siegte er über Bach.

Die Orgeln der Kirchen, in denen Bach zu Arnstadt, Mühlhausen, Weimar, Köthen und Leipzig seines Amtes waltete, sind nicht mehr vorhanden. Im Laufe der Zeiten wurden sie durch neuere ersetzt, wo sie doch durch die Tatsache allein, daß Bach auf ihnen gespielt, so wie sie unter seinen Fingern erklangen, uns hätten erhalten werden sollen.

Einzig die Orgel zu St. Jacobi in Hamburg, nach der seine Sehnsucht stand, ist uns so überkommen, wie sie war, als ihre Schönheit den größten Orgelmeister aller Zeiten bezauberte. Auf ihr können sich die Künstler der Jetztzeit vergegenwärtigen, auf welche Art Bach seine Werke ausführte und welche Klangmöglichkeiten er voraussetzte.

Dieser durch ihre Schönheit und die Erinnerung an Bach geheiligten Orgel droht Zerfall. Ihre Erhaltung ist Ehrensache nicht nur der Kirche, nicht nur der Stadt, sondern der ganzen Bevölkerung, sofern sie noch ein Bewußtsein von der Bedeutung des Erbes hat, das ihr zugefallen ist.

Es handelt sich um eine einfache Erhaltung. Was schadhaft ist, muß renoviert, was fehlt, muß ersetzt werden. Aber die Kosten dieser Erhaltung werden sich hoch stellen, weil es gilt, die im Krieg weggenommenen großen Zinnpfeifen wieder einzusetzen. Möge trotz der Schwere der Zeit das Werk in Angriff genommen und durchgeführt werden. Die Orgel ist durch Zerfall bedroht. Durch den bei der Restauration der Kirche entstehenden Schutt und Staub ist die Gefahr vergrößert. Wird weiter gewartet, so ist zu befürchten, daß der Zustand der Orgel eine Erhaltung nicht mehr zuläßt.

2. Die historische Erhaltung

Die Schönheit und Eigenart des Klanges der Orgel zu St. Jacobi beruht auf den Pfeifen und den Windladen. Als erstes Prinzip bei der Erhaltung der Orgel ist also aufzustellen, daß die Pfeifen und Laden so erhalten werden, wie sie sind. Weiter ist festzulegen, daß der niedrige Winddruck, unter dem allein diese Pfeifen normal und in voller Schönheit ansprechen, beibehalten werde.

Die im Krieg abgelieferten Pfeifen sind zu ersetzen. Im Rückpositiv ist Barpfeife 8′ wieder einzusetzen. Auch dürfte es sich empfehlen, die hier später eingebaute Trompete 8′ wieder durch die ursprüngliche Schalmei 4′ zu ersetzen. Daß die später ins Oberwerk eingebauten pneumatischen Stimmen in Wegfall kommen müssen, ist selbstverständlich.

Vervollständigung der Oktaven

Der Anbau der kurzen Oktaven in allen vier Klavieren empfiehlt sich, ebenso der Anbau der unteren Oktave im Pedal.

Natürlich wäre es interessant, in den unvollständigen und gebrochenen Oktaven auch die Unvollkommenheiten der alten Orgeln in einem historischen Dokument zu erhalten. Andererseits aber beeinträchtigen diese Unvollkommenheiten, so gering sie an sich sein mögen, den Spielwert des Instruments. Es ist also nicht von Interesse, sie zu erhalten.

Die Frage der Normalstimmung

Die Frage, ob das Werk auf Normalstimmung zu bringen sei, ist schwierig zu entscheiden. Ich selber habe seinerzeit bei der Erhaltung der Silbermann-Orgel in St. Thomas zu Straßburg es durchgesetzt, daß jenes Werk auf Normalstimmung gebracht wurde, im Interesse des Vorteils, den die Normalstimmung für den gottesdienstlichen Gebrauch mit sich bringt. Durch den Eingriff haben aber die Pfeifen in etwas ihre originalen Maße verloren. Für ein so einzigartiges Werk wie das zu St. Jacobi aber wäre es wohl eher zu empfehlen, die alte Stimmung beizubehalten, in der das Werk in seiner vollen Schönheit erklingt.

Sollte es aber technisch möglich sein, rein durch Verrückung der Klaviaturen, ohne nennenswerte Eingriffe an den Pfeifen, die Orgel auf Normalstimmung oder ungefähr auf Normalstimmung zu bringen, so wäre nichts einzuwenden. Ob dies technisch durchführbar ist, müßte eingehend studiert werden.

Einbau eines Schwellkastens

Was den Einbau eines Schwellkastens für das Oberwerk (Recit) betrifft, so ist dieser auch in alten holländischen Orgeln durchgeführt worden. Bei der Besichtigung erschien mir, daß genügend Platz zur Anbringung der Jalousien vorhanden sei. Ergibt sich bei eingehendem technischem Studium, daß die Anbringung von Jalousien möglich ist, so glaube ich, daß dies nicht zu verwerfen sei. Durch die Anbringung des Schwellkastens wird der Klang der alten Orgel weder beeinträchtigt noch verändert. Die Ausdrucksfähigkeit des dritten Klaviers wird durch keine Nachteile erkauft.

Die Frage der Traktur (Erhaltung der mechanischen Traktur)

Die gegenwärtige mechanische Traktur hat ernsthafte Nachteile. Die Tasten gehen schwer und fallen tief. Andererseits aber ist der mechanischen Spielart zu verdanken, daß auf der Orgel zu St. Jacobi das Gewebe der Stimmen in so wunderbarer Klarheit herauskommt. Denkbar wäre, in irgendeiner Weise durch Barkerhebel oder Zwischeneinschaltung von Röhrenpneumatik der Orgel eine leichtere Spielart zu geben. Andererseits aber ist zu befürchten, daß, wenn man einmal mit Änderungen anfängt, man nicht weiß, wo man haltmachen soll. Die Ersetzung der mechanischen Traktur durch etwas anderes wäre ein erheblicher Eingriff in das Werk. Es würde dadurch viel von seinem historischen Werte verlieren. Darum trete ich für die Erhaltung der mechanischen Traktur ein. Sie ist mit bestem Material zu erneuern, wobei sich wohl eine leichtere Spielart erreichen läßt.

Bei Beibehaltung der mechanischen Traktur ist die Benutzung der Koppeln eingeschränkt. Die hat aber bei einem Werke wie dem zu St. Jacobi nicht soviel zu besagen. Jedes Klavier ist ja hier eine vollendete Klangpersönlichkeit, und das volle Werk des ersten Klaviers weist eine solche Fülle auf, daß die Ankoppelung der anderen Klaviere keine Notwendigkeit ist.

Spieltisch

Mit der Beibehaltung der mechanischen Traktur entscheidet sich die Frage, ob die Orgel einen Spieltisch und moderne Spielhilfen erhalten soll. An sich wäre es ja sicherlich wünschenswert, daß dem Organisten die Möglichkeit des Zuziehens und Abstoßens von Registern gegeben würde, die er auf neueren Instrumenten vorfindet. Dieses aber würde voraussetzen, daß die Registerzüge und der ganze Registerapparat pneumatisch angelegt würden. Nun ist erfahrungsgemäß nichts schwieriger, als Pneumatik mit Schleiflade zu verbinden, besonders wenn es sich um alte Laden handelt. Zu St. Thomas in Straßburg hat man es während meiner Abwesenheit getan. Nun ist zwar das Registrieren viel leichter, aber das Zuziehen oder Abstoßen des Registers braucht eine gewisse Zeit, bis es in Kraft tritt. Das ist ein großer Nachteil.

Nach meiner Erfahrung mit alten Orgeln wäre ich also nicht dafür, mit den alten Schleifladen pneumatisches Registerwerk zu verbinden. Sind einmal die Führungen der Registerzüge wieder in Ordnung gebracht, so gehen die Register viel leichter als jetzt.

Überdies ist ja nicht soviel Änderung der Register nötig, da die satte Schönheit des Tones zu St. Jacobi gar keine vielfältige Änderung der Farbe verlangt. Zudem kommt ja für diese Orgel, wenn sie als geschichtliches Denkmal erhalten wird, nur Bachsche und vor-Bachsche Musik in Frage, wo nicht soviel in Registrierung unternommen wird. Die Orgel zu St. Jacobi wird dann der Organistenwelt eine Erzieherin zur richtigen Wiedergabe der Alten Meister sein, indem sie ihnen zeigt, daß jene schon aus technischen Gründen sich im Wechsel der Register Beschränkung auferlegen mußten.

Die Türme der Orgel haben sich gesenkt. Dadurch, daß nicht mehr alles in einer Ebene liegt, sind die Windladen in Gefahr. Ehe irgendetwas anderes unternommen wird, muß also durch die Herren Architekten die Fundamentierung der Orgel vorgenommen werden, daß keine weiteren Senkungen eintreten können. Darauf sind die Windladen zu richten.

Ist dieses getan, so muß die Erneuerung der Traktur in Angriff genommen werden. Diese Arbeit muß äußerst genau gemacht werden. Nur erstklassiges Material darf in Frage kommen. Von der Vollendung der Traktur hängt alles ab.

Gleichzeitig gründliche Reinigung der Orgel. Nachintonierung der Pfeifen. Vervollständigung der Oktaven. Beseitigung der gebrochenen Oktaven und – wenn dies gewünscht und beschlossen ist – Durchführung der Normalstimmung. Ist die Anbringung des Schwellkastens für das dritte Klavier beschlossen, so wird sie im Verlaufe der eben genannten Arbeiten verwirklicht. Zugleich werde das Gehäuse vorgenommen.

In dem Maße, daß nachher noch Mittel vorhanden sind oder neu eingehen, beginne man mit dem Ersatz der Zinnpfeifen. Es dürfte sich vielleicht empfehlen, die Bürger anzuregen, Zinnpfeifen zu stiften, wo dann in die Pfeifen jeweils die Namen der Stifter eingraviert werden.

Eventueller Bau einer Chororgel auf der Empore

Sogar wenn die Orgel auf Normalstimmung gebracht wird, wird es immer seine Schwierigkeiten haben, sie als Begleitinstrument für das Musizieren mit Chor oder mit Chor und Orchester zu gebrauchen. Wird sie nicht auf Normalstimmung gebracht, ist dies ein Ding der Unmöglichkeit.

In jedem Falle also ist eine Begleitorgel etwas Erstrebenswertes für richtige Kirchenmusik für Chor und Orchester zu St. Jacobi, wozu die herrliche Empore und die gute Akustik der Kirche einladen.

Hier gibt es nur einen Ausweg: Schaffung einer Begleitorgel auf der Empore unterhalb der großen Orgel. Sowieso empfiehlt es sich, die Empore nach den Seiten hin zu vergrößern, das heißt, sie zu verbreitern. Dies wird die Kirche in keiner Weise entstellen. Dann ist reichlich Platz, eine Chororgel auf der einen Seite der Empore zu erbauen, die mit der Schmalseite – nicht mit der Breitseite – in das Schiff hineinschaut und durch einen Pfeiler verdeckt ist. Ein zweiklavieriges Instrument mit etwa 22–25 Stimmen genügt reichlich für Begleitzwecke. Auf dieser Orgel können dann auch die kleinen Gottesdienste gespielt werden. Eine solche Begleitorgel vorzusehen, kommt billiger, als die alte Orgel selber zu einer modernen umzubauen. Die alte Orgel kann dann ohne Rücksicht auf allseitige Verwendung in ihrer historischen Gestalt erhalten bleiben.

Würdigung der bisherigen Arbeiten zum Unterhalte der Orgel

Alles, was zum provisorischen Unterhalt der Orgel in der letzten Zeit geschehen ist, verrät Sachkenntnis und praktischen Sinn. Daß die Orgel noch in diesem Maße spielbar ist, verdankt sie den Sachverständigen, die sich ihrer bisher widmeten. Möge es der Kirchenbehörde gelingen, mit Gottes Hilfe die Mittel zur definitiven Erhaltung des herrlichen Werkes, das ihr anvertraut ist, aufzubringen. Solches wünscht ihr in Ergebenheit der unterzeichnete Organist und Sachverständige.

Erläuterungen

Schweitzer führte die Untersuchung dieser Orgel im Zusammenhang mit seinem dortigen Konzert am 4. Dezember 1927 durch. Er befand sich auf der Rückreise von einer im Oktober 1927 begonnenen Konzerttournee in Schweden und Dänemark. Das Programm des Konzertes in Hamburg ist nicht bekannt. Das Gutachten ist mit dem 17. und 19. Januar 1928 datiert und wurde abgedruckt in der kleinen Broschüre, die der damalige Organist der Kirche, Karl Mehrkens, nach Abschluß der Restaurierungsarbeiten im September 1930 verfaßte (Die Schnitger-Orgel in der Hauptkirche St. Jacobi zu Hamburg, Kassel 1930, S. 15–20).

Mehrkens berichtet in seiner Einleitung:

> »Es ist immer mein Wunsch gewesen, meine Orgel mit einem pneumatischen oder elektrischen Spieltisch zu versehen, um eine leichtere Spielart und Registerbehandlung zu ermöglichen. Auch war es mein Wunsch, die Pfeifen umzusetzen, resp. in allen Registern die Töne C und Cis hinzuzusetzen, um dadurch die Orgel auf Normalstimmung zu bringen. Es ist nicht immer ganz leicht, sobald die Orgel als Begleitinstrument gebraucht wird, in Gottesdiensten, Trauungen, Motetten, bei Aufführungen von Chorwerken usw., alles um einen Ton tiefer zu transponieren. Von allen Gutachten, die eingefordert wurden, überzeugte mich das von Prof. Dr. Albert Schweitzer, der anläßlich seines Aufenthaltes in Hamburg auf meiner Orgel ein Konzert gab, am meisten. Er sagte: ›Sie haben die schönste Orgel; sie wird das Wallfahrtsziel aller Organisten der alten und neuen Welt werden, und sie muß so erhalten bleiben, damit auch spätere Generationen sehen und hören können, wie die Orgel war, nach der Bach sich sehnte.‹ In Ehrfurcht vor meinem Instrument habe ich mich gern dem weisen Urteil dieses erfahrenen Mannes gebeugt.« (S. 14 f.)

Kurz vor Schweitzer hatte Christhard Mahrenholz, der Orgelsachverständige des Landeskirchenamtes Hannover, ein Gutachten zur Restaurierung abgegeben. Wir bringen dieses zum Vergleich ebenfalls zum Abdruck:

»Gutachten über die Schnitger-Orgel in der luth. St. Jacobikirche
zu Hamburg von Dr. Chr. Mahrenholz

Im Auftrage der St. Jacobikirchen-Verwaltung habe ich am 29. und 30. November 1927 die Orgel der St. Jacobikirche in Hamburg einer genauen Untersuchung unterzogen. Meine Untersuchung sollte sich nach den mir gewordenen Instruktionen im Wesentlichen auf folgende Punkte erstrecken:

1) Wie sind die Wiederherstellungs-Arbeiten an der Orgel, die unter Leitung von Herrn Jahnn durch die Firma Kemper & Sohn in Lübeck ausgeführt sind, zu bewerten?
2) In welcher Hinsicht läßt sich die Orgel modernisieren, ohne daß der ursprüngliche Charakter des Werkes gefährdet wird?
3) Was muß zur endgültigen Wiederherstellung der Orgel noch geschehen?

Zu 1)
Durch die Firma Kemper & Sohn sind eine Reihe von Wiederherstellungsarbeiten an der Orgel vollzogen, die sich in der Hauptsache auf die Herstellung des früheren Zustandes der Orgel bezogen. Es sind zu diesem Zweck einige spätere Zutaten – z.B. Schwellkasten für das Oberwerk – entfernt, die Laden, soweit nötig, in Ordnung gebracht und das gesamte Pfeifenwerk einschließlich Zungen neu intoniert. Alle diese Arbeiten sind mit äußerster Sorgfalt ausgeführt worden. Vor allem die Instandsetzung des Pfeifenwerkes ist mit größter Schonung und besonderer Sorgfalt erfolgt. Ich habe, um genaue Unterlagen für mein Urteil zu gewinnen, 9 Pfeifenreihen Pfeife für Pfeife herausgenommen und untersucht und mein obiges Urteil bestätigt gefunden. Außer diesen Instandsetzungsarbeiten sind 2 Pfeifenreihen neu eingesetzt worden, Flachflöte 2′ und Principal 16′, beide im Hauptwerk. Die Herstellung dieser Pfeifenreihen war insofern schwierig, als sie nicht in heute üblicher Ausführung gebaut werden konnten, sondern sich in ihrer Mensurierung den Tendenzen des alten Werkes anpassen mußten. Ich habe die Mensuren bei beiden Pfeifenreihen überprüft und gefunden, daß die mensurationsmäßige und klangliche Einpassung vorzüglich gelungen ist. Natürlich kann man in Einzelheiten oft anderer Meinung sein – die Absichten Schnitgers sind ja bei diesen Pfeifenreihen nur noch in großen Umrissen erkennbar. Doch gibt die Arbeit Zeugnis von sorgfältiger Überlegung. Die Pfeifen selbst sind mit außerordentlichen starken Wandungen ausgeführt und geben klanglich so ziemlich das Vollkommenste, was man heute hören kann. Ich kann zum Schluß mein Urteil über die erste Frage dahin zusammenfassen, daß die Firma Kemper mit großer Sorgfalt und gutem Geschick gearbeitet hat und daß der Weiterführung der Arbeiten durch diese Firma nichts im Wege steht.

Zu 2)
Zu ihrer endgültigen Wiederherstellung bedarf die Orgel allerdings noch einer Reihe von Arbeiten, die sich weniger auf das Pfeifenwerk, als vielmehr auf die Mechanik der Orgel beziehen. Die Traktur muß vollkommen erneuert werden, sie ist gänzlich ausgespielt und arbeitet nicht störungsfrei. Auch die Koppelvorrichtungen bedürfen der Erneuerung. Dagegen sind die Laden noch in ausgezeichnetem Zustande. Eine teilweise Neubelederung der Ventile, Erneuerung von Ventilfedern und Abrichten der Dämme und Schleifen würden alle Ladenstörungen beseitigen. Zu Bedenken gibt allerdings der Unterbau der Orgel und die Befestigung an der Wand Anlaß. Die Orgel hat sich an einer Seite sehr erheblich gesenkt, und es dürfte sich empfehlen, nicht nur die Orgel zu heben, sondern überhaupt das Fundament, die Unterzüge und Tragbalken gründlich zu verstärken bzw. zu erneuern. Bei einiger Vorsicht wird die daraus sich ergebende Neulagerung der Laden diesen nichts schaden. Die Registermechanik ist im allgemeinen in Ordnung, ein gründliches Durchsehen derselben dürfte jedoch angebracht sein. Daß bei diesen Arbeiten die Orgel gründlich vom Staub gereinigt werden muß, braucht nicht besonders erwähnt zu werden.

Was die klangliche Seite der Orgel anbetrifft, so ist naturgemäß das erste Erfordernis einer vollkommenen Instandsetzung, daß die fehlenden Register wieder eingebaut werden. Es handelt sich hier um den Pedal-Prinzipal 32′ (von F bis C 1), der seinen Platz im Prospekt findet, sowie um die Rohrwerke Bärpfeife 8′ und

Schalmey 4′ im Rückpositiv. Außerdem müssen die stummen Zierpfeifen in den beiden Seitenfeldern zwischen Hauptprospekt und den Pedaltürmen ersetzt werden. Darüber hinaus würde ich noch empfehlen, diejenigen Pfeifen der Orgel, die durch unvorsichtiges Stimmen allzusehr Schaden gelitten haben und sich schlecht intonieren lassen, auszuwechseln. Die oben genannten Arbeiten sind zu einer vollkommenen Instandsetzung unbedingt nötig.

Zu 3)
Aus der früher verschiedenen Stellung der Orgel im Gottesdienste, der anderweitigen Fixierung der Normaltonhöhe und der andersartigen Spielweisen der heutigen Zeit heraus ergeben sich naturgemäß Wünsche und Bestrebungen, die auf eine Modernisierung des Instrumentes hinzielen. Ich will die hier vorliegenden Schwierigkeiten durchaus nicht verkennen. Doch glaube ich nicht, daß sie unüberwindlich sind. Daß die Orgel einen Ganzton zu hoch steht, ergibt nur bei der Begleitung des Gemeindegesangs Schwierigkeiten, die sich gleichwohl durch Transponieren beheben lassen. Der erstgenannte Grund, die andersartige Stellung der Orgel im Gottesdienste, dürfte nur dann zu Differenzen mit der heutigen Gottesdienstform führen, wenn die alleinige Aufgabe der Orgel im Gottesdienste die Begleitung des Gemeindegesanges wäre, für die die Jacobiorgel in der Tat ursprünglich nicht geschaffen ist. Doch scheint mir diese Auffassung vom Zweck der Orgel für den lutherischen Gottesdienst nicht zutreffend zu sein. Ich erlaube mir, dafür auf den in der Anlage beigelegten Aufsatz hinzuweisen. Am gewichtigsten sind wohl die Gründe, die für eine Modernisierung der Spieltischanlage sprechen, da in der Tat die die Spielart sehr erschwerenden Koppeln sowie die unhandlichen Registerzüge für das praktische Spielen erhebliche Erschwerungen mit sich bringen.

Ich habe die in dieser Hinsicht geäußerten Wünsche genau erwogen, bin aber in fast allen Punkten zu einem negativen Ergebnis gekommen. Die Durchführung scheitert teilweise an der technischen Undurchführbarkeit, teilweise daran, daß sie dem Kunstwert des Instrumentes erheblichen Abbruch tun würden. Zu dem Letzteren möchte ich die Ersetzung der mechanischen Traktur durch die pneumatische (unter Einführung des Barkerhebels) rechnen. Es würde dadurch die direkte Verbindung zwischen dem Spieler und der Taste völlig zerstört. Es ist dies ein derartiger Eingriff in die künstlerische Struktur des Werkes und ein so großes Zuwiderhandeln gegen die Absichten des Erbauers, daß man nicht nur in bezug auf den eminenten Kunstwert der Orgel, sondern gerade in Hinblick auf die große religiöse Bedeutung dieses einzigartigen, ganz aus dem Willen des Gottdienens heraus geschaffenen Werkes von einem Sakrileg sprechen könnte. Bedeutend unbedenklicher sind die Absichten, die auf eine Tieferstimmung des gesamten Werkes auf den jetzigen Normalton und eine Pneumatisierung des Registerwerkes hinzielen. Die Tieferstimmung des Werkes wollte auch ich ursprünglich empfehlen, habe mich jedoch davon überzeugen müssen, daß es unmöglich ist, die dafür erforderlichen großen Pfeifen in der Orgel unterzubringen. Eine Pneumatisierung der Schleifenfunktion würde ich sehr begrüßen, leider sind die Erfahrungen auf diesem Gebiete noch so jung und die bisher angewandten Systeme noch so unvollkommen, daß ich vorläufig davon abraten muß. Doch steht nichts im Wege, daß späterhin,wenn erst bewährte und erprobte Systeme vorliegen, diese wünschenwerte Einrichtung nachträglich noch eingebaut wird. Das gleiche ist über eine Pneumatisierung der Koppel zu sagen, doch möchte ich hier mit meinem Urteil zurückhalten, da ich auf diesem Gebiete nur geringe Erfahrungen besitze. Sehr empfehlen möchte ich dagegen einen Ausbau der kurzen, tiefen Oktave in sämtlichen Manualen. Das Fehlen dieser Töne stört beim Spiel sehr. Ihre Weglassung ist nur aus der damaligen Orgelliteratur zu erklären, und es wird den klanglichen Ansichten Schnitgers nicht zuwider laufen, wenn die fehlenden Töne nachträglich noch eingebaut werden. Es handelt sich beim Pedal und Rückpositiv um die Tasten Cis und Dis, beim Hauptwerk, Oberwerk und Brustwerk um die Tasten Cis, Dis, Fis und Gis. Die dafür erforderlichen Pfeifen müssen auf eine besondere kleine (pneumatische) Lade gestellt werden. Der Platz dazu würde vorhanden sein, gegebenenfalls könnte man das Cis, das wenig gebraucht wird, weglassen.

Da bei größeren Choraufführungen eine Verständigung zwischen dem Chorleiter und dem Organisten schwierig ist, so wäre es zu begrüßen, wenn eine kleine Begleitorgel auf der unteren Empore für derartige Zwecke gebaut werden könnte. Sie würde ihren Dienst lediglich auf die Begleitung von Chören und Solisten zu beschränken haben und kann dementsprechend disponiert werden. Der Gebrauch der Hauptorgel würde nicht nur für Konzertwerke sondern vor allem für die Gottesdienste der Normale sein.

Dr. Mahrenholz«

Die von der Firma Kemper daraufhin durchgeführten Arbeiten erstreckten sich, wie aus dem Bericht von Mehrkens hervorgeht, auf folgende Bereiche: Die Schleifladen wurden repariert, die mechanische Traktur erneuert, ebenso die Pedalklaviatur. Das im 1. Weltkrieg zu Kriegszwecken abgezogene Metallpfeifenmaterial wurde erneuert. Die Stimmung im Chorton blieb erhalten, die fehlenden Halbtöne im unteren Bereich der Klaviatur wurden ergänzt. Schließlich wurde die Empore erweitert.

Der wesentlichste Unterschied zwischen den Gutachten von Schweitzer und Mahrenholz bestand in der Bewertung des Schwellkastens. Während Mahrenholz die Entfernung des Schwellkastens, der im 19. Jahrhundert an das Orgelwerk angebaut worden war, begrüßt, empfiehlt Schweitzer die Errichtung eines neuen Schwellkastens im Oberwerk. Wie sich aus dem Bericht Mehrkens' ergibt, wurde das Oberwerk mit einem neuen Jalousieschweller versehen; auch das Brustwerk war schwellbar, wie schon im 19. Jahrhundert. In der Frage des Jalousieschwellers ist also dem Votum Schweitzers gefolgt worden. Der Pneumatisierung von Registratur und Koppeln steht Mahrenholz positiver gegenüber als Schweitzer. In ersteren Punkt vertritt somit Mahrenholz die ›historischere‹ Position, im zweiten Punkt Schweitzer.

Nachwort

Johann Sebastian Bach im Verständnis Albert Schweitzers: Architekt · Dichter · Maler · Mystiker

von
Stefan Hanheide

In einer Randbemerkung im Manuskript seines Straßburger Vortrags von 1936 umreißt Albert Schweitzer sein Verständnis von Person und Werk Bachs mit den vier Begriffen Architekt – Dichter – Maler – Mystiker. Sie bilden gemeinsam das Zentrum seiner Anschauungen; jedem seiner zahlreichen Gedanken zu Bach kann einer der Begriffe als Überschrift dienen. Was besagen sie im einzelnen?

Der Architekt

Wenn Schweitzer die architektonische Seite der Musik Bachs anspricht, dann hat er in erster Linie wortlose, polyphone und imitatorische Instrumentalmusik im Auge, vor allem andern die Orgelfugen. Von der Vokalmusik sind allenfalls die figurierten Eingangschöre der Kantaten und die Motetten hinzuzunehmen.

Diese Musik Bachs ist nach Schweitzer aber nicht Architektur schlechthin, sondern spezifisch gotische Architektur; der gotische Stil steht in untrennbarer Verbindung mit dem ›Architekten‹ Bach.

Zur Zeit der Jahrhundertwende war es keineswegs ungewöhnlich, Bachs Musik mit der Gotik in Verbindung zu bringen: schon E.T.A. Hoffmann hatte das getan und auch Franz Brendel in seiner Musikgeschichte. Während sich diese beiden jedoch nur ganz allgemein über eine Beziehung zwischen Bach und der Gotik äußern, weist Schweitzer stilistische Übereinstimmungen nach.

Vorangestellt sei, daß Schweitzer die Zeit zwischen seinem 18. und 38. Lebensjahr in Straßburg in unmittelbarer Nähe des gotischen Straßburger Münsters verbrachte. Eine Zeitlang wohnte er am alten Fischmarkt in demselben Zimmer, das auch Goethe bei seinem Aufenthalt in Straßburg (1770/

71) bewohnt hatte. Und Goethe, den Schweitzer mehr als alle anderen Dichter verehrte, hatte mit seiner Schrift ›Von deutscher Baukunst‹ (1772), in der er sein Erlebnis des Straßburger Münsters beschreibt, wesentlich zur Wiederbelebung der Gotik beigetragen.

Während diese Wiederbelebung im 19. Jahrhundert allgemein in Zusammenhang mit dem Aufkommen deutschen Nationalbewußtseins stand und die Gotik als spezifisch deutscher Baustil proklamiert wurde (was im übertragenen Sinne auch Bach widerfuhr), findet sich dieser nationalistische Gedanke bei Schweitzer überhaupt nicht. Ihm geht es allein um stilistische Analogien.

Wie in der gotischen Architektur die reiche Detailarbeit nur dazu dient, die Hauptlinien des Bauwerks sichtbar werden zu lassen, so dient nach Schweitzer die reiche Bewegung der einzelnen Stimmen einer Fuge nur dazu, den Gesamtplan eines Werkes zur Darstellung zu bringen. Die filigrane Detailarbeit hat zum Zweck, daß die Hauptlinie ihren schweren, lastenden Charakter verliert und sich in Biegsamkeit und Schwerelosigkeit darstellt. Diese Beweglichkeit der großen Linie vollzieht sich durch das stetige Wechselspiel von Spannung und Entspannung in der Detailarbeit. Schweitzer versuchte, diese lebendige Beweglichkeit der Linien durch Artikulation und Phrasierung in seinem Orgelspiel besonders zur Geltung zu bringen, wobei er Spannung und Entspannung im Antagonismus zwischen Taktschwerpunkt und Themenschwerpunkt erkannte und darzustellen suchte.

Der Gesamtplan einer Fuge setzt sich aus Haupt- und Nebenabschnitten zusammen, so wie es auch in der gotischen Architektur Haupt- und Nebenabschnitte innerhalb des Gebäudes gibt. Nebenabschnitte sind durchweg die pedallosen Zwischenspiele innerhalb der Fugen. Auf die deutliche Herausarbeitung der verschiedenen Abschnitte einer Fuge legte Schweitzer auch in seinen Registrierungsanweisungen und seiner eigenen Spielweise besonderen Wert: Hauptabschnitte wurden stärker registriert, Nebenabschnitte schwächer.

Während das erste von Schweitzer genannte Merkmal der Gotik, die Inbewegungsetzung der Hauptlinie durch das Detail, wirklich spezifisch gotisch ist, zeigt sich das zweite Charakteristikum, die Aufteilung in Haupt- und Nebengebäude, nicht nur in der Gotik, sondern beispielsweise mindestens genauso in der Barockarchitektur, also in der Bachs Musik entsprechenden kunstgeschichtlichen Epoche. Auf historisch falschem Weg, über die Gotik, gelangte Schweitzer somit zu einer richtigen Erkenntnis: zur Terrassendynamik der Barockmusik.

Wenn Schweitzer Musik als Architektur auffaßt, als bildliche Kunst, so steht das im Zusammenhang mit dem bei ihm stark ausgeprägten synästhetischen Empfinden insgesamt, das sich noch mehr in seiner Ästhetik der wortgebundenen Musik Bachs zeigt. Wie er in seinem Dortmunder Vortrag ausführt, sei es vor allem Malern und Zeichnern gegeben, das Gotische an Bach zu erfassen, weil in ihnen die Anschauung der Linie lebe.

Eine andere Betrachtungsweise Schweitzers zur Feststellung von Bachs stilistischen Eigentümlichkeiten ist auffällig ›ahistorisch‹: Die Frage, ob sich bei Bach stilistische Eigentümlichkeiten seiner Zeit manifestieren, wird von ihm erst gar nicht erwogen. Er steht dem Barockstil distanziert gegenüber und bezeichnet ihn als »stilloses Neues«. Der Begriff selbst taucht bei ihm in Verbindung mit Musik überhaupt nicht auf, was damit zusammenhängt, daß ›barock‹ im 19. Jahrhundert noch im Sinne von exzentrisch, verschroben und dekadent gebraucht wurde (z.B. bei J. Burckhardt) und erst seit H. Wölfflins Werk ›Kunstgeschichtliche Grundbegriffe‹ (1915) eine positive Wertung erfuhr. Schweitzer gebraucht den Begriff noch 1931 in seinen Lebenserinnerungen im Sinne von eigenartig und seltsam. So ist verständlich, daß er Bach einem Kunststil annähert, der ihm, wie dem Jahrhundert, aus dem er stammt, viel näher steht als der Barock. *»Dieses dumme Gerede von Bach als Barockmusiker, er gehört der Gotik an«,* schreibt er noch in einem Brief aus den fünfziger Jahren.

Eine Erklärung für diese geschichtliche Ungleichzeitigkeit gibt er in einer Randbemerkung eines skizzenhaft notierten Vortrags von 1928: Bach sei nicht Ausdruck seiner Zeit, sondern überzeitig. An anderen Stellen führt er das Entwicklungsstadium der Instrumente an, die erst zu Bachs Zeit es vermocht hätten, gotisches Stilgut vollendet in Musik wiederzugeben.

All das ist aber kaum ausreichend, um die geschichtliche Distanz von mindestens zwei Jahrhunderten geistiger Entwicklung zu erklären. In der Auffassung von Bachs Musik als musikalischer Gotik spiegelt sich nämlich darüber hinaus Schweitzers Nähe zu diesem Stil wider – eine Nähe, die durchaus typisch für das 19. Jahrhundert ist, worauf er in seinen Aufsätzen ja auch hingewiesen hat. Der Nachweis von gotischen Strukturelementen in Bachs Musik ist aber bei Schweitzer erheblich deutlicher nachvollziehbar im Verhältnis zu allem anderen, was im 19. Jahrhundert über ›Bach und die Gotik‹ geschrieben wurde.

In dem freizügigen Umgang mit historischen Gegebenheiten liegt ein Grundzug Schweitzers, der auch in seinen theologischen Schriften festgestellt werden kann. In der Musik zeigt er sich vor allem darin, daß für ihn immer der Primat des Ästhetischen vor dem Historischen gilt. So bildet die

Art, wie Bach seine Musik zu Gehör brachte und bringen konnte, niemals den Maßstab für die Wiedergabe durch Schweitzer. Er hält die große romantische Orgel für am besten geeignet zur Wiedergabe Bachscher Orgelwerke und verwendet wie selbstverständlich den Jalousieschweller, damit die ›Architektur‹ der Bachschen Fugen zur Geltung komme.

Schließlich liegt in der Auffassung der Musik Bachs als gotischer Architektur auch einer der beiden Gründe, warum Schweitzer Bach mit dem berühmt gewordenen Diktum *»So ist Bach ein Ende. Es geht nichts von ihm aus; alles führt nur auf ihn hin«* (J.S. Bach, S. 3) bedacht hat. Erst mit der Vervollkommnung der Instrumente – insbesondere der Orgel – zu Bachs Zeit habe sich gotisches Stilgut, z.B. die reiche Detailarbeit, in der Musik darstellen lassen. So lange die Musik sich hauptsächlich auf die technisch begrenzte menschliche Stimme stützen mußte, wie in der niederländischen Vokalpolyphonie, sei ihr die Vollendung des gotischen Stils in Musik nicht möglich gewesen.

Der zweite Grund, warum Schweitzer in Bach ein Ende sieht, liegt darin, daß er dabei in erster Linie seine protestantische Kirchenmusik im Auge hat, bei der Bach durchaus eine gewisse Endstellung zugesprochen werden darf. Demgegenüber spricht Schweitzer die innovativen Elemente einiger Instrumentalwerke, beispielsweise der ›Brandenburgischen Konzerte‹ und der ›Inventionen‹ – zur Zeit der Jahrhundertwende als einer der ersten – deutlich an.

Der Dichter

Als Schweitzer im Jahre 1905 sein französisches Buch über Bach mit dem Untertitel ›le musicien-poète‹ – der Tondichter – versah, kam das einer Provokation gleich. Aus seinen Aufsätzen geht hervor, daß Schweitzer sich dessen durchaus bewußt war.

Zu der Zeit, als sich Schweitzers Bach-Verständnis herausbildete – beginnend in den neunziger Jahren des 19. Jahrhunderts bis etwa 1907 (Fertigstellung der deutschen Ausgabe des französischen Werkes) –, schwelte noch die Auseinandersetzung in der Musikästhetik zwischen absoluter Musik und Programmusik, jener vielzitierte Konflikt, der mit Brahms/Hanslick auf der einen und Liszt/Wagner auf der anderen Seite begann und sich in der Kontroverse um Richard Strauss' symphonische Dichtungen weiterspann, dem Reger mit seinem Schaffen entgegenstand, während Mahler eine Zwischenstellung bildete.

Schweitzer war bereits während seiner Schulzeit von der Musik Wagners ergriffen und besuchte schon 1896, mit 21 Jahren, die Bayreuther Festspiele. Als er begann, sich mit Bach zu beschäftigen, war er Wagnerianer reinster Prägung. Selbst seine philosophische Dissertation über die Religionsphilosophie Kants von 1898 zeigt deutliche Spuren von Gedankengut Wagners, namentlich von der Idee des Gesamtkunstwerks.

Das zu der Zeit gültige Bach-Bild hatte Philipp Spitta in seiner großen Bach-Biographie (1873/1880) geprägt. Die Frage nach den ›programmatischen Tendenzen‹ bei Bach, die Frage, ob und inwieweit Bach den Inhalt des Textes in seiner Musik nachzuzeichnen versucht, hatte Spitta nur sehr undeutlich zu beantworten vermocht. Einerseits vertrat er die Ansicht, daß Bach in den protestantischen Gottesdienst einzuordnen sei, in einen Gottesdienst, dessen Musik nach damaligen Auffassungen (C.v. Winterfeld) nicht zu ›dramatisch‹ sein durfte, sondern allgemeingültig bleiben mußte. Andererseits wollte und konnte er sich manchen Ausdrucksmomenten der Bachschen Musik nicht entziehen. So ist seine Position in dieser Frage alles andere als eindeutig. Schweitzer dagegen ordnet Spitta ausschließlich der Brahms/Hanslick-Linie zu und umreißt damit die Position Spittas nur sehr ungenau: Nicht an allgemein-ästhetischen Fragen war es diesem gelegen, sondern an der Rechtfertigung Bachs für die protestantische Kirchenmusik. Wenn Schweitzer diese subtilere Haltung Spittas gar nicht erst zur Kenntnis nimmt, so ist das ein Charakteristikum seiner wissenschaftlichen Vorgehensweise: Er sucht den vollkommenen Gegensatz zu seiner eigenen Position.

Die intensive praktische Beschäftigung mit der wortgebundenen Musik Bachs einerseits und die Begeisterung für die Musik Wagners andererseits führten Schweitzer dann dazu, am Bach-Bild Spittas irre zu werden, wie er es selbst bezeichnete. Er bemerkte zunehmend, daß Bach den Inhalt seiner Texte aufs intensivste auf die Musik Einfluß nehmen ließ. So kam er zu einem ganz neuen Ansatz in der Bach-Ästhetik, der die Antriebsfeder für den promovierten Theologen und Philosophen darstellte, über Bach publizistisch tätig zu werden.

Wenn Schweitzer Bach einen *Dichter* nennt, dann meint er damit in erster Linie, *daß* Bach den Text in der Musik zum Ausdruck kommen lassen will; wenn er ihn einen *Maler* nennt, dann bezeichnet das, *wie* Bach diesen Text zum Ausdruck bringt.

Neben dieser ästhetischen Grundlinie bezeichnet Schweitzer Bach als Dichter, wenn er die Qualität der Gesamtgestaltung der ›Matthäus-Passion‹ anspricht. Demgegenüber kann er dem ›Dichter‹ Bach ganz und gar nicht die Übernahme der Da-capo-Arie aus der zeitgenössischen Musik in seine Kantaten und Passionen nachsehen. Der Wagnerianer Schweitzer vermag kein Verständnis für diese aus der Nummernoper herrührende Form aufzubringen. Alle Vokalmusik, die nicht dramatisch im Sinne von Wagner, also in ihrer Handlung fortschreitend war, gilt Schweitzer als minderwertig. Daß ein musikalischer Abschnitt wiederholt wird, nachdem dieser in einem Mittelteil inhaltlich schon fortentwickelt war, erachtet Schweitzer als undramatisch und somit als ›dekadent‹. So fällt eine ganze Kunstentwicklung, die italienische Oper, unter dieses vernichtende Verdikt. Er hält diese Kunstgattung für veraltet, wie auch aus dem Aufsatz über die Sängerin Aglaja Orgeni hervorgeht, und bringt selbst für die Opern Mozarts in dieser Gattung im Grunde kein Verständnis auf.

Der Maler

Das wohl bedeutendste Kapitel im deutschen Buch über Bach trägt den Titel ›Dichterische und malerische Musik‹ und bezeichnet den Grundansatz von Schweitzers ästhetischem Denken. Dichterische und malerische Musik bezeichnen nach Schweitzer die beiden Grundlinien der darstellenden Musik, womit dieser Ansatz sich sogleich auf eben jene Musik einschränkt, die nicht ›absolut‹ sein will. Dichterische Musik stellt nach Schweitzer eine Idee in ihren Wandlungen, ein aufeinanderfolgendes Geschehen dar und wendet sich an das Gefühl. Sie arbeitet vorwiegend mit harmonischen Modulationen, die auch die Gestalt der Themen bestimmen. Diese werden gemäß den Wandlungen der Idee entwickelt und verändert. Die dichterische Musik arbeitet mit dynamischen Prozessen. Demgegenüber will die malerische Musik nach Schweitzer eine Idee in ihrem So-sein darstellen, unwandelbar, statisch. Sie greift sich den prägnanten Augenblick einer Handlung heraus und stellt diesen dar. Sie wendet sich an die bildliche Vorstellungskraft, die vor allem von der Melodie geweckt wird. Diese bildet eine Bewegungsvorstellung in einem Thema ab, das nach innermusikalischen Gesetzen entwickelt wird. Die Hauptrepräsentanten der dichterischen Musik sind Beethoven und Wagner, die der malerischen Musik Bach, Schubert und Berlioz.

Somit geht Bach hier also nicht mehr Hand in Hand mit Wagner, sondern steht ihm entgegen. Sie beide, so Schweitzer, sind die größten Antipoden der darstellerischen Musik.

Wie war Schweitzer zu dieser Erkenntnis gekommen, daß beide, obwohl als ›darstellende‹ Musiker in die gleiche Richtung gehend, sich in der Art dieser Musik fundamental unterschieden?

Schweitzer hatte, wie er in einem Brief einmal sagte, gegen Ende des Jahrhunderts begonnen, sich mit Ästhetik überhaupt zu beschäftigen. Diese Beschäftigung schlägt sich im ästhetischen Konzept des Bach-Buches wie auch in seinen Vorträgen und Aufsätzen deutlich nieder. Wenn man einen Grundzug in der Entwicklung der verschiedenen Künste im 19. Jahrhundert herausgreifen will, dann kann man diesen darin sehen, daß sich die Grenzen der Künste verwischen und die Einzelkünste sich aufeinanderzubewegen und miteinander verschmelzen. Das bereitete sich schon in der frühen Romantik vor, die damit auf die strenge Trennung der Kunstgebiete seitens Lessing und Hegel reagierte, und läßt sich kontinuierlich bis zur Jahrhundertwende weiterverfolgen. Einen Markstein in dieser Entwicklung bildet Wagner mit seinem Ziel des Gesamtkunstwerks, der realen Vereinigung aller Künste auf der Bühne. Am Ende des Jahrhunderts zeigte sich diese Vereinigung verschiedener Künste nicht mehr realpräsent wie bei Wagner, sondern eine Kunst wollte den Ausdruck einer anderen mit ihren eigenen Mitteln suggerieren. So versuchte der Symbolismus, mit poetischen Mitteln Musik zu suggerieren (Mallarmé, Ghil), der ›Art nouveau‹ wollte das gleiche mit malerischen Mitteln tun (Gauguin), in der Musik war man bemüht, literarische Elemente wiederzugeben (so schon Liszt, später Strauss). Bemerkt sei, daß ein ästhetisches Kapitel im französischen Bach-Buch den Titel trägt: ›Le symbolisme de Bach‹ – Der Symbolismus Bachs!

Unter dem Eindruck dieser Kunstentwicklung, die Schweitzer durch seine zahlreichen Besuche in Paris, der ›Hauptstadt des 19. Jahrhunderts‹ (Benjamin) präsent war, notierte er in einer Skizze: *»Die Verschiedenheit von Wagner. Alle Künste in der einzigen – der Musik. Bei Wagner: Zusammenwirken aller Künste. Bei Bach alle Künste in der Musik enthalten sind.«* Bei Bach sind, so Schweitzer, die einzelnen Künste nicht realpräsent, sondern werden durch die Musik suggeriert; sie müssen vom Hörer assoziiert werden.

Worin besteht nun dieser ›Symbolismus Bachs‹? Bach versucht in erster Linie, das im Text enthaltene Bild in Musik umzusetzen und dadurch beim Hörer den gleichen Eindruck zu wecken. Nach dem Bild – z.B. das Auferstehen – gestaltet Bach ein melodisches und rhythmisches Motiv – z.B. hier eine aufsteigende Linie –, das ihm als Thema eines Satzes oder Abschnittes dient und im weiteren Verlauf allein nach innermusikalischen Gesetzmäßigkeiten verarbeitet wird. Mit dieser letzten These grenzt Schweitzer Bach deutlich von der eigentlichen Programmusik ab, die Textbezüge und außermusikalische Aussagen nicht nur im thematischen Material anbrachte, sondern – jedenfalls in ihren minderwertigen Produktionen – an jeder möglichen Stelle eines Stückes irgendwelche bedeutungsträchtigen musikalischen Elemente anzubringen bemüht war. Diese deutliche Abgrenzung wie auch einige Negativurteile gegenüber der Programmusik waren höchst notwendig, wollte Schweitzer seine Auffassung nicht den gleichen spöttischen Kommentaren und vehementen Anfechtungen aussetzen, die sich die Programmusik gefallen lassen mußte.

Die Situation der Kunst zur Zeit der Jahrhundertwende, Schweitzers intensive praktische Auseinandersetzung mit Bachs Musik und ein gewisses bei ihm vorhandenes synästhetisches Musikerfassen führten zu wissenschaftlichen Ergebnissen, die von der späteren historischen Forschung in ihren Grundzügen bestätigt wurde: zur Erkenntnis der barocken Kompositionspraxis mit musikalisch-rhetorischen Figuren in ihrer spätbarocken Ausprägung, wobei diese Figuren nicht mehr, wie z.B. bei Schütz, einmalig bei einer Textstelle angebracht werden, sondern zu satzbestimmenden Motiven werden. Schweitzer hat also auf empirischem Wege erkannt, was sich später durch die Erforschung der historischen Kompositionslehren bestätigte: Die barocke Textvertonungspraxis arbeitete mit feststehenden musikalischen Wendungen für bestimmte Ausdrucksmomente, die zu einem großen Teil bildlich geprägt sind. Wenn Schweitzer von dem ›Maler‹ Bach spricht, meint er somit nicht nur allein die Bildlichkeit seiner Musik, d.h. die an die Bilder des Textes gebundenen musikalischen Motive; Schweitzer zielt gleichzeitig auf die kompositorische Technik, mittels der diese bildlichen Motive ganze Sätze oder Abschnitte beherrschen können und durch die solche Abschnitte etwas Statisches bekommen, d.h. zu einer Art Gemälde werden, das den prägnanten Augenblick einer Handlung abbildet.

Der Mystiker

Der Begriff des Mystikers ist das vierte und letzte Element im Bach-Verständnis Schweitzers – ebenso wichtig und sich durch sämtliche Bach-Schriften durchziehend wie die anderen drei vorhergehenden Kennzeichnungen. Jedoch betrifft dieser vierte Punkt als einziger den Menschen Bach, während die anderen sich auf Charakteristika seiner Musik bezogen.

Wo Schweitzer auf die Persönlichkeit Bachs zu sprechen kommt, da äußert er im gleichen Atemzug seinen Gedanken von der ›Zweinaturenlehre‹, wie er es im Buch über Bach bezeichnet. Das meint, daß bei Bach die menschliche und die künstlerische Persönlichkeit zwei verschiedene Wege gehen. Bach sei in seiner menschlichen Existenz eine durchaus normale bürgerliche Persönlichkeit gewesen, in seinem künstlerischen Wesen aber dem Irdischen entrückt und mit Gott vereinigt. Diese Auffassung von einer Trennung von irdischem Leben einerseits und Vereinigung mit dem Unendlichen andererseits ist ein Gedanke, der für Schweitzer nicht nur hinsichtlich Bach, sondern grundsätzlich großen Raum in seinem Denken einnimmt. Schon 1902 predigt er die Notwendigkeit, sich von den irdischen Bindungen zu lösen, um nicht im Treiben dieser sinnlichen Welt unterzugehen, sondern den Blick auf das Unvergängliche, Überweltliche zu richten, denn es gebe etwas Höheres als irdisches Glück und irdische Zufriedenheit. In diesem Gedanken ließe sich leicht Gedankengut des Fin de siècle wiederfinden, so etwas wie Weltflucht. Dieses steht Schweitzer aber ganz und gar fern, denn in seiner späteren Philosophie ist das ›Freiwerden von der Welt‹ eben gerade Vorbedingung für das ethische Tätigwerden in der Welt und somit nicht als Flucht aus der Welt zu begreifen.

Wo Schweitzer auf die Vereinigung der künstlerischen Persönlichkeit mit dem Unendlichen zu sprechen kommt, spricht er vom Mystiker Bach. Wie der Gedanke der ›Zweinaturenlehre‹, so ist auch die daraus folgende Mystik ein zentraler Begriff nicht nur im Bach-Verständnis, sondern im gesamten Denken und Schaffen Schweitzers. Genannt sei nur sein theologisches Werk ›Die Mystik des Apostels Paulus‹ von 1930 und seine Kulturphilosophie, in der die Mystik in Zusammenhang mit der Ethik eine große Rolle spielt. Die ersten Gedanken dieser Kulturphilosophie entstanden schon vor der Jahrhundertwende, erhielten 1915 eine entscheidende Wendung und wurden 1923 in den ersten zwei von vier Teilen veröffentlicht. Schon früh begann Schweitzer, sich mit Fragen der Mystik auseinanderzusetzen. So enthält bereits eine Predigt von 1904 deutlich mystisches Gedankengut, und die Skizzen zu seinem Werk über die Mystik Pauli gehen bis 1906 zurück. Es zeigt sich, daß Schweitzer sich während der ganzen Zeit der Entstehung seiner Bach-Schriften – von 1904 bis 1936 – auch mit Fragen der Mystik beschäftigte.

Zunächst sei gesagt, daß bei Schweitzer Theologie und Philosophie nicht streng getrennt werden können. Seine Theologie ist in erster Linie auf Ethik ausgerichtet, seine Philosophie der ›Ehrfurcht vor dem Leben‹ hat religiösen Charakter. Was für ihn in der Philosophie der universelle Wille zum Leben sei, das sei in der Theologie Gott, schrieb er einmal in einem Brief.

Wenn man sagt, Schweitzer bezeichne Bach als einen Mystiker, muß man sofort hinzufügen: aber nur als einen Mystiker im Sinne Schweitzers. Denn das Verständnis von Mystik, welches er in seinem theologischen und philosophischen Denken entwickelt, unterscheidet sich deutlich von dem allgemeingültigen Mystik-Begriff der Religionswissenschaft (wobei zu sagen ist, daß auch dieser nicht problemlos auf einen Nenner gebracht werden kann). In der traditionellen Mystik spielen sowohl Passivität und Askese als auch Kultus und Ritus und schließlich Kontemplation eine bedeutende Rolle. Dies alles fällt in Schweitzers Mystik-Verständnis vollkommen aus. Er hält eine sakramentale Mystik, wie er sie bei Paulus noch vorfindet, für primitiv; sie stehe neben seiner eigenen Gedankenwelt.

Und aus diesem speziellen Blickwinkel seines eigenen Mystik-Verständnis empfindet er die Mystik auch als ›Bachs eigentliche Religion‹. So verschwindet auch bei Bach die Rolle der sakramentalen Frömmigkeit völlig; die Bedeutung von Taufe und Abendmahl spricht Schweitzer bei Bach mit keinem Worte an. Auch die religiöse Bedeutung des protestantischen Kultus für Bach erwähnt er an keiner Stelle, sondern »Musik war für ihn Gottesdienst ... Kunst war für ihn Religion«. Bachs Frömmigkeit spielte sich in seinem Kämmerlein ab, der lutherische Sonntagsgottesdienst mit seinen Riten war für ihn belanglos. Auch Schweitzer hatte einen ganz eigenen Zugang zum Gottesdienst: Für ihn bestand der Gottesdienst fast allein aus ethischer Verkündigung in Form der Predigt; für liturgische Fragen hatte er keinerlei Interesse. Geistliche Musik gehörte seiner Meinung nach ins geistliche Konzert, nicht in den Gottesdienst. Seine Konzerte, die er gern auch als musikalische Andachten bezeichnete, trugen dann wiederum religiösen Charakter.

Schweitzer sieht bei Paulus darüber hinaus aber noch eine Mystik, der er näher steht. Er beschreibt sie als ›gedanklich begriffene und im Erleben verwirklichte Zusammengehörigkeit mit Christo als unserm Herrn‹. Und hier sieht er nun auch ›Bachs innere Verwandtschaft mit Paulus. Die in Todessehnsucht thätigen Menschen‹. Wichtig ist dabei, daß sowohl bei Paulus als auch bei Bach diese Mystik gedanklich begriffen ist, also rational und bewußt, und nicht etwa kontemplativ oder weltfern schwärmerisch. So sagt er, Bachs »ganzes Denken war von einem wunderbaren, heiteren Todessehnen verklärt«. Diese Todessehnsucht, dieses ›Daheimsein bei Christo‹, das findet Schweitzer in der Musik des Mystikers Bach ausgedrückt, wie er in seinen Aufsätzen häufig ausführt.

Schweitzer weist im Grunde aber kaum nach, wie sich Mystik in Bachs Musik zeigt. Seine verstreuten Bemerkungen dazu sind nur Marginalien und nicht weiter in Betracht zu ziehen. Es ging ihm nicht darum, diese Mystik in der musikalischen Struktur nachzuweisen, sonst wäre er ausführlich darauf eingegangen, so, wie in den Punkten des Architektonischen und des Malerischen. An einer Stelle sagt er es deutlich: »Hier muß jede Analyse Halt machen!« Mystik erkennt Schweitzer in der allgemeinen Wirkung der Musik Bachs, nicht in Melodien, Rhythmen oder Strukturen. Auch um eine religionsgeschichtliche Untermauerung seiner Auffassung bemüht sich der Theologe Schweitzer in keiner Weise.

Diese vier Säulen des Bach-Verständnisses stehen auf dem Fundament der Persönlichkeit Schweitzers selbst: In dem ›Architekten‹ Bach finden wir seine sowohl geistige als auch räumliche Nähe zur Gotik wieder, worin romantisches Erbe aufblüht. In dem ›Dichter‹ Bach erkennt man den Wagner-Begeisterten, der gründlich mit Bachs Musik vertraut ist und hierin Wagnersche Positionen einer darstellenden Musik wiedererkennt; er wird am gültigen Wagner-feindlichen Bach-Bild Spittas irre. Im ›Maler‹ Bach zeigt sich der Universalgebildete, der beginnt, im Spiegel der zeitgenössischen Kunstauffassung über Fragen der Ästhetik nachzudenken und, im Verein mit einem synästhetischen Empfinden, zu ganz eigenen Ergebnissen kommt; auch hierbei kommt ihm seine Erfahrung mit Bach zugute. Schließlich belegt der ›Mystiker‹ Bach Schweitzers eigene theologische und philosophische Auffassung der Beziehung zwischen Mensch und Gott und dem wahren Sein des Menschen in der Welt. In Theologie und Philosophie und nicht zuletzt für die Persönlichkeit Schweitzers ist mystisches Denken und Empfinden substantiell.

Personenregister